탈출

죽어서야 찾은 자유(自由)

엄영식 지음

1996 년 3 월 (엄영식 원고 탈고)

2005 년 1 월 (초판, 야스미디어, 서울)

2025 년 6 월 (개정판, Epsilon Advisors, Inc., NJ, U.S.A.)

i

ISBN: 979-8-9919082-2-1
First Printing, 2005 (야스미디어, Seoul, Korea)
First Revision, 2025 (Epsilon Advisors, Inc., New Jersey, U.S.A.)

목 차

저자 소개

엄영식 교수

학력

1920 년 1 월 22 일 부친 엄진승의 차남으로
　　　　북한 정주군 갈산면, 익성동. 1056 번지에서 출생
1938 년 3 월 오산 중학교 졸업
1941 년 3 월 동경 제 2 와세다 고등학원 수료
1943 년 12 월 와세다대학 문학부 동양사학과 졸업
1975 년 4 월 경희대학교 대학원 문학박사 학위 받음

경력

1944 년 1 월, 학교 학도병 강제 징집당함
　　　　(일본 육군 서주부대, 육군 이등병)
1944 년 8 월 일본군 병영 탈출
1946 년 4 월 오산중학교 교사
1947 년 4 월 월남, 서울고등학교 교사
1954 년 9 월 경희대학교 조교수
1958 년 9 월 이화여자대학교 부교수
1960 년 9 월 경희대학교 교수
1985 년 9 월 정년 퇴직, 경희대학교 명예교수

아버지를 그리며

1995 년 여름 잠시 서울을 방문하여 부모님과 지낸 후 미국으로 돌아가는 저에게 아버님께서 '그저 한번 읽어보라' 하시며 한 뭉치의 원고 더미를 건네 주셨습니다. 그해 가을과 겨울을 두 아이들이 모두 대학으로 떠나 텅 빈 집안에서 서운함도 외로움도 느낄 틈 없이 아버님의 원고를 읽으며 또 정리하며. 참으로 바쁘고 행복한 시간을 가졌습니다. 완전히 컴퓨터와 등지고 살아오던 컴맹이었지만 남편의 극성스러운 도움으로 한글 워드프로세스를 익혀가면서. 또 내 나름대로 현 시대의 주인공들인 2 세들에게 잊혀져 가는 우리나라의 근대사를 일깨워 주고자 하는 열정으로 즐거웠습니다. 그러나 무엇보다 저에게 큰 기쁨이 된 것은 이 글을 정리하며 내 아버지의 진솔하고 겸허한 삶의 자세와 그 가운데 도도히 흐르는 낭만적이면서도 지극히 운명론자이셨던 성향을 깊이 이해하며 공감할 수 있었던 것이었습니다.

이 책은 아버님으로서는 미완성의 글입니다. 아버님께서는 6·25 동란과 9·28 수복 이후의 이야기를 더 쓰시겠다고 하셨으나, 항간의 자서전들이 난무함에 일조를 더 할 마음이 없으시다며 좀처럼 펜을 들지 않으셨고, 교정은 물론 자신의 글을 더 이상 화제에 올리는 것조차 금하셨습니다.

어느 덧 아버님의 글 초고를 정리한 지 8 년이 지났습니다. 아버님께서는 4 년 전에 본향으로 먼저 가신 어머님을 만나고자, 지난 8 월 9 일 하나님의 부르심을 받고 저의 곁을 훌쩍 떠나가셨습니다. 이제 저희 형제들이 모여 아버님께서 살아 생전에 원치 않으셨지만 저희들의 슬픔을 달래고자 아버님의 글을 책으로 엮어 마음에 간직하며 다시 뵐 날을 기다리고자 합니다.

내 후년이면 해방둥이로 태어난 큰 오라버니가 환갑을 맞이합니다. 그리고 우리의 자녀들이 아버님이 일본군의 학도병으로 끌려 나가셨던 그 연령에 이르렀습니다. 그런데 우리의 자녀들은 더 이상 조부모님들이 겪으신 망국의 설움에 쌓인 파란만장한 인생사에 어떠한 의미도 관심도 보여주려 하지 않는 것 같습니다. 오히려 그분들의 뼈아픈 교훈을 외면하고 급기야는 공산주의를 신봉하며 6·25 동란조차도 북한의 불법 남침이 아니었다고 주장하는 사람들이 있다고 합니다. 이러한 현실은 우리 2 세 들의 잘못이기에 앞서 부모인 저희 세대가 조부모들의 각고한 삶에 대한 이해나 바른 역사의식을 갖지 못하고 오로지 경제적으로 풍요한 사회를 이루어야 한다는 염원으로 살아왔기에 거두게 된 열매일 것입니다.

이제 뒤늦게 나마 나약하고 고독한 인생, 그러나 자연의 순리를 거슬리지 않으며 인간에 대한 끝없는 연민과 신의를 묵묵히 지키면서, 조용히 살아오신 내 아버지의 피 끓던 20 대의 고난의 삶을 소개하며 우리 모두가 함께 한국인의 뿌리를 새로이 점검해 볼 수 있기 바랍니다. 또한 우리의 자녀들은 그들에게 오늘날 주어진 자유와 풍요함에 수많은 희생이 있었음을 깨달아

감사하며 정직과 근면으로 미래를 심는 밀알들이 되기를
소원합니다.

   8 년 전에 이 책의 초고를 읽으시고. 아버님의 헷갈린
기억들을 바로 잡아 주시며 많은 조언을 해 주신 안국주 선생님
(4 년 전까지 워싱턴 D.C. 계셨는데 연락이 두절 됐음)과 선뜻
출판을 맡아 주신 야스미디어의 허봉만 사장님께 심심한 감사를
드립니다.

2004 년 11 월, 미국 뉴저지 체리힐에서
큰 딸 엄선영

편집 후기

　엄영식교수께서 쓰신 '탈출" 책이 야스미디어에서 출판된 지　벌써 20년이 지나, 책이 절판되어 구할 수 없어서, 이 책을 다시 출판하여 오늘의 독자들이 읽을 수 있게 하고자 하였다. 독자들이 좀더 흥미있게 책을 읽을 수 있도록 관련된 인물들의　사진과　지도들을　인터넷에서　찾아　개정판에 수록하였다.

　이제까지 한국에서 학병에 관한 여러 글들이, 책 혹은 잡지나 신문지상에 연재되었다. 특히 신상초 선생이 쓰신 '탈출' 도 있다. 하지만 엄교수께서 쓰신 '탈출' 은 학병 전의 조선의 상황, 학병을 나가야 하는 본인의 절망적 모습과 부모의 애타는 마음, 또 한국인으로 일본 군복을 입고 중국의 심장부인 서주에 내렸을 때의 복잡한 마음, 목숨 건 탈출과정, 조선 의용군 신분으로 중국 공산당의 혁명의 성지인 연안을 향해 가다가 8·15 해방의 소식을 접했을 때의 감격과 기대감, 조선 의용군으로부터 또 한번의 탈출, 북한 땅으로 귀국하면서 가졌던 불안함과 걱정들, 북한 감옥에서의 경험, 남한으로의 월남 길과 정착 과정 등등 다른 어떤 학병 관련 서적이나 글에서도 찾아볼 수 없는 이야기들이 있다.

　저자는 그 넓은 중국 대륙 땅 한복판에서 일본군대를 탈출한 후, 중국의 팔로군과 신사군의 도움을 받으며 조선 의용군이라는 자부심을 가슴에 품고, 언젠가 독립된 조국에 돌아갈 수 있기를 기대하면서, 모든 악조건과 육체적인 고통을 견뎌야 했던 자신의 이야기를 통하여 나라를 빼앗긴 젊은 학병 세대 분들이 겪으신 무력함과 절망감을 진솔하게 표현하고 있다. 나아가 중국 대륙의 가난한 농부들과의 만남에서 맛볼 수 있었던 작은 기쁨들과 그들에 대한 고마움, 또 중국 공산당이 장개석의 국민당을 밀어내고 광활한 중국 땅을 제패할 수 있었던 이유 등을 서술하였다.

　　편집자로서는 이 개정판을 준비하며 보낸 지난 몇 개월 동안 정말 행복했던 나날들이었고, 이처럼 일제하에 20 대 꽃다운 젊은 나이에 학병을 나가지 않을 수 없었지만 살아서 돌아왔던 우리 부모세대 분들의 용기와 희생에 감사의 마음을 전한다.

필라델피아에서 2025 년 6 월
조영일교수(사위)
드렉셀 대학, 필라델피아, 미국

제 1 장
1943 년의 정세

일본 군국주의의 발단

일본의 군국주의는 1930 년 6 월 4 일 북경에서 장개석에게 쫓기어 봉천으로 귀환하는 장작림(張作霖)이 탄 열차를 경봉철도와 남만철도의 교차역에서 폭사시킨 데서 비롯된다. 이 음모는 관동군(關東軍)의 소장 장교들이 의도적으로 저즈른 것이 명백하였다. 그러했기에 천황도 진상을 조사하여 엄중히 처벌할 것을 명하였다. 그런데 군부는 진상을 밝히게 되면 군을 통솔하는 데 좋지 못한 영향을 끼칠 뿐만 아니라 국제적으로도 불리하다고 하면서 다나가(田中義一郞) 수상의 사임과 사건의 주모자들을 예편시키는 선에서 사건을 얼버무려 버렸다. 이것은

1

확실히 군부가 자기들의 침략 계획을 실현하기 위해서는 천황도 두렵지 않다는 하나의 예가 된 것이다.

이때부터 일본의 정부는 국익을 내세우면서 침략에 침략을 거듭하는 군부를 견제하지 못하였을 뿐만아니라 도리어 끌려가게 되었던 것이었다. 나아가 군부는 1932 년에 소위 괴뢰 만주국을 세워 중국의 동삼성(東三省)을 손 안에 넣었다. 이 같이 침략에 맛을 들인 군부는 서서히 중국 내부로 파고 들어와 국제적인 여론을 무시한 채 같은 해 1932 년 상해를 비롯하여 내몽고, 화북지방을 침략하더니 마침내 1937 년 7 월에는 중국과 전면 전쟁으로 돌입하였다.

일본군이 남경을 점령한 것은 1937 년 12 월 13 일이었다. 남경에 입성한 가와지마(川島)의 난행, 학살, 약탈 행위는 세계에서 가장 악랄한 것이었다. 이에 대하여 에도가와 스노(Snow)는 "아시아의 전쟁" 에 다음과 같이 기술하고 있다.

일본군은 남경에서만 4 만 2 천명을 학살하였다. 그리고 상해에서 남경으로 진격하는 동안에는 30 만명이 일본군에게 죽었다. 여자로 생긴 이상 10 세에서 70 세까지는 모두 강간을 당했고 피난민은 흙투성이가 된 병사들에게 찔리어 죽어갔다. 어머니들은 어린 젖먹이 아이들이 목이 찔리어지는 것을 바라보면서 강간을 당하지 않으면 안될 때가 번번히 있었다. 또 어떤 사내는 어린 아이가 우는 것에 신경을 곤두세우고 그 아이 머리 위에 포탄을 뒤집어 씌워서 죽이고 나서 거리낌 없이 강간을 저질렀다. 약간의 장교들은 자기 숙소를 아예 위안소로 바꾸어 매일 새로운 포로들과 동침하였다. 대낮에 노상(路上)에서의 겁탈도 이상한 것이 아니었다. 일본군은 동침하고 그 여자를 살려주는 것이 아니고 국부에 칼을 꽂아 죽였다. 약 5 천명의 일본군이 1 개월 이상 근세에 어느 곳에서도 들어본 적이 없는 강간, 학살, 약탈 등 온갖 음란한 도가니 속에 빠져 있었다.

당시 일본의 육상 스기야마는 "호랑이 보다 더 무서운 어떤 힘이 일본군을 중국 대륙으로 몰고 가서 전쟁은 3 개월이면 끝낼 수 있을 것이다." 라고 호언하기도 하였다. 장개석은 남경이 함락되자 수도를 한구(漢口)로 옮기고 한구가 함락되자(1938, 12) 다시 중경으로 옮기어 미국, 영국, 소련의 원조를 받아 장기전 태세를 갖추었다. 사실 1938 년 말까지 일본군은 북(北)의 경수(京綏) 철도를 비롯하여 중부의 경한(京漢), 진포(津浦), 용해(龍海)의 각 철도선과 양자강 줄기에 위치한 요충지대를 모두 점령하였다.

사진 1: 1931년 9월 18일 봉천(선양)시에 입성하는 일본관동군.

1940년에 접어들면서부터 중국 전쟁의 양상은 달라지게 되었다. 일본군은 실질적으로 중국의 중요한 교통선인 철도와 도로만을 점령하였을 뿐이고 넓고 넓은 일본군 점령지 후방은 공산당의 팔로군(八路軍)과 신사군(新四軍)의 활동무대가 되었기 때문이다. 팔로군은 화북지방에, 신사군은 양자강 하류지대에, 근거지를 만들고 줄기차게 유격전을 전개해 나갔다. 영맹원(榮孟源)은 '중국 근백년 혁명사'에서 "1941년에 일본 침략군의 75%의 병력은 해방구(解放區)를 향하여 공격하였다." 라고 말하는 것을 보아서도 알 수 있다.

일본 침략군은 해방구에 대하여 소위 삼광정책(三光政策) 즉 모든 집을 불 태우고, 모든 물자는 약탈하고, 모든 주민은 죽인다는 철저한 초토작전을 썼던 것이었다. 이 같은 잔인한 군사행동에 대하여 주민들도 일본군의 침략을 막아내기 위하여서는 일본군을 같은 방법으로 죽여서만 가능하다는 것을 인식하게 되어 항전의식은 더욱 고창되었다. 일본은 급기야는 친일적인 왕정위(汪精衛)를 끌어내어 남경에서 위(衛)국민정부를 수립케 한 후 이를 이용하여 침략의 야욕을 달성하고자 잔 재주를 부렸으나 국민들은 거들떠 보지도 않았다.

일본이 중국에서 침략전쟁이 교착상태에 빠질 무렵, 유럽에서는 전쟁이 세계 제2차대전으로 확대되어 갔다. 1940년 6월에 프랑스가 독일에 항복하자 독일의 압도적인 승리에 현혹된 일본은 중·일전쟁을 세계대전으로 연결시켰다. 즉 일(日)·독(獨)·이(伊) 삼국동맹을 맺어(1940, 9) 중국문제를 해결하고 나아가 세계 제패의 한 몫을 꿈꾸었던 것이었다. 이와 같은 일본의 무분별한 야망은 미국을 비롯한 연합군을 크게 자극하였다.

나아가 일본은 프랑스가 항복하자 불령 인도지나로 진출하여 원장 루트를 차단하였고, 또한 홀란드가 독일에 항복한 후 인도네시아로부터는 석유 등의 전쟁물자를 공급받기에 이르렀다. 이와 같은 일본의 남진정책에 대항하여 미국은 장개석 정권에 대한 원조를 강화하고, 일본에 대해서는 철, 석유등의 전쟁물자의 공급을 끊어 버림으로써 경제적으로 목을 졸이는 강경정책을 쓰기 시작하였다. 그러면서도 한편 미국은 일본이 1937년 중국을 정당한 이유없이 침략하여 점령한 지방들을 무조건 중국에 돌려준다는 조건을 받아들이면 타협도 가능하다는 회유정책도 보여주었다.

당시 일본의 수상 고노에(近衛)와 해상(海相) 요나이(米內)등의 온건파는 일본이 중국대륙에서 무조건 철수하라는 미국의 요구를 받아 들여야 한다는 여론을 폈었다. 그러나 일본 육군은 "전쟁은 창조의 아버지이고 문명의 어머니이다." 라는 슬로건을 내세우면서 침략전을 미화시켰고, 또 덧붙여 "고노에는 장개석 정권의 배후에 도사리고 있는 공산당의 세력을 단호히 격멸하는 각오를 결정했다." 라고 선전하면서 미국의 요구대로 철수하라는 여론을 뒤안길로 물리쳐버렸다.

1941 년 6 월 22 일 독일은 소련에 대하여 전격적으로 공격을 감행하여 소련의 수도 모스크바 근교까지 이르렀다. 이때 일본은 독일과 합하여 동부 시베리아로 진출할 것인가? 아니면 남방으로 진출하여 전쟁물자를 획득하여 중국문제를 해결해야 할 것인가? 둘 중에 하나를 택하지 않으면 안되게 되었다. 1941 년 7 월 2 일 일본은 중대한 결정을 하였으니, 그것은 영.미와의 전쟁이 불가피하더라도 남방 불령 인도지나와 태국(泰國)에서의 군사행동을 개시한다는 것이었다.

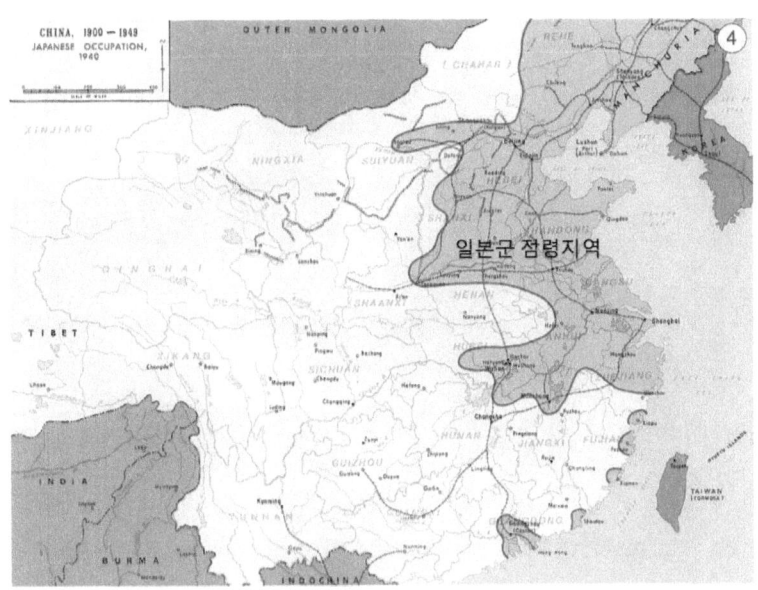

지도 2: 1940년의 일본제국의 확장

이와 같은 결정에 대하여 미국은 일본이 극동지역에 대해 외국 영토를 얻기 위한 명백한 무력행사를 시작하면, 미국은 즉각 경제상, 금융상의 금수조치를 취할 것이라고 대처하였다. 그럼에도 불구하고 7월 24일 일본은 불령 인도지나로 진주하였다. 이에 대하여 미국도 즉각 재미 일본자금을 동결하는 조치를 취하였다. 그리고 만일 일본이 무력으로 난인(蘭印: 불령인도지나)의 석유를 탈취하고자 하면 난인이 이에 대할 것이고, 영국은 홀란드를 원조할 것이며, 미국도 영국을 원조할 것이므로 매우 중대한 국면이 전개될 것이라고 경고하였다.

한편 미국의 일본에 대하여 취한 대일 자금 동결은 석유의 대일 수출금지를 의미하였다. 이것은 일본이 석유를 구입하는 길은 동결령 전에 인출한 현금으로만 구입할 수 있었기에 사실상 불가능한 일이었다. 1941년 일본 국내에서 생산되는 석유는 3백만 배럴이었고 이것은 최저소모량의 10-20%에 지나지 않으므로 90%는 미국이나 불령 인도지나로부터의 수입에 의존해왔던 실정이었다. 더욱이 일본의 석유 저장량은 1년반 내지 2년 동안의 소비량 밖에 되지 않았으니 이것은 일본이 전쟁을 하고자 한다면, 개전(開戰)을 연기하면 할수록 불리하다는 사실을 명백화 하는 것이었다.

일본이 미.영과의 전쟁을 결정하기는 1941년 9월 6일 소위 어전회의(御前會議)에서였다. 회의에 앞서 나가노(永野) 해군 군령부장은 "일본은 미국과의 전쟁을 피해야만 한다. 미국과의 전쟁을 피하기 위해서 필요하다면 독일과의 동맹에서 탈퇴하는 일도 감행하여야 할 것이다. 그러나 만일 미국과의 전쟁을 피할 수 없다면 선수를 쓰는 길 밖에 없다. 그 이유는 석유수급의 문제로써 일본의 석유 보유량은 2년이 못 가서 완전히 바닥이 드러날 상황이기 때문이다." 라고 말하였다.

육군의 스기야마 총 참모장은 천황의 "전쟁이 일어나면 육군은 얼마기간 안에 전쟁을 끝낼 수 있겠는가?" 라는 잘문에 대하여 "남양 방면에서는 3개월이면 끝낼 수 있습니다." 라고 대답하였다. 이때 천황은 스기야마총장에 대하여 "그대가 7·7 전쟁이 일어날 때 육군대신이었는 데, 그때 육상으로써 전쟁은 1개월이면 끝낸다고 말하였음을 기억한다. 그런데 4년이 지난 오늘날까지도 끝내지 못하지 않았는가?" 라고 물으니, 총장은 "중국은 오지(奧地)가 넓고 넓어서 예정대로 작전을 못 하였기

때문이었습니다." 라고 응대하였다.   이에 천황은 노기를 띠며
"중국의 오지가 넓다고 하면 태평양은 더욱 넓지 않은가? 어떤
확신이 있어 3 개월 이라고 말하는가? " 라고 다그쳤다.

이때 해군 군령부장은 "일·미의 관계는 병자와 같습니다.
수술을 할 것인가, 안 할 것인가 하는 찰나입니다. 수술을 하지
않으면 점점 쇠약하여 죽을 것이고, 수술을 하면 위험이
뒤따르지만 생명을 건질 수가 있습니다. 해군은 외교 교섭이
성립되기를 바라지만 성립되지 못 하면 수술을 단행할 수 밖에
없습니다." 라고 답하였다. 이것으로 볼 때 천황은 확실히 전쟁을
바라지 않았던 것이 분명하였고, 해군은 외교로 전쟁을 피하고자
노력하였으며 오직 육군만이 전쟁수행에 맹진하였음을 알 수
있겠다.   이것이 일본 군국주의 실상이었다.   이렇듯 군부의
독주는 1930 년 장작림을 폭사시킨 관동군의 젊은 장교들을
제대로 응징하지 못 한 데서부터 연유된 것이었다.

사진 3: 나가노 오사미, 해군 대장.

9

사진 4: 스기야마 하지메

사진 5: 쇼와 천황 (1935 년)

군국주의의 진상

당시 일본 정계의 쌍 벽인 고노에 수상과 도죠(東條英機) 육상은 여러 사건에서 서로 의견이 맞지 않아 늘 충돌하였다. 고노에 수상은 일본 공경(公卿)의 한 사람으로 경도 제국대학 법학부를 졸업한 인물이었다. 그가 국민의 여망을 한껏 받으면서 수상이 되기는 7·7 사변이 일어날 무렵이었다. 그는 중국전쟁을 확대시켜 일본을 구렁창으로 빠뜨렸으며, 삼국동맹(일. 독. 이)을 맺은 것도 그였다. 미국과의 전쟁을 회피하고자 노력하였으나, 그도 어쩔 수 없는 일본사람이었기에 국익을 내세우면서 군부에게 끌리어 갔던 것이었다. 그가 종전 후 자결한 것은 살아남을 수 없는 전법자임을 자인할 수 밖에 없었기 때문이었다.

1941 년 10 월 14 일 각료회의에서 고노에 수상은 전쟁을 확대시킬 수 없다고 주장한 데 대하여 도죠 육상은 "고노에 수상은 너무나 앞 날의 장해와 위험에만 사로 잡혀있다. 결국 그것은 그와 나와의 성격상의 차이일 뿐이다." 고 비난하고 퇴장하였다. 그리고 도죠는 내각의 총 사퇴를 요구하였고, 고노에 수상은 천황에게 도죠와 자기는 대화할 수 없을 정도로 소원해졌다고 하면서 사직하였다. 그런데 중신들은 후계 수상에 도죠를 천거하는 데 동의하였으니, 그것은 '도죠, 네가 수상이 되면 차마 전쟁으로 이끌고 가지는 못 할 것이다.'는 안이한 생각에서였다. 그러나 결국 그가 수상에 취임한 지 50 여일 만인, 1941 년 12 월 7 일 진주만(眞珠灣) 공격을 감행하였고 중·일전쟁을 세계 2 차대전으로 확대시켜 나갔다.

사진 6: 일본 연합함대의 진주만 기습 공격, 1941 년.

나는 이때 와세다대학 학부 1 학년이었다. 동경 거리의 일본인들의 표정을 보고 싶어 신쥬구(新宿)를 거닐었는 데, 등화관제로 컴컴한 거리는 죽음의 거리 같았다. 오고 가는 사람들의 얼굴은 굳어 있었고 수심에 차 있었다. 나는 "이제 일본이 망하는 구렁텅이 속으로 스스로 빠져 들어갔구나!" 라고 생각하였었다.

일본 연합함대의 진주만 기습 공격(1941, 12, 7)은 미국의 태평양 함대를 괴멸시켰다. 일본 육군은 필리핀의 수도 마닐라를 점령하고(1942. 1.) 싱가포르와(1942. 2.) 버마의 수도 랑구운도 점령하였다.(1942. 3.) 이로써 일본은 개전한지 5 개월 만에 동쪽은 서남 태평양의 라바울에서 서쪽은 버마까지 광대한 지역을 점령하였다. 이와 같은 서전(緖戰)의 승리는 확실히

국민들을 흥분케하였다. 개전 당시 일본의 육 해군은 이
단계까지는 구체적인 작전 계획을 갖고 있었다. 그러나 이 단계를
지나서는 점령지역을 확보하면서 그때 그때 적을 격멸하는 한편,
남방으로부터 물자를 얻어 전력을 강화한다는 모호한 계획 밖에
갖고 있지 않았었다.

사진 7: 고노에 후미마로 수상.

사진 8: 도조 히데키, 총리대신.

사실 일본은 미국과 싸우면서도 어떻게 해서 미국을 항복시키겠다는 확고한 작전 계획이 없었다. 단지 동맹국인 독일이 승리 할 것이고, 중국과 영국은 항복할 것이며, 또한 민주 체제 국가에서 전쟁이 장기화되면 국민들이 전쟁에 싫증을 느끼고 국론이 갈라지게 될 것이니 결국에 가서는 미국도 항복해 올 것이라고 자기 나름대로 막연한 계산을 하고 있었던 것이었다.

그런데 유럽에서 독·소 전(戰)은 일본의 예상을 뒤덮고 동맹군인 독일군이 레닌그라드에서 참패하였다. 영국은 계속되는 독일의 공습을 견디며 전비를 가다듬을 수 있었으며, 태평양 상에서는 1942 년 4 월 18 일 미국 폭격기 16 대가 항공모함에서 출격하여 처음으로 일본 본토인 도꾜, 요꼬하마, 나고야 등지를 폭격한 후, 몇 대는 중국으로 날아 갔다. 나는 그 공습으로 와세다대학 앞에 있던 한 병원이 파괴되는 것을 보았다. 미공군의 제공력을 직접 목격한 일본 국민들은 이제 전쟁의 앞 날이 밝지만은 않다고 느끼는 듯 하였다.

태평양에서의 미군의 반격은 산호해(珊瑚海) 해전에서 승리하면서부터 시작되었다. 그런데 일본은 6 월 5 일에 국운을 걸고 중 태평양상의 미드웨이 해전을 감행하였다. 여기서 일본 해군은 예상을 뒤엎고 주력 항공모함 4 척이 격침되면서 일본 연합함대는 섬멸적인 타격을 입었고 제공권 마저 상실하였다. 8 월에는 솔로몬 군도의 과달카날 섬에 미 해병대가 상륙하였다. 여기서도 일본은 정예를 자랑하던 2 개 사단 반과 군함 38 척,

출동한 전선 비행기를 모두 상실하는 참패를 맛 보았다. 그러나 일본은 거듭되는 참패를 전진이란 말로 국민을 속일 뿐이었다.

기습과 전격전으로 서전에서 승리를 얻은 일본과 독일은 1943년에 접어들면서는 패배의 길을 줄달음쳐 나갔다. 미군은 태평양 상에서 제해권과 제공권을 넓히면서 반격전으로 나왔다. 미국이 섬을 뛰어넘어 공격하는 비도(飛島)작전으로 남 태평양에서 성공하는 동안에도, 뉴기니아 방면에서 일본군은 전진만을 고집했다. 4월에는 야마모도(山本五十六) 연합함대 사령탑승기가 격추되어 야마모도가 전사하였다. 북쪽 아륜산 방면에서는 5월에 미군이 앗쯔 섬에 상륙하였는 데, 6개월 만에 일본군 2,500명 전원이 옥쇄(玉碎)라는 이름으로 전멸하였다.

사진 9: 영화 '미드웨이'의 한 장면

사진 10: 과달카날 섬에 상륙하는 미해병대, 1942년 8월.

사진 11: 야마모토 이소로쿠.

유럽 전선에서도 소련군의 전면적인 공세가 개시되었고 7월에는 미군과 영국군이 시실리 섬에 상륙하였고, 9월에는 이태리가 연합군에게 항복하고 말았다. 이로써 삼국동맹에서 한발이 떨어져 나간 셈이 되었다.

일본은 퇴패를 거듭하면서도 이제 미군은 보급선이 멀어져서 작전상 불리할 것이라고 입을 모아 선전하였으나, 미군의 반격은 일본의 예상을 뒤엎는 빠르고도 대규모적인 것이었다. 미군은 1943년 11월에 마킨, 다리오 두 섬을 점령하였고, 1944년 2월에는 마샬 군도에 상륙한 후 이어서 트락크 섬을 점령하였으며 3월에는 바라오 섬을 점령하였다. 그리고 일본 본토를 폭격권 내에 넣을 수 있고 일본의 최후 외곽 절대 방위선인 싸이판 섬에 대한 대규모 작전을 개시하였다.

내가 일본군의 학도병이란 이름으로 강제 징집되어 중국전선으로 나가게 된 것이 1944년 1월이었으니, 이 때는 어느 누구도 일본이 미국과의 전쟁에서 승리할 것이라고 믿지 않았다. 또한 그네들이 입버릇처럼 말하듯이 1억 인구가 죽어 바닥이 날 때까지 싸울 것이며, 만일에 미군이 일본 본토에 상륙한다면 천황을 만주로 옮겨서라도 싸울 것이라는 말을 더이상 믿는 사람들도 없었다.

1281년 몽고(蒙古)가 우리나라를 유린하고 대한해협을 거처 일본 본토로 쳐들어 갔을 때에는 호죠도기무네 (北條時宗)가 나타나 북풍을 쳐부셨는데, 이제 동쪽 바다로 물밀듯이 쳐들어오는 동풍을 도죠(東條英機)가 막아낼 것이라고 호언장담하였지만 믿는 사람은 아무도 없었다. 몽고가 침입하였을 때에는 니하꾸도오까(210 일 태풍기)가 몰아쳐 와서 몽고군들이 자멸할 수 밖에 없었지만, 이제 과연 기적이 또 일어나 줄 것이란 말인가! 국민들의 일본 군국주의를 저주하는 원성은 높아만 갔다.

조선반도에 대한 일본 군국주의

일본은 식민지 조선반도를 통치하는 데 있어서 조선 총독으로는 거물급 육군 우두머리를 임명하여 무단통치를 실시하였다. 역대 총독 중 3·1 운동때의 하세가와(長谷川) 총독을 제외하고는 모두 본국에 돌아가서 총리대신으로 임명되어 군국주의 정치를 주도하였다. 중국과의 전쟁을 도발한 후의 조선에 대한 정치는 철저한 조선민족 말살정책이었고 문화 말살정책이었다. 일본은 1938 년 4 월 조선의 교육제도를 일제히 변경하였다. 여기서 보통학교를 소학교, 고등보통학교를 중학교, 여자고등학교를 고등여학교로 이름을 변경시키었는데 이것은 일본 본토의 제도와 같이하여 같은 학제를 쓰면서 일본인과 조선인을 구별하지 않기 위함이라고 표명하였다. 그러나 그 진면은 정규과목에서 우리민족의 조선어과목과 조선역사과목을 폐지시키는 데 있었음이 분명하였다.

사진 12: 경복궁 조선총독부 청사.

　다음으로는 이른바 황국신민서사(皇國臣民誓詞)라는 것을 만들어 외우게 함으로서 매일같이 일본 국민임을 부르짖게 하였고, 나아가 일본의 아마데라스 오호미까미(天照大神) 신을 모신 신사를 각지에 세워서 참배를 강요하였다. 여기에 미나미(南次郞) 조선 총독은 1940 년 2 월, 조선인이 갖고 있는 성(姓)을 일본인 성으로 바꾸라는 창씨개명까지 강요하게 이르렀다. 이때 조상으로부터 물려받은 성을 바꿀 수 없다는 사람에 대하여서는 민족주의자라는 낙인을 찍어 온갖 압박을 가하였다.

　전쟁의 앞날에 먹구름이 드리워지면서부터 더욱 민족 말살정책의 일환으로 내선일체(內鮮一體)니, 동근동조(同根同祖)라 하면서 동화정책으로 목을 쫄라맸다. 이렇게 되면서 조선학생들의 전문대학교 입학생을 현저하게 제한 하였는 데, 이것은 조선인에게 고등교육을 시킨다는 것이 그들의 문화

말살정책과 상충하기 때문이었다.　　황국신민서사의 내용은
다음과 같다.

사진 13: 미나미 지로, 조선총독.

황국신민서사(皇國臣民誓詞): 일본어 원문
　　わたくしども　　だいにっぽんていこく　しんみん
1.　私　共ハ、大日本帝國ノ臣民
　　デアリマス。
　　わたくしども　　こころ　あ　　　　てんのうへいか
2.　私　共ハ、心ヲ合ワセテ、天皇陛下ニ
　　ちゅうぎ　つ
　　忠義ヲ盡クシマス。
　　わたくしども　　にんくたんれん　　　りっぱ　つよ
3.　私　共ハ、忍苦鍛錬シテ、立派ナ強イ
　　こくみん
　　國民トナリマス。

한국어 번역
1. 우리들은 대일본 제국의 신민(臣民)입니다.

2. 우리들은 마음을 합하여 천황 폐하에게 충의를 다하겠습니다.

3. 우리들은 인고단련(忍苦鍛錬)하여 훌륭하고 강한 국민이
　 되겠습니다.

급기야 일본군부는 전력을 강화하기 위하여 마지막 카드를 내놓았는 데, 1942 년 10 월에 대학의 수학 연한을 3 년에서 2 년 6 개월로 단축시키는 것으로 시작되었다. 이로써 정부가 전문 대학생들을 6 개월 빨리 징집하여 전쟁터로 내보낼 수 있었기 때문이었다. 1943 년 10 월에는 ' 교육에 관한 전시 조치법 '을 공포하였는데, 이것은 고등학교, 전문학교, 대학예과 및 학부의 법문계 재학생들에게 주어졌던 징병연기 조치를 철폐하는 것으로서 일본인 학도들을 전쟁터로 몰아넣는 것이었다.

일본군부가 자기나라 학생들을 전쟁터로 보내는 마당에 식민지 조선학생들이 학업을 계속하도록 내버려 둘 것이겠는가? 원래 식민지 통치라는 것은 식민지 사람들은 주권이 없기에 먹여 살려주어야 할 뿐만 아니라 교육시켜 줄 의무가 있다. 그런데 일본은 우리 땅에서 매년 700-800 만 석의 쌀을 가져갔을 뿐만 아니라 철저하게 병창기지로 만들지 않았는가? 이러한 잔악무도한 일본군부가 자기네들의 학생들을 전쟁터로 내몰면서 어찌 식민지 조선학생들을 그대로 평안하게 살게 하며 학업을 계속하도록 내버려 두겠는가? 식자(識者)라면 어느 누구도 의문하지 않을 수 없었다.

제 2 장
일본 군인이 되다.

전시 비상 조치법

　1943 년 10 월 일본에서 ' 전시비상조치법 '이 내려질 때 나는
졸업을 한달 앞 두고 있었다. 삼국동맹에서 이태리가 항복하였고
태평양에서는 미군이 압도적으로 우세한 함대와 비행기로 반격을
시작하여　태평양　북쪽에서는　일본군들이　옥쇄하고,　태평양
남쪽에서는 미군이 마샬 군도에 대한 상륙전을 감행할 때였다.
이제 일본이 승리하여 소위 대동아 공영권을 이룩한다는 것을
믿는 일본 국민은 한 사람도 없었다.　　그러하기에 전선으로
출정하게 된 일본 학생들은　자신들에게 불어 닥친 운명을
원망하면서 "이제 남방의 하늘에서 꽃잎처럼 사라져야 하는가? "
라고 비탄해 하며 전쟁을 감행하는 군부를 저주하였다. 나는 이들

일본학생들을 바라보면서 "너희들이 전쟁터로 나아가는 것은 너무도 당연한 일이 아니냐? 너희 나라를 위한 일이 아닌가? 너희들이 저지른 침략의 죗가를 받아야한다." 라고 생각하였다. 진실로 이때 나는 이 비상조치법이 머지않아 내 발 등에도 떨어지리라고는 꿈에도 생각지 못 했었다.

이때 나는 동급생들이 왜 자기들은 전쟁에 나가서 죽어야 하는가고 비탄해하면서 나를 보고는 너는 조선 학생이니 전쟁에 나가지 않을 것이라며 부러워하는 말을 들어야 했었다. 구시다 라는 착한 동급생 일본 친구는 어느날 나를 만나 부탁이 있다고 하였다. 자기는 어쩔 수 없이 군국주의의 희생물이 되어 전선에 나가게 되었지만 집 안 일을 걱정하지 않을 수 없다면서 집에는 어머니와 누이동생이 하나 있는 데, 조선인인 나는 군대에 나가지 않을 터이니 가능하면 누이와 결혼하여 집 안 일을 보살펴 줄 수 없겠는가? 는 것이었다.

그리고는 곧 그는 나를 데리고 집으로 가서 자기 누이를 소개하는 것이었다. 그 당시 나는 결혼 같은 것은 생각조차 해 본 일이 없었고, 더구나 일본 여인과의 결혼은 꿈에서라도 상상한 일이 없었기에 웃으면서 한 귀로 듣고 한 귀로 흘려 보냈다. 그런데 그는 어머니와 깊은 상의를 한 것 같았고 여인도 국적이야 어떻든 간에 그저 군에 나가지 않는 남자를 상대하고 싶었던 것 같았다. 그때 나는 그런 각박한 정세에서 군에 나가야하는 운명을 애통해하며 저주하는 그를 불쌍히 여길 뿐 더이상 할 것이 없었다.

졸업 사은회가 있었다. 동양사학과 졸업생은 모두 9 명(조선인은 2 명)이 대학 구내에 있는 오호구마 회관에 모이었다. 분위기는 매우 썰렁하였다. 주임교수 시미쯔(淸水泰次)는 침통한 얼굴로 말을 잇지 못하고 있었다. 노교수 계무리야마센타로(煙山專太郎)는 눈물마저 글썽거리는 것이었다. 교수들이 정든 제자들을 사회로 내보내면서 앞날을 축복해 주어야 할 터인 데 죽을 전쟁터로 내보내는 마당이니 그들의 마음이 어떠했겠는가? 모두가 군부를 저주하는 분위기였다. 일반적으로 지식인들은 전쟁 그 자체를 저주하는 바인 데, 군부가 저지른 전쟁은 막다른 골목에 다다랐고 먹 구름으로 드리워져 있으니 교수인들 무슨 말로 졸업생들을 축복할 수 있었겠는가! 등화관제로 흐릿한 전기불 아래서 간단한 식사만 들고 헤어져 나왔다.

나는 항상 통학하던 낮 익은 길을 마지막으로 거닐면서 회한에 젖어 들었다. "이제 일본이 패망하는 것은 불을 보듯 명백한 사실이 되었다. 이 표독스런 일본놈들이 곱게 망하여 36 년 동안 괴롭히던 식민지 조선을 온전히 조선인에게 돌려줄 것이겠는가? 이들은 연합군이 본토에 상륙하면 천황을 끼고 만주로 이동하여서라도 최후의 한 사람까지 싸우겠다고 하지 않았던가!" 나는 음산한 동경을 하루라도 빨리 떠나고 싶었다. 이제 나도 엄연한 사회인이 되었으니 어서 직장을 가져야 할 것이라고 생각하였다.

앞서 한 교수가 함경북도 경성중학교(鏡城中學校)에서 역사선생을 초빙한다는 전갈이 있다고 하면서 나더러 이력서를 내라고 추천하여 주었었다. 그 당시 조선인 학생이 취직을 하려며는 태화숙(太和熟)에서 사상 경향을 검토한 보증서가 필요하였으므로 나도 의뢰하러 갈 수 밖에 없었다. 그런데 태화숙에서는 내가 연성회(鍊成會)에서 훈련받지 않았다는 이유로, 보증할 수 없다고 거절하는 것이었다. 나는 씁쓸히 발걸음을 돌이키면서 아직 일본놈들의 세상이니 일본놈들과 같은 정신을 갖지 않으면 취직할 수 없겠구나고 생각하였었다. 이렇듯 취직이 수월치 않음을 이미 맛보았으나, 나는 나의 조국 조선에 나가면 무슨 길이든 열릴 것이라는 막연한 희망을 안고 동경을 떠나왔다. 경성(京城)에 도착하여 하룻밤을 지내고 신문을 보니 경성일보에서 기자를 모집한다는 광고가 있었다. 경성일보는 총독부에서 경영하고 있었고, 사장은 33인 중의 한 사람인 최린(崔麟)이었으며, 전무에는 서춘(徐椿)으로 내가 다녔던 오산학교 3회 졸업생이었다. 물론 조선 사람을 일본 사람으로 만들기 위한 총독부 기관지였다. 나는 앞 뒤를 가릴 처지가 되지 못 하였기 때문에 그 날로 지원을 하고 시험을 치루었다. 시험문제는 '대동아 공영권에 대하여 논하라.'는 제목이었다. 그때 부민관(府民館)에서 약 170명이 응시하였는데, 다음 날 아침에 나가보니 합격자 8명의 명단이 게시된 가운데 내 이름도 들어 있었다.

(**편집자 주**: 연성은 研磨育成의 뜻으로 한국민족을 완전한 천황의 신민으로 개조하는 것이었다. 이 시기 학교는 군대의 하청기관으로 일본어 교육과 군사교련의 장이었으며, 졸업생에게도 군사예비훈련을 실시키 위하여 연성수업소, 청년특별연성소 등을 설치하여 운영하였다.)

나는 그 길로 오산학교 1 회 졸업생이며 서울여상 교장이었던 김도태(金道泰)를 방문하여 상의하였다. 김도태는 나의 부친과 친분이 두터운 사이였다. 그는 즉시 서춘을 만나 부탁을 하여야 한다고 하며 곧 그 당시 수송동(壽松洞)에 자리잡고 있던 대륙관(大陸館)이란 중국 음식점으로 서춘을 불러 내었다. 김도태는 나를 가르키면서 "이 아이가 엄진승(嚴珍昇)의 두째 아들이오. 와세다대학 문학부를 졸업하고 경성일보 기자 채용시험에 응시하여 1 차 시험에는 합격하였으니 합격되도록 뒷 일을 부탁하오." 라고 간곡히 말하는 것이었다. 이 말을 듣자 서춘은 얼굴 빛이 하얗게 변하면서 "지금 막 합격자 세 사람을 결정하고 이 곳으로 나왔는 데 엄이란 성을 가진 사람은 명단에 없었소." 라고 말하면서 매우 안타까운 표정을 짓는 것이었다.

나는 어긋나는 운명을 직감하였고, 그래도 침착히 두분 고향 선배께 대하여 예의를 갖추어 대접한 후 돌아서 나왔다. 서춘의 충격이 컸음은 말할 필요도 없었다. 그는 나의 부친과 오산학교 동기 동창일 뿐만 아니라 두분 다 가정이 궁핍하여 학교 일을 해주면서 고학으로 졸업하였으므로 서로 이해함이 깊었기 때문이었다.

사진 14: 저자의 부친 엄진승 (오른쪽)과 친구분. (해방 후 덕수궁 석조전(石造殿) 앞에서)

학도병 지원

나는 삼일 동안을 경성에서 지내고 고향으로 돌아왔다. 부모님을 뵈니 두 분의 안색이 비탄에 젖어 계셨다. 이유를 물어보니 그 전날 부모님께서 역전 주재소에 강제로 연행되어 가셔서 나를 일본군에 보내기로 지원한다는 서류에 도장을 찍을 수 밖에 없으셨기 때문이었다. 그것은 1943 년 10 월 20 일 일본 육군성령 제 48 호 '육군특별지원병 임시채용규칙'이 공표됨으로써 조선인 학생도 11 월 20 일까지는 전원 일본군에 지원해야 한다고 발표하였기에 비롯된 일이었다. 그런데 나는 졸업은 하였지만 그것은 6 개월 앞당겨 졸업하였기에 엄밀히 따지면 재학생 신분이므로 지원을 면할 수 없다는 것이었다.

만일 졸업 후 취직이 확정되어 있으면 지원을 보류할 수 있다는 단서가 있지만 나는 취직이 되어 있지 못한 처지였기에 지원을 해야만 하는 상황이었다. 말로는 자유의사에 의한 지원이라고 하였지만, 그 실은 강제인 것이었다. 전쟁은 날로 가열하여져 수많은 일본인들이 죽어가는 마당에 고등교육을 받은 조선인들을 그대로 두면 치안만 시끄러울 것이니 차제에 학도병이란 명목으로 전쟁터로 몰아넣겠다는 간악한 술책이었다.

나는 경성에서 이미 그 포고령(布告令)을 보고 나도 어쩔 수 없이 학도병에 해당됨을 알고 고향에 돌아왔기에 체념할 수 밖에 없었다. 그러나 그 때의 나의 심정은 실로 하늘이 무너져 내리는 느낌이었다. 운명치고는 너무도 가혹한 신의 장난 같다고 생각되었다. 내가 이제부터는 왜놈의 군인이 되어야 한다는 것은 생각만 하여도 몸서리 처지는 일이었다. 누구를 원망하겠는가? 내가 조선 사람으로 태어나 나라 없는 백성이었다는 것을 한탄할 뿐이었다. 너무도 엄청난 현실이었기에 넋을 잃고 날을 보냈다.

땅거미가 깔린 저녁에 뒷산에 올라 땅거미가 어두움으로, 또 밤이지나 새벽이 되도록 생각하였지만, 해가 뜨지 않는 천체 이변이 일어나면 일어났지 내가 왜놈의 군인인 학도병으로 나가는 일은 절대로 있을 수 있는 일로 믿어지지 않았다. 그 때 학도병을 피하는 길이 있기는 있었다. 만주나 중국으로 도망치는 것이었고, 또는 일본놈에게 노무자로 징용을 당하여 사지

(死地)에서 중노동을 하는 것이었다. 실제로 만주 등지로 도망가므로 학도병을 피하는 사람도 있었으나 그 당시 나의 형편으로는 상상할 수 도 없었고, 또 입대를 거부하고 징용을 당한다 하여도 살아 돌아오는 일이 쉽지 않을 것이라고들 하였다. 나는 무슨 큰 이변이라도 일어나 내가 학도병만 나가지 않게 되기를 바랄 뿐이었다.

완전히 기운을 잃으신 부친(嚴珍昇)은 나와 함께 경성이라도 한번 다녀 오시기를 원하셨다. 역전 주재소에서는 나를 군대에 내보내는 것이 그들로서는 일본에 충성을 바치는 무슨 큰 보배인양 생각하면서, 주야로 나를 감시하러 왔다. 그러기에 우리 부자는 주재소에 나가서 신고한 후에야 경성에 내려올 수 있었다. 경성에서 우리는 다동(茶洞)에 있는 아세아 여관에 투숙하였고, 여관에서 부친은 김도태와 서춘과 함께 하는 자리를 마련하셨다.

그 자리에서 아버님은 힘없이 서춘에게 아들인 나를 살릴 길이 없겠는가고 애원하시는 것이 아니겠는가! 그 때 서춘은 매정하게 "학도병으로 출정하는 것은 천황에 대한 최대의 충성이니 지금의 상황으로는 절대로 피할 수 없다" 고 딱 짤라 말하면서, 계속하기를 "자네는 장사를 하였기에 그래도 여유가 있어 자식을 동경 유학까지 시켰지만 나는 평생 월급생활을 하였기에 항상 궁색하며, 어떻게 돈이 생기기만 하면 꼭 뜻하지 않던 일이 벌어져 반드시 쓰게 되니, 이것이 인생인 것 같다" 고 말하는 것이었다.

서춘의 이러한 말을 들으신 아버님은 아들을 원수의 군대로 내보내는 것은 더이상 피할 수 없는 일로 체념하시는 것 같았다.

입영의 슬픔

내가 일본 군영으로 입영하는 날은 1944년 1월 20일로 이미 정하여졌다. 그 날을 기다리는 동안 나는 내가 일본놈의 군인이 된다는 것을 도무지 실감할 수 없었다. 도대체 어떻게 조선 사람이 일본 군인이 된다는 말인가! 그래도 1월 20일이 되면 나는 일본 군인이 될 것이라고 생각하니, 눈 앞이 깜깜할 뿐이었다. 한편 취직이 되었다면 군인 나가는 것을 피할 수 있었을 것이라고 생각되니 경성일보 기자 시험에 낙방 된 것이 더욱 원망스럽기만 하였다.

사실 그때 그 기자 시험은 내가 사회로 나가는 첫 번째 길이었으므로 만일 기자가 되었더라면 나의 인생 항로는 지금과는 전혀 다른 길로 열렸을 것이었다. 그러나 이제와 생각하면 그때 학병으로 나갔던 것이 내게 더 의미있는 인생을 살게 하였다고 말할 수 있겠다. 그것은 일본 군인이 되어 직접 내 두 눈으로 일본이 망해 가는 것을 지켜 보았고, 또 나는 생각지도 못한 공산세계에 들어가 중국 공산당이 중국을 제패하는 것을 목격하였기 때문이었다. 나는 대학에서 강의할 때 학생들에게 힘주어 말하곤 하였다. "닥치는 운명을 피하지 말라. 감수하고 뚫고 나가라. 운명의 여신은 결코 냉혹하지 만은 않다."

사진 15: 1944 년 일본군에 강제 입대한 어느 조선 청년의 모습.

학병을 피한 친구가 몇 명 있었다. 김영철(金英哲: 오산학교 선배)은 와세다대학 영문과를 졸업하고 나와 같이 학병에 강제 징집되어 나가게 되었다. 그는 하단(下端) 역에서 떨어진 시골에서 살았는 데 학병을 피하기 위하여 학병이 공고되자 곧 집 천정에 올라가 숨었다. 천정에서 밥을 올려다 먹으면서 지냈는데, 천정에서 내려다 보면 순사나 헌병들이 매일 같이 찾아와 부모님을 괴롭히는 것이 보였다. 용하게도 해방이 되는 그 날까지 천정에서 견디어 내기는 하였지만 천정에서 겪은 공포와 강박관념으로 정신상태에 이상을 보였다.

그러했기에 월남하여 영어 교사를 지내는 동안 가는 곳 마다에서 환영 받지 못 하였던 것이었다. 그는 원래 운동

선수이였고   영시(英詩)를   연구하여   쉘리(Shelley)와
키츠(Keats)를 암송하던 낭만적이고 명랑하던 성격이였는 데,
천정에서 내려온 후 부터는 항상 우울하고 쫓기는 사람처럼
보였다. 천정에서 숨어 지내는 동안 아주 딴 사람이 되어버린
것이었다. 그러기에 나는 닥친 운명을 무리하게 피하는 것은
상도가 아니라고 믿는다. 운명은 하나님이 조작하는 것이니
운명을 거역하는 것은 하나님의 섭리를 거슬리는 것이라고
생각한다. 나는 1944 년 1 월 20 일 일본군 육군 2 등병이 되었다.

정주와 오산학교

나의 고향 정주군(定州郡)에서는 학병으로 끌려 간 청년들이
무려 90 여 명이었다. 전국에서 군 단위로는 가장 많은 학병을
배출한 곳이라 하였다. 정주군은 조선왕조 말엽에는 전국에서
가장 많은 과거 합격자를 냈다고도 하였다. 과거에 합격되었다고
모두 관직에 등용되는 것은 아니었으나 가문의 명예를 높인다는
뜻에서 응시자가 많았다고 하였다. 일제시대에도 정주군에서
많은 명사들이 배출되었다. 그것은 이 고장에 오산학교라는
훌륭한 교육기관이 있었기 때문이었다.

오산학교는 1907 년 선각자 남강 이승훈(李承薰)이란 분이
평양에서 도산 안창호(安昌浩)의 우국에 넘친 강연을 들은 후, 그
길로 상투를 깎고 "애국은 교육이다" 라는 신념으로 세운 유명한
민족주의적 교육기관이었다. 이곳에 고당 조만식(曺晩植), 다석
유영모(柳永模),   춘원   이광수(李光洙),   신채호(申采浩),

주기용(朱基溶) 등이 교장 또는 교사로 있으면서, 정성을 다해 교육시킨 보람이 있어, 시인 소월(素月), 안서(岸曙), 함석헌(咸錫憲), 김기석(金基錫)을 비롯하여 서양화의 비조인 이중섭(李仲燮)과 같은 제재다사를 배출시켰다.

사실 이 고장에 오산학교가 있었기에 이 부근 많은 젊은이들이 교육에 일찍이 눈이 떠서 배울 수 있었고, 또한 집안이 비롯 넉넉치 못 하였어도 동경 등지로 유학가서 고학하는 청년들이 많았던 것이었다. 그러하였기에 학병 90 여명이 이 고장에서 배출되었다는 것은 어쩌면 당연지사로 볼 수 있겠다.

사진 16: 정주 오산학교 1936 학년도 1 학년 갑조 학생들과 함석헌 선생,

사진 17: 조만식

사진 18: 신채호

사진 19: 이광수

연성회(鍊成會)라는 군사훈련

총독부에서는 1943 년 12 월 10 일 학병들이 입영하기에 앞서 군대의 예비지식을 갖게 하고 또한 자기네들의 위세를 과시하기 위하여 소위 연성회(鍊成會)라는 것을 마련하였다. 기한은 일주일이었고 장소는 경성대학 법문학부와 동성상업 (東星商業)학교 교실이었다. 학병들은 이 연성회에 모두 참가하여야만 하였다. 참가하지 않으면 학병을 기피하는 자라고 무서운 처벌이 뒤 따랐기 때문이었다. 일주일의 예비훈련은 고되고 까다로웠다. 장교와 하사관들이 훈련을 담당하였기에 병영과 다를 바가 없었다. 군대의 기초 동작에서 시작하여 내무반의 생활도 정규 군대의 규율을 따랐다.

우리를 훈련시키는 조교라는 조선인 상등병 두 놈이 어찌 까다롭게 구는지 구역질이 날 지경이었다. 훈련 중 "좌로 돌아" 라는 구령에 맞추어 대원들이 일제히 좌로 돌아가는 데, 나만이 좌·우를 분간 못하고 우로 도는 일이 있어 그때마다 바보 같은 놈이라고 욕을 먹고 기합을 받기도 하였다. 도대체 나는 군사훈련이라는 것이 싫었다. 군사훈련에 정신집중이 되지 않았다. 기합을 받을 때마다 '내가 앞으로 군인이 되어 훈련을 제대로 해낼 수 있을까?' 고 걱정이 되기도 하였다. 나는 훈련 중에도 '내가 어찌하여 이 신세가 되었는가?' 고 한탄하고 있었으니, 조교들이 나에게 일본 정신이 하나도 들어 있지 않다고 야단치는 것도 당연하였다.

시간은 흘러 가는 것이기에 일주일의 훈련은 끝났다. 훈련이 끝나는 전날 밤 조교들의 주선으로 헤어짐이 아쉽다고 한 자리에 모이었다.　　조교들이 말하기를 "우리는 육군 특별 지원병 출신들이다.　여러분 형님들이 군에 입대하는 것은 가슴 아픈 일이다.　입대한 후 형님들의 격렬한 훈련과 까다로운 내무반 생활을 조금이나마 익히게 하기 위하여 지나치게　대한 것이 있었으면　본심은　아니었으니　용서를　바란다.　　듣기로는 미국에서는　이승만(李承晩)이　　독립운동을　한다고　　하고, 중국에서는 김구(金九)등이 대한민국 임시정부를 수립하여 독립 의용군을 편성하였다고 한다.　　우리 민족에게도 밝은 앞 날이 멀지 않아 닥쳐올 것이다.　우리가 일본군에 특별 지원한 것은 우리가 일본놈이 되기 위해서가 아니었고 우리 민족에게 쓸모 있기를 바라서였다. 반드시 우리 민족이 독립하는 날이 올 것이다. 그동안 형님들에게 까다롭게 굴은 것을 용서해 주기 바란다." 는 것이었다.

　　나는 이 말을 듣고 놀래지 않을 수 없었다.　역시 그들의 핏줄에도 조선의 피가 흐르고 있었구나고 생각하게 되니, 총과 칼로는 조선의 피를 아마데라스 오호미까미의 피로는 절대로 바꾸지 못한다는 것을 다시 한번 깨달았다. 이제 일본놈들이 우리 민족을 압박하고 착취하다 못해 젊은 청년들을 총알받이로 전쟁터에 몰고 가지만, 멀지 않아 망하고 말 것이라고 확신하게 되었다.

사진 20: 아마데라스 오호미까미(天照大神) 신을 모신 신사.

연성 기간이 끝나는 그 날 저녁, 총독부에서는 학병들을 부민관에 집합시키고 장행회(壯行會)를 한다고 하였다. 부민관에 끌려 가 보니 풀이 죽은 학병들이 끌려와서 입추의 여지가 없었다. 부민관 입구에서는 군악대의 환영 연주회가 있었다. 앞 단상에는 춘원 이광수를 비롯하여 썩어 빠진 친일분자들과 일본인 군, 정 고관들이 줄 지어 자리잡고 앉아 있는 데 구역질이 날 지경이었다. "친일분자들이여, 너희들이 이 나라 젊은이들을 죽음의 골짜기로 몰아 넣고서라도 자신의 친일(親日)과 영달(榮達)을 바라야 하겠는가? 반드시 너희들이 민족 앞에서 속죄할 날이 올 것이다." 라고 나는 혼자 중얼거렸다. 총독 고이소는 거만한 걸음거리로 단상에 오르더니 판에 박힌 연설을 시작하였다.

" .... 황군(皇軍)이 대동아 공영권의 기초를 닦은 이 때 황국신민의 한 사람으로써 학업을 닦던 제군들이 이제 궐기하여 황은에 보답할 수 있는 의무를 다할 기회가 닥친 것을 축하하는 바이다. ..... 태평양 남방전선에서 귀축(鬼畜) 미국과 싸워 고기 밥이 된다는 각오로 청춘을 나라에 바치는 데 주저함이 없을 것임을 믿어 의심치 않는다. 그와 같은 죽음이야 말로 황국 신민으로서 다시없는 명예요, 또 천황 폐하에 대한 보은의 길이기 때문이다. 무운이 있기 바란다. .... "라는 것이었다.

사진 21: 고이소 구니아키, 조선 총독.

나는 이 말을 듣자니 분통이 터질 지경이었다. 나는 천황이란 자와는 아무 관계가 없을 뿐더러, 그는 우리 겨레의 최대의 원수인데 그를 위하여 내가 죽어야 할 이유가 어디 있단 말인가! 라고 생각하고 있을 때였다. 부민관 2 층에서 한 용감한 학병의 고함소리가 들려왔다.

"총독 각하 질문이 있소." 장내는 물을 끼얹은 듯이 고요해졌다. "총독은 우리가 출정한 후 우리 겨레의 장래를 책임질 수 있으시오?" 라는 것이었다.

총독은 여유있는 웃음을 띄우면서 다시 단상으로 나오더니 "그와 같은 질문은 황국신민으로서의 훈련이 잘 되어있지 않기 때문이요. 물론 책임지겠소." 라고 응대하였다. 나는 이 용감한 학병이 누구인지 알고 싶어 하였었는 데, 근경에 와서야 그 장본인이 유명한 한운사(韓雲史) 임을 알고 역시 그 답다고 탐복하였다.

사진 22: 한운사 (2009 년).

거만한 고이소는 종전 후 극동 군사재판에 회부되었고 20년의 금고형을 선고 받았으며 스가모 형무소에서 사라졌다고 한다. 그 위풍당당하던 고이소가 20년 형을 언도 받았을 때 재판장에게 고맙소라고 말하면서 머리를 숙였다고 하는데, 그것은 그가 교수형을 면하게 된 것에 대한 감사의 표시였을 것이라고 생각한다.

석별(惜別)의 아쉬움

세상에 태어난 사람으로 누가 시계바늘을 멈추게 할 사람이 있겠는가! 어느 위대한 사상가나 과학자라 할지라도 가는 시계바늘만은 멈추게 하지 못하는 법이다. 정해진 시간은 꼭 닥치는 것이니, 어김없이 1944년 1월 19일이 다가왔다. 이 날은 내가 일본군이 되기 위하여 집을 떠나는 날이었다. 마을 사람들은 누구나 할 것 없이 나를 측은한 눈초리로 바라보는 것을 느꼈다. 이 때 나는 내 자신이 참으로 불운한 사람이라는 것을 다시 한번 느꼈다. 부모나 가족에게 근심을 끼치는 것은 어찌할 수 없는 일이라 할지라도 3개월 전에 시집 온 아내에 대한 미안한 마음은 감출 길이 없었다.

그녀는 잘 살아 보겠다고 온갖 가재 도구와 많은 예물을 준비해 갖고 시집이라고 왔는 데 이제 기약 없는 헤어짐을 만났으니, 나의 불행은 내가 책임진다고 할지라도 그녀의 서운함과 허탈함은 누가 책임질 것인가! 아침에 식구들이 모이어

식사를 하게 되었는 데, 식사에 앞서 아버님이 간절히 기도를
드리는 것이었다.

　　　　" .... 이 아이에게 하나님께서 모세에게 보이셨던 것과
　　　　같은 불기둥과 구름기둥으로 인도하여 주옵소서. .... "

나는 하염없이 흐르는 눈물을 멈출 수가 없었다.　어머님은
성경책에 가족사진을 한 장 꽂으시고 "이 책은 진리요 생명이니
고이 간직하거라. "고 하셨다.

　1944 년 1 월 19 일 정오에 나는　헌병의 인솔을 받아
고읍역에서 평양행 열차를 타기로 되어 있었다.　마을 사람들은
나에게 석별을 아쉬워 하면서 정성들인 선물들을 주었다.　그
중에서도 내게 항상 각별한 사랑을 베푸시던 노씨(盧氏) 할머니는
세닌바리(嫡 천명을 죽이고 산다는 표징)를 내 어깨에 둘러
주시는 것이었다.　그 후 고읍역에서　열차를 기다리면서 주위를
살펴 보니 학병으로 나가는 친구들이 여럿 있음을 보게 되었다.
그들도 나와 같은 심정이었으라.

　이렇듯 같은 운명의 길을 걷게 된 친구들을 보니 조금은
단념이 되기도 하였다.　이윽고 오산 중 고등학교 일본인 교장의
무운장구(武運長久)를 기원한다는 만세소리가 들려왔다.　정각에
기차는 떠났고, 평양역에서 내려 헌병이 정해준 여관에 학병들은
단체로 투숙하였다.　다음 날 10 시에는 내가 일본 군인이 되는
것이었다.　입영지는 사동(寺洞)에 자리잡은 평양 42 부대라고
하였다.

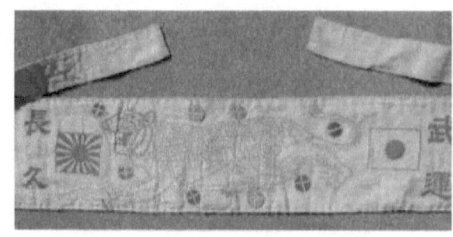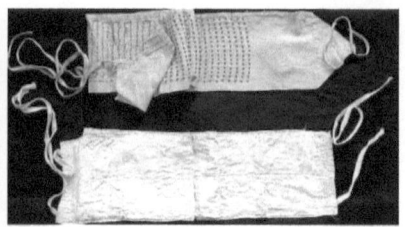

사진 23: 세닌바리(천인침).

　여관에 합숙한 학병들은 서로 얼굴을 쳐다보며 운명의 여신을
저주하였다.　자신의 신세가 벼랑에 선 이상 무엇이든지 정상적인
것이 싫어졌다.　닥치는대로 파괴하고 싶어했다.　같이 투숙한
방용원(方庸源)은 오산학교 동기 동창인 데 키가 크고 몸이
건장하여 학생 때 씨름을 하여 황소를 타기까지 한
역사(力士)였다.　몸이 큰 반면 정의감이 강하고 마음씨는 어린애
같이 양순하여 항상 뒤에서 남을 돌봐주는 좋은 성격을 갖은
친구였다.

　그가 이 날에는 마시지도 않던 술을 잔뜩 마시고 길 거리에서
일본놈 순사를 만나자 그 순간 불 같은 적개심이 폭발하여
배지기로 쓰러뜨렸다.　그리고 그 길로 여관으로 달려와서 맨
주먹으로 여관방 벽을 두들겨 쳐서 무너뜨렸다.　그리고는 "내가
일본놈의 군인이 되어야 한다니 ... 그 놈들을 죽여야 한다." 면서
왕왕 우는 것이 아닌가! 나는 그에게 "우리가 이 신세가 된 것은
조선 땅에 태어났기 때문이 아니겠는가?　나라 없는 겨레가
당하는 모욕을 우리가 조상들을 대신하여 받는 것이다." 고
위로하였다.　이 날만은 헌병들도 우리가 무슨 난동을 부려도
보고만 있었다.　한편 그들은 너희들이 군대에 입대만 해봐라

42

일본군이 어떠한 것인지 톡톡히 알게 될 것이다고 조롱하는 듯도 하였다.

1944 년 1 월 20 일 새벽 틀림없이 동은 훤하게 터왔다. 학병들로 사동으로 가는 길이 메어졌다. 학병들을 비롯하여 부모, 애인, 친구들은 뒤 범벅이 되어 길가를 메었다. 누구나 입대하는 시간에 늦을세라 걸음을 재촉하는 것이었다. 그 모양은 마치 반가운 사람을 만나러 뛰어가는 것과도 같이 보였다. 이제는 어쩔 수 없구나고 체념하게 되니 이미 일본군인이 된 듯도 하였다. 머리를 쓸어 보니 중대가리였다. 이틀 전에 보기 좋았던 머리를 빡빡 깎고 얼마나 서글펐던가!

나는 정각에 평양 42 부대 위병소를 통과하였다. 생과 사의 경계선을 넘은 것이었다. 눈보라가 스쳐 지나갔다. 저쪽은 따뜻한 데 이쪽은 싸늘하고 스산함을 느끼었다. 나는 비로소 부모님과 아내와 헤어졌음을 실감하였다. 한 시간 남직 지난 후 나는 허스름한 일본군 군복을 받아 입고, 입고 왔던 양복은 보자기에 싸서 아내에게 넘겨 주었다. 군복을 입고 군모를 쓴 나의 몰골을 보고 부모님과 아내는 마음 속으로 통곡을 하였으리라! 나는 일본 군복을 입은 나의 추한 자태를 남기지 않기 위하여 남들이 다 찍는 사진을 찍지 않았다. 그 몰골을 남기고 싶지 않았기 때문이었다. 평양 42 부대 영문(營門)에서 이렇게 부모님과 아내와 헤어진 나는 만 2 년 동안 고향에 돌아오지 못 하였다. 그리고 그 2 년 중 1 년 6 개월은 꿈에도 생각지 못했던 중국의 공산주의 사회에서 지냈던 것이었다.

제 3 장

하남(河南) 작전에 참가하다.

가가와 부대의 훈련

평양 42 부대에 입대한 학병은 20 일 후 중국으로 이동되었다. 헌병들의 엄중한 감시 하에 군용 열차에 실리어 북행하였다. 철로에서 지척지간에 자리 잡고 있는 고향 오산 마을은 눈에 덮여 적막에 싸여 있었는 데 나는 고개를 돌렸다. 이미 고향과는 작별하였으니 또 다시 미련을 갖고 정다운 고향을 생각하기 싫어서였다. 그래도 이번이 고향을 바라보는 마지막이 될 지도 모른다고 생각하니 가슴이 찢어지는 슬픔에 잠기기도 하였다. 열차는 북으로 달려 한 밤중에 압록강(鴨綠江)을 건넜다. 끝없는 만주의 벌판을 지나 천진(天津)을 지날 때에도 사방은 흑암에 싸여 있었다. 학병들 사이에서는 기차가 천진에 도착하면

집단으로 도망칠 것이라는 소요가 있었으나 별 일은 없이 지났고, 헌병들의 감시만 더욱 매서워졌다.

열차가 진포선(津浦線)에 접어 든 후, 학병 일행은 서주(徐州)라는 도시에서 하차하였다. 서주로 이동된 학병은 약 300 명 가량이었다. 서주 역 광장에서 각 중대 별로 인계 인수가 이뤄졌다. 그래도 학병들이 집단으로 모여 있을 때에는 같은 처지에 놓인 얼굴들을 서로 바라보면서 위로를 얻었었는 데, 이제 각 부대로 나누어져 헤어지게 되니 스산한 마음을 가눌 길이 없었다.

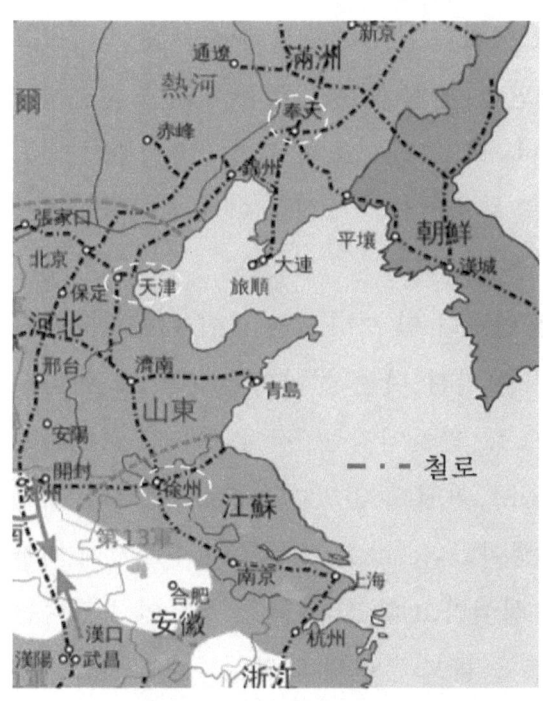

지도 24: 일본군 점령지구에 기차 철로길 (봉천 → 천진 → 서주)

내가 소속된 부대는 서주에서 약 5 킬로 동쪽에 자리잡은 가가와 부대였다. 가가와 부대의 부대장은 배속되어 온 우리를 연병장에 몰아넣고 "너희 놈들이 명예스런 이 부대에 온 것을 환영한다. 충성을 다하여 황은에 보답하기 바란다." 라는 판에 박은 말을 넣어 놓는 것이었다. 내가 부대에서 부대장의 얼굴을 본 것은 이 때가 처음이었고 또 마지막이었다. 일본군대에서 2등병과 부대장과는 하늘과 땅 사이만큼 차이가 있을 뿐더러, 부대 안에서의 그의 위치는 천황과 진배없기 때문이었다.

나의 직속 상관은 분대(分隊)에서 훈련을 맡은 반장(班長)인 이마가와라는 오장(伍長)이었다. 그는 보기에도 촌스러웠고 입술이 두터운 것이 잔인한 인상을 풍기었는 데, 중국전쟁에 참가하기 만도 7 년이나 되었다는 소위 고참 하사관이었다. 이때부터 나는 그의 무자비한 채찍 아래 시달리면서 초년병으로서의 훈련을 받게 되었다.

일본군에서는 군사 훈련보다 더 까다로운 것이 내무반에서의 훈련이라 할 수 있겠다. 여기서 나는 천왕의 공굉(孔宏)이라고 불리워지는 일본 군인으로 만들어지는 것이었다. 군대라는 곳에는 한치의 자유도 없고 인권도 없었다. 오직 상사에 대한 절대적인 복종만이 있을 뿐이었다. 바로 그 복종이 부대장에 대한 복종이요, 천황에 대한 충성이라고 하였다. 나는 천황이 주었다는 국문장이 새겨진 38 식 총을 들고 훈련에 임하였다.

나는 기합을 받을 때가 많았다. 매는 맞는 것으로 끝나기에 그런대로 견딜 수 있었다. 그러나 내심으로 나는 일본군이 될 자가 아니라고 늘 생각하고 있었으니 나의 거동이 반장의 눈에 들리가 없었다. 반장은 훈련에 이겨내야만 전투에서 살아 남을 수 있고 또 그것이 천황에게 충성하는 길이라고 악을 썼다. 내무반에는 훈련 받는 초년병이 20 명이 있었는 데, 그 중 학병은 두 명 뿐이었다. 내가 보기에도 다른 초년병들은 동작이 빠르고 재치가 있으며, 군인칙유도 줄줄 외우는 데 감탄하지 않을 수가 없었다. 반장의 말에 의하면 나는 나사 못이 빠져 있다는 것이었다. 다시 말해 정신상태가 되 먹지 않았다는 것이었다.

다음으로는 배고픔을 참는 어려움이었다. 고된 훈련도 훈련이거니와 급여하는 식사에 배를 맞추어야 하였기에 항상 배가 고팠다. 훈련 중이므로 다른 음식을 사서 먹는다는 것은 절대로 있을 수 없었다. 그러기에 굶주림에 허덕이던 나머지 고참병들이 먹다 버린 음식 찌꺼기, 잔반(殘飯)을 훔쳐 먹는 훈련병이 흔히 있었는 데, 그런 일이 발각되면 "일본군인은 잔반은 먹지 않는다" 며 밥 주걱으로 호되게 후려치는 것이었다. 나는 학병들도 잔반을 먹고 기합을 받았다는 말을 듣고 섭섭함을 금치 못했었다. 죽으면 죽었지 어떻게 그 일본놈들이 먹다 남긴 밥 찌꺼기를 훔쳐 먹을 수 있단 말인가!

어느날 나는 들판에 나가 훈련을 받다가 고구마 한 개를 주었다. 그 고구마를 변소 뒤에 숨어서 다른 학병과 쪼개 먹으니, 목이 메어 삼킬 수가 없었다. 훈련 받는 동안 서주 시내를 구보할 때도 있었다. 길가에서 김이 무럭무럭 나는 흰 만두를 쌓아 놓고 파는 것을 보고 저 만두를 한번 배 부르게 먹어보고 죽었으면 좋겠다고 바라기도 하였다. 지금도 그 때 일을 회상하며 나는 길 옆에서 파는 만두를 잘 사먹는다. 세상에서 온갖 설움 가운데 허기 찬 배고픈 설움이 가장 크다는 것을 나는 일본 군대에서 뼈저리게 느꼈다.

일본군에서 어찌 인권이라는 것을 생각하랴 만은 그들은 나를 가리키면서 항용 "너는 이전(二錢) 밖에 안 되는 놈이다. 네가 죽으면 이전 짜리 우표를 달아 통지하면 그만이다." 라고 말하였다. 이 같은 사고(思考)를 가진 자들에게 무엇을 더 바랄 것인가! 그들의 잔혹성은 아마 그들이 지난날 가졌던 무사도 (武士道)에서 연유한 것이라고 생각한다. 또한 일본군에서는 후퇴라는 것은 없다. 전진 아니면 죽음 뿐이었다. 생명을 홍모(鴻毛)와 같이 가볍게 생각하는 사고 방식은 지난날 무가(武家)정치 시대에 유행한 셋뿌구에서 유래된 것이었으리라. 나는 4 개월 후 상등병이 되었는 데, 그때 나의 시중을 들겠다는 초년병에게는 따뜻하게 인격적으로 대해 주었다.

그러나 무엇보다 일본군에서 가장 가슴 아팠던 것은 민족 차별이었다. 같이 죽기를 각오하고 일본군이 되었건만 상사들의 조선사람에 대한 태도는 판이하였다. 내가 그들의 마음에 맞도록 행동하지 못 하면 의례 "너는 조선사람이 아닌가?" 라고 말하는 것이었다. 구두 발에 채이고 얻어 맞는 것은 우리에게 지워진 운명이라고 하지만, 이국 전쟁터에서 민족적인 모욕을 들을 때는 피가 거꾸로 솟구치는 분함을 느꼈다. 이때마다 나는 꼭 복수할 것이다고 다짐했다.

어느날 그들은 어머니가 성경책에 끼어 주신 나의 가족사진을 유심히 들여다 보고는 "이놈아, 미군을 무찌르지 못하면 너희 가족도 산산조각이 난다."고 하는 것이었다. 나는 참으로 한심한 놈들이라고 생각하면서 '어서 미군이 상륙하여 너희놈들이 빨리 망하여야 비로소 우리 가족은 평안을 찾을 수 있다.'고 마음 속으로 대꾸하였다.

경한선(京漢線) 타동작전(打動作戰)

나는 초년병 훈련 도중에 경한선 타동작전(京漢線打動作戰), 소위 하남작전에 참가하였다. 이 작전은 1944년 4월 18일에 시작되었으니 내가 서주로 이동하여 2개월도 채 되지 않았던 때였다. 중·일 전쟁은 1938년에 일본이 무한삼진(武漢三鎭)을 점령하고 국민정부가 중경(重慶)으로 이동한 이래 교착상태에 빠져 그리 큰 전투는 없던 상태였고, 일본의 주 전쟁터는 태평양에 있었다.

그런데 무엇보다 일본으로서 근심되는 것은 미군의 일본 본토 공습이었으니, 1942년 4월 일본은 처음으로 본토인 도꾜(東京), 요꼬하마, 나고야 등, 도시에 미군의 대대적인 공습을 받았기 때문이었다. 미군 폭격기 16대가 태평양상의 항공모함에서 출격하였는 데, 그 16대 중 몇 대는 일본 본토의 폭격을 마치고 광서성 계림(桂林)으로 날아 갔던 것이었다. 그 후 미군은 중국

남쪽 절강성(浙江省)과 복건성(福建省)에 항공기지를 건설하여
일본 본토를 공습하는 가능성을 진지하게 검토하게 되었다.

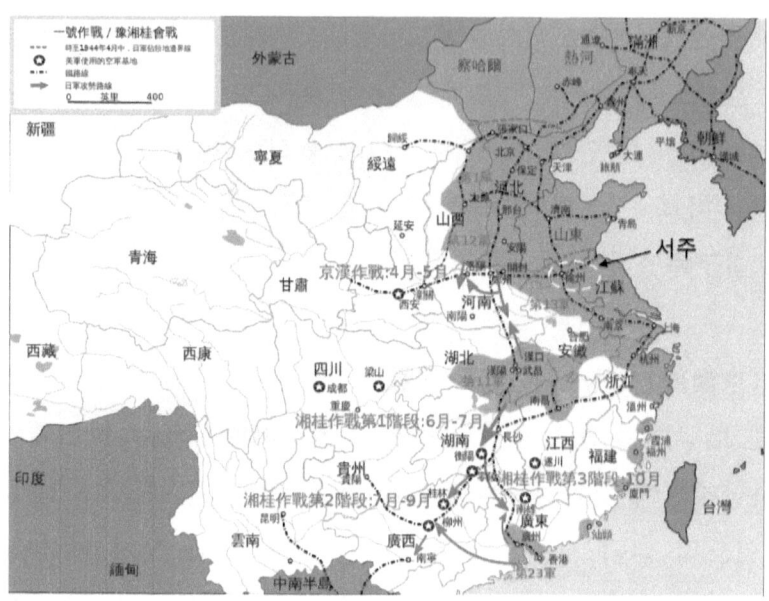

지도 25: 경한선 타동작전.

지도 26: 광서성 계림.

1943 년 11 월에 와서 미공군은 중국에서 제공권을 쥐게 되었고, 실제로 계림에 대규모의 공군기지를 건설할 계획을 세웠다. 그것은 계림에서 뜬 폭격기는 일본 본토를 두들기고 귀환할 수 있었기 때문이었다. 이에 일본군은 미군이 항공기지를 세우기 전에 이 일대를 점령하고자 결사적인 작전을 폈으니, 그것이 바로 경한선 타동작전이었던 것이었다.

이 작전에는 중국에 주둔하였던 전 병력은 물론 관동군의 일부도 동원되었다. 중국에 주둔한 전 병력이 동원되었으니, 중국에 출정하였던 학도병도 자동적으로 참가 하였다. 전투에 참가한다고 하였으나 별다른 느낌은 없었다. 이왕 죽기를 각오하고 중국까지 끌려온 몸인지라 그저 하라는 대로 할 뿐이었다. 그런데 전투는 멀고 고된 행군 끝에 벌어지는 것이었다. 이때 우리는 중무장을 하였는 데 소총탄 500 발, 80 미리 박격포탄 8 개, 거기에 3 일 간의 양식을 합하면 무게는 16 관이나 되는 것이었다. 이 16 관의 무게는 나의 몸 전체의 무게에 해당하니 이 같은 무거운 짐을 지고 행군하기란 결코 쉬운 일이 아니었다.

우리 부대는 서주에서 기차를 타고 반부(蟠埠)에 도착하여 야영을 하였다. 초봄 차가운 날씨인지라 밤에 모닥불을 피워 몸을 녹혔는데, 나는 초년병이라고 모닥불도 쪼이지 못하게 하는 것이 아닌가? 옷은 여름 군복을 입고 추운 밤을 지새는 데 얼마나 추웠겠는가! 다른 고참병이 나를 보고 부대에서 외출을 한번 했는가고 물어왔다. 못 했다고 대답하니 그는 이 작전에서 살아가기 어려울 터인 데 외출도 한번 못하였으니 애처롭다고 말하는 것이었다. 나는 그때서야 이 작전이 매우 심각한 작전임을 알게 되었다.

들리는 말에 의하면 나의 소속부대의 공격 목표는 안휘성(安徽省) 부양(阜陽)이라 하였고, 맞선 적은 장개석의 정예(精銳)를 자랑하는 탕은백(湯恩伯) 군이라고 하였다. 우리 부대는 부양을 향하여 계속 행군하였다. 고달픈 행군 끝에 부락에 숙영하면 우리는 먼저 부락 외곽에 참호를 파고 적의 야습에 대비하여야 하였다. 그리고 저녁 식사를 마련해야 하고 밤에는 입초를 서야 하였다. 낮에는 행군으로 녹초가 되고, 밤에는 밤대로 초년병으로서 고달픈 일들이 많았다. 그러는 가운데서도 즐거움이 있었으니 중국에 출정한 대부분의 학도병들이 이 작전에 참가하였기에 행군하는 동안에 서로 앞서거니 뒤서거니 하면서 낮 익은 얼굴을 볼 수 있었고 이름도 부를 수 있었던 것이었다. 나도 고생하지만 너도 살아서 고생일 뿐이구나고, 눈빛으로 만나는 그 기쁨은 더 할 나위가 없었다.

침략군의 잔혹성

작전 중에 일본군은 침략군으로서 본성을 드러내었다. 일본군이 부락에 들이 닥치기만 하면 그 부락은 쑥 밭이 되는 것이었다. 가재도구는 깡그리 불 태워 버리고 닭, 돼지 등의 가축은 모조리 잡아 치웠다. 돼지는 칼로 죽여 비계기름을 짜내고, 닭은 잡아 흰 고기만 골라 덴뿌라를 만들어 먹어 치웠다. 이렇게

실컷 먹을 수 있기에 그들은 작전은 즐겁다고 노래를 하였다. 그러나 남은 고기를 내다 버리라고 내게 지시하면서도 먹으라고 주는 법은 절대 없었다. 간혹 술독을 찾아내면 마셔서 버리는 것이 아니고 술로 발을 씻고는 부어 내버리는 것이었다. 그러기에 일본군이 하루 밤을 스쳐 지나가면 3년 동안 흉년이 든 것보다 더 황량해 진다고 하였다. 주민들은 일본군이 닥쳐 들기 전에 싹 도망쳐 버렸는데 갖고 갈 수 없는 가재도구는 땅에 파묻었고, 혹시라도 일본군이 밥 짓는 데 사용할 수 있는 솥 같은 것은 못 쓰도록 연못에 빠트려 두었다.

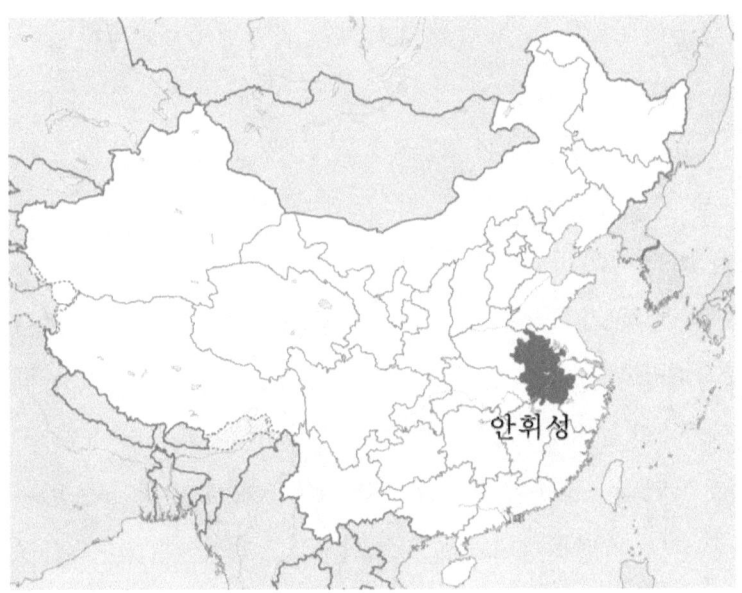

지도 27: 안휘성

어느날 밤에 홀로 보초 서고 있는 데 한 노파가 바들바들 떨면서 나에게 다가와 품에 품고있던 계란 두 개를 내어 주면서 먹으라는 시늉을 하는 것이었다. 나는 연민의 정을 느끼고 계란을 받아 들었다가 도로 돌려 준 일이 있었다. 어떤 부락에는 들어가니 모두 도망치고 노파 두 명만이 남아 있었다. 그들의 옆에는 솥이 있었는 데 뚜껑을 열어 보니 암 닭 두 마리를 삶고 있었다. 그 노파들은 일본군들이 오면 반드시 닭을 챙겨 갈 것이기에, 일본군이 들이 닥치기 전에 평소 먹고 싶던 닭을 삶아 먹기로 작정한 것이었으리라. 이러한 그들의 심리를 알 수 있기에 나는 못 본 채하고 그들을 지나쳐 갔다.

나는 행군하며 중국 농민들의 삶의 비참함을 목격하였다. 그저 조상이 물려준 한 줌의 땅을 조상이 쓰던 농기구로 밭갈이하여 하루 기껏 두 끼 고구마 섞인 강냉이 죽이나 먹고, 자라서는 장가 가고 시집 가서 자식 낳아 기르다가 죽어 가는 것이로구나고 생각하니, 인생 무상함을 새삼 느끼기도 하였다.

왕정위(汪靖衛)가 이끄는 위국민 정부군은 군대라기보다 한심한 도적떼들이었다. 그들도 이 하남 작전에 참가하였는데 행군하면서 닥치는대로 닭을 잡아 몇 마리씩 꽁무니에 차고 행군하는 것이었다. 중국에서는 못 쓸 놈은 군대에 보낸다는 말이 있다고 들은 적이 있었는 데 참으로 그들은 거지 군대였다. 나는 왕조명의 젊은 시절의 불 같은 혁명 열정을 높이 평가하여 왔었는 데, 그가 국민을 배반하고 도적군을 끌고 있는 것을 직접 보게 되니 실망이 여간 크지 않았다. 한간(漢奸)으로서 국민의 심판을 받을 날이 멀지 않았을 것이라고 생각하였다. 실제적으로 위군(僞軍)의 대부분이 그들의 무기를 공산군에게 팔아 넘겼던 것이었다.

적구(敵區) 깊숙이 스며들면서 전투가 벌어지기도 하였다. 정양관(正陽關) 외곽지대에서 적의 저항이 격렬하였다. 일본군이 먼저 포격을 가하고 뒤이어 일본 공군이 비행기로 공중 폭격을 감행하니 적의 저항은 멈추어졌다. 그곳에 진군해 가니 파편이 즐비하였고 시체들을 남겨두고 중국 병사들이 보리밭 사이로 도망치는 것이 보였다. 이것이 내가 중국전선에 참가하여 적을 표적 삼고 쏘아댄 첫 번째 전투였다. 그날 밤 적의 역습이 예상되어 살벌한 야영을 보내었는 데, 일본군이 포로 두 명을 생포하게 되었다. 그런데 그들은 재판은 말할 것도 없이, 제대로 이유도 묻지 않고 무조건 정보원이라고 하면서 뜰에 내다 세우고 총검으로 찔러 잔인하게 죽이는 것이었다. 나는 멍하니 서서 인간이 짐승처럼 살육되는 것을 보고, 전쟁이라는 것은 그저 죽이고 죽는 것이로구나고 몸서리를 칠 뿐이었다.

바로 그날 밤이었다. 나는 참호를 파고 입초 근무를 서고 있는 데 의외로 야영 숙소에 가서 자라는 것이었다. 나는 의아하게 생각하였지만 그저 명령에 따랐다. 그런데 아침에 들려 오는 소리는 이틀 전에 조선인 학병 한 명이 보초 근무를 서다가 적전에서 중국 진지로 도망쳤다는 것이었다. 도망친 그 학병은 이문화(李文華)라는 오산학교 후배이기에 잘 알고 있었다. 나는 속으로 그는 참 멋진 놈이었구나고 감탄하면서 그의 신세를 부러워하였다.   이문화는 일본군대에서의 정신적인 갈등을 죽음을 무릅쓴 도망으로 단호히 해결하였던 것이었다. 나는 그의 용감한 행동에 진심으로 경의를 표하였다. 그리하여 그는 조선인 학병 도망 제 1 호가 되었다. 그 후 며칠 동안 나에게는 밤중에 보초서는 임무를 주지 않았으니, 나도 조선인 학병이기에 도망치리라고 의심하였기 때문이었다.   덕분에 며칠간 밤마다 편안한 잠을 잘 수가 있었다.

사진 28: 1780 년 역사를 지닌 안후이(安徽, 안휘)성 서우(壽)현에 위치한 정양관(正陽關)

국민당의 패전

작전은 성공이었다고 하였다.   내가 소속된 부대는 정양관은 점령하였으나 부양까지는 진주하지 못하고 철수하였다.   그러나 다른 부대들이 1944 년 6 월 18 일에 장사(長沙)를, 8 월에는 형양(衡陽)을 점령하므로서, 월한철도 동쪽 땅을 차지하였고, 11 월에 계림, 유주(柳州)를 점령하였다고 하였다.   그러나 일본군의 이와 같은 작전은 전세를 가름하는 데 아무런 도움이 되지 못하였으니, 그것은 이미 1944 년 6 월에 미군이 일본 본토를 폭격하는 기지로써 싸이판 섬을 점령하였으므로, 일본 본토를 폭격하기 위하여 중국 남쪽의 계림, 유주 일대가 더 이상 필요치 않게 되었기 때문이었다.

이 전투에서 국민당군은 50 만 내지 60 만의 병력이 손실되었고, 146 개의 크고 작은 도시를 잃어 버렸으며, 6 천만이란 주민을 일본군의 점령지구로 밀어 넣게 되었다. 이와 같은 국민당군의 패전은 싸우지도 않고 퇴각한 데 있었으며 국민당 수뇌부의 극단한 부패에 연유한 것이었다. 종전 후 탕은백 장군은 국·공 내전 시기에 장개석을 배반하고 공산당으로 말을 갈아 탄 것으로 보아서도 알 수 있겠다. 장개석은 미군이 일본과의 전쟁에 참가한 이상 미국이 승리할 것으로 믿고, 미국의 승리는 곧 중국의 승리로 이어질 것이라고 확신하였기에 전력을 기울이지 않았던 것이었다. 그의 속셈은 대일전에서 출혈을 줄이고 병력을 보존하였다가 종전 후 공산당과의 전쟁에 대비하려는 데 있었다.

미국도 종전 후에는 국·공 간에 대규모의 내전이 벌어질 것을 예견하였다. 그것은 장개석의 정치고문인 라디모아가 다음과 같이 말한 것으로 보아서도 알 수 있겠다. "중국은 미국과 같이 승리할 것이다. 소련도 승리자가 될 것이고 중국 공산당도 그렇게 될 것이다. 그렇게 되면 전쟁이 끝나자 반드시 한 차례의 내전이 벌어질 것은 명백하다. 그러므로 국민정부는 잘 훈련된 병력과 새로운 장비를 간직해 두지 않으면 안된다." 이와 같이 장개석은 일본과의 전쟁에 열을 올리지 않고 패주만 거듭하였는 데, 군대라는 것은 거듭된 전투를 통하여서만 강대해진다는 초보적인 원칙을 무시한 어리석은 퇴각 작전이었던 것이었다.

장질부사

1개월의 작전 끝에 나는 서주의 부대로 돌아왔다. 그런데 귀대하자마자 나는 40도를 오르내리는 고열에 시달리게 되었다. 몇 일을 의식을 잃고 누어 있었는 데, 의식을 회복해 보니 서주의 육군 병원이었다. 병명은 장질부사라고 하였다. 즉시 나는 병원에서도 감옥이라는 전염병 격리병동에 수용되었다. 그러던 어느날 눈을 떠보니 군복에 별이 세개 달린 견장이 붙어 있는 것이 아니겠는가! 별이 셋이라고 하여 중장이 된 것이 아니고 상등병이 된 것이었다. 2등병으로써 기한만 차면 자연히 상등병이 되는 것이 또한 군대라는 곳이었다. 격리병동에 1개월 이상 수용되어 있는 동안 병이 낫게 되었는 데, 약으로 치유된 것이 아니라 마지못해 병이 떨어져 나가게 된 것이라 하겠다.

육군병원에서는 환자가 퇴원하여 부대로 돌아갈 때에는 하루를 서주 시내로 외출시키는 것이 상례로 되어 있었다. 나는 초년병이라 부대에서는 한번도 시내 외출을 못 하였지만 장질부사 덕택으로 입대한지 처음으로 서주 시내로 외출을 나가게 되었다. 단 여덟 시간 동안의 자유 외출이었다. 난생 처음 보는 중국거리인지라 모든 것이 신기하게만 보여졌다. 나의 악부(岳父)가 한 때 서주에서 곡물상을 경영한 일이 있었기에 지나가는 동포를 붙들고 곡물상의 사정을 물어 보았다.

그런데 그 분은 내가 일본군복을 입고 있는 것을 보고 학병이 아니냐고 반문하는 것이었다. 그는 서주 부근에 많은 학병이 와 있다는 말을 들었노라고 하면서 자기 집으로 가자고 이끄는 것이었다. 타국 땅에서 동포를 만나 우리 말을 주고 받자니 어찌나 반가웠던지 염치없이 그를 따라 그의 집으로 갔다. 그는 집에 이르자 마자 얼마나 배가 고프겠는가 하면서 중국요리로 나를 대접하는 것이었다. 그리고 금년 들어 처음으로 포도가 시장에 나왔다고 하면서 중국의 포도 맛도 보라고 내놓는 것이었다. 나는 정신없이 그 음식들을 비웠다. 원래 장질부사의 병치료는 음식을 잘 조절하여 조금씩 먹어야 되는 것인 데 나는 철덕서니 없이 과식을 하였던 것이었다.

그날 밤 병동에 돌아오니 배가 아파오기 시작하였다. 목구멍까지 찬 음식을 토해 내고자 애썼으나 허사였고 눈앞이 캄캄해 져 오는 것이었다. 나는 이제 죽었구나고 생각했다. 죽 밖에 먹지 못하던 환자가 기름진 중국음식으로 과식을 하였으니 그 고통은 죽음을 방불케 한 것이었다. 그날 밤은 고통 끝에 간신히 지나갔으니 생과 사는 하나님께서 주관하신다는 것을 다시한번 깨달을 수 있었다.

다음날 간신히 부대로 돌아오니 나를 본 반장은 깜짝 놀라면서 병색이 아직도 완연한 데 왜 퇴원하였는가고 묻는 것이었다. 물론 나는 아무 대답도 하지 못했다. 그래도 몇 달을 같이 생활하는 동안에 정이 들었었던지 부대에서는 아무 일도 하지 말고 내무반에서 요양만 하라고 각별하게 대해 주는 것이었다.

상등병

부대 내무반에서의 나의 사정은 조금씩 달라져 갔다. 나는 상등병이 되었고 신병들이 대거 입대하여 훈련 중이었기에 다소 여유를 갖게 되었다. 신병들은 제 2 보충병으로 50 대를 바라보는 늙은 축에 드는 사람들 뿐이었다. 어떤 신병은 사회에서 사장이었다고도 하였다. 그러기에 그들은 하나같이 이제 일본은 망할 것이 분명하다고 하면서 군부의 무모한 전쟁수행을 저주하는 것이었다. 신병들은 내가 고참병이라고 다투어 밤이면 나의 모포를 깔아 주고 구두도 닦아 주고 세탁물도 내 놓으라고 야단들이었다. 그러나 나는 그들에게 내가 해야 할 일을 시켜 본 적이 없었다. 그것은 개인을 위하여 사람이 사람을 부려먹는 것은 잘못된 행동이라고 생각했기 때문이었다. 오히려 나이든 그들이 격렬한 훈련을 받으면서 어찌할 바를 모르는 것을 보노라면 측은한 마음이 들 지경이었다. 전쟁이란 참으로 천황이란 자를 정점으로 한 몇몇 놈들이 자신들을 위하여 저지른 잔악 행위이지 절대로 국민 전체를 위한 행위라고는 생각되지 않았다.

어느날 저녁때 부대에서 전원 집합하라는 명령이 내렸다. 전 대원이 뒷산에 올라가서 야간 훈련을 한다는 것이었다. 우리는 완전무장을 하고 뒷산에 올라갔는 데, 중대장이 서쪽에 적의 폭격기가 나타나 폭격을 개시하니 총을 45 도 각도로 공중을 향하여 사격하라고 하였다. 38 식 소총으로 비행기를 격추시키는 야간 연습이었으니 나는 곧 적의 공중폭격이 있을 것을 대비하는 것임을 알 수 있었다. 이때는 미군이 태평양의 싸이판 섬을 점령(일본군과 전주민은 옥쇄라는 이름으로 전멸)하고 이곳을 기지로 하여 연일 본토 공습을 감행할 때이었기에 이제 서서히 전쟁도 끝장이 보이기 시작했구나고 생각하였다.

그날 밤 부대로 돌아오니 고참병들이 심히 분개하는 것이었다. 자기들은 7 년동안 중국 땅에서 싸우며 고생하고 있는 데 반해, 본토 사람들은 도대체 무엇을 하고 있었단 말인가? 더욱 태평양에서는 패퇴만 하고 있지 않는가? 이제 본토가 미군의 공습을 받기 시작하였다면 전쟁은 예측할 수 없지 않은가? 며 흥분해 하는 것이었다.

그후 나는 부대에서 차출되어 서주 시내에 자리잡고 있는 군수물자 창고와 탄약고를 경비하는 임무를 띠고 보초근무를 하게 되었다. 탄약고는 서주 역 바로 옆에 있었다. 밤이면 보초를 서면서 서주 역에서 기적을 울리고 떠나는 기차를 바라보면서 "저 차는 북쪽으로 달리고 있구나! 나도 언젠가는 저 기차를 타고 그리운 고향역에 다다를 때가 있겠지." 라고 생각하며 향수에 젖어 쓸쓸해 하였다. 더욱이나 탄약고 옆에는 양조장이 있었는 데 바람을 타고 코로 스며드는 술 냄새를 맡게 되면 술이 마시고 싶어지기도 했다. 그러나 나에게는 기차를 타고 떠날 자유도 없고, 술을 마실 수 있는 형편도 아니라고 생각될 때에는 한숨만이 나왔다.

학병들에게는 병영생활이 우수하고 간부후보생 시험에 합격하면 장교로 임관되는 길이 있었다. 종전 때 견습사관에 임관된 수는 전체 학병의 약 절반을 차지하였는 데, 그들의 훈련과 내무반에서의 생활은 참으로 훌륭한 것이었다. 때때로 나는 그들을 바라보며 우리의 적인 일본놈들의 군대에서 어쩌면 저렇게 잘 해 낼 수 있을까하고 놀랍게 여기기도 하였다. 그들은 실로 일본군 장교로서 조금도 뒤지지 않는다고 생각하였다.

이같이 견습사관으로 임관된 학병은 종전 후 귀국하여 대한민국 국방군을 창설하는 데 많이 이바지하였다. 장면(張勉) 총리의 민주당 정권 때 육군 총참모장인 장도영(張道暎)도 서주부대 학병 출신이었다. 나는 원래 되먹기를 일본군은 될 수 없도록 만들어졌음을 내 자신이 잘 알고 있었기에 애초부터 간부시험은 보지도 않았고 또 부대에서 추천하지도 않았다. 이와 같은 나의 소극적인 태도는 원리원칙을 내세우는 고지식한 성격에 기인한 것으로써 누구든지 현실을 잘 파악하여 그때 그때 최선을 다하여 자기를 죽이고 잘 적응하면, 결과는 좋을 수 밖에 없다는 평범한 진리를 외면한 것이었다. 나도 장교가 된 그들을 보고 부러운 마음이 없지도 않았으나, 될 수 없는 것은 바라보지도 말라는 말대로 내 현실인 상등병으로 만족할 수 있었다.

사진 29: 장도영

부대에서는 모든 고참병들이 공산군 토벌작전에 동원된다고
하였다. 그런데 나는 빠져 있었다. 이유는 장질부사의 후유증이
가시지 않았다는 것이었다. 사실 나는 참가하고 싶었다. 죽고
사는 것은 더이상 염두에 없었다.   나는 답답하고 기합과
훈련소리로 가득 찬 병영을 벗어나 오히려 끝없는 중국대지
위에서 시원한 바람을 쏘이면서 행군하며 총 쏘고 싶었기
때문이었다. 일본군이 1938 년에 서주를 점령하였다고 해도
그것은 서주 시내와 서주를 중심으로 사방으로 뻗은
용해선(龍海線), 진포선(津浦線)등의 철도와 자동차 도로일
뿐이었고, 이 점(点)과 선(線)에서 10 리만 오지(奧地)로 떨어지면
공산군 또는 국민당의 거점이 있는 소위 적구(敵區)라는 것이었다.

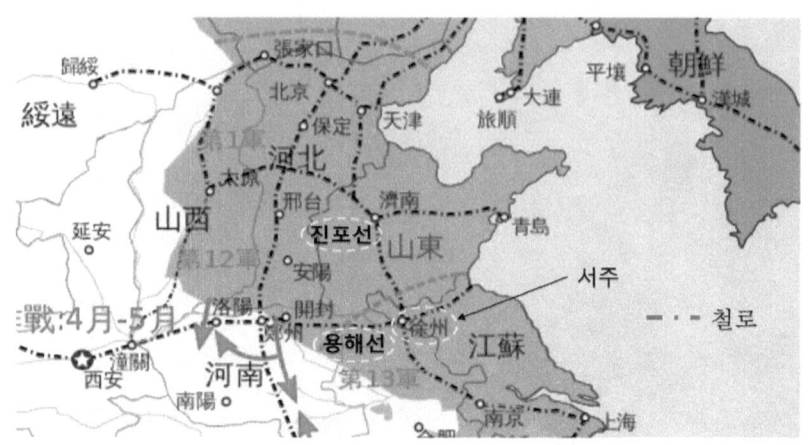

지도 30: 서주를 중심으로 뻗은 용해선 (龍海線), 진포선
(津浦線)등의 철도

　　이같은 이야기를 내가 육군병원에서 처음 서주 시내로
외출하였을 때 만났던 주민들에게서 들었었기에, 나는 공산군
토벌대에 참가하여 공산군의 실체를 보고 싶었고 전투의 양상도
보고 싶었던 것이었다. 그리고 무엇보다 내가 일본군 병영을
탈출한다면 국민당이나 공산군의 포로가 되어 원수인 일본군과
싸워야 하겠기에, 더욱 공산당 군대를 보기를 원했던 것이었다.
그러나 작전에서 제외된 나는 여전히 서주 시내의 군사요지를
경비하는 임무만을 수행하며 기다릴 수 밖에 없었다.

　　일주일이 지나 토벌대들이 병영으로 돌아왔다. 그들은 고개를
갸우뚱하며 이야기를 나누는 데, 자기들이 공산군 토벌작전을
벌리고 있던 중 난데없이 국민당군이 나타나서는 적군인
자기들은 공격하지 않고 도리어 그들 편인 공산군에 대하여
전투를 벌이더라면서 웃어대는 것이었다.　나는 이 말을 듣고

의아하게 생각하면서도 가슴이 아팠다. 어떻게 그럴 수가 있단 말인가! 공동의 적을 앞에 두고 같은 민족이 서로 총질을 함으로서 침략군에게 어부지리를 안겨주는 우(愚)를 범할 수 있단 말인가? 도저히 그 말이 믿어지지 않았다.

그러나 바로 그것이 그 때의 중국의 실제 상황이었다. 1944 년에 접어들면서부터 일본군 점령지역 후방의 공산군은 일본군과 싸워 이겨야만 주민들을 보호할 수 있고 나아가 인민의 지지를 받을 수 있었기에, 그들은 필승의 신념을 갖고 눈부신 유격전을 벌였다. 그들은 밤중에 도로 상에 구축한 일본군 토치카를 파괴한다든가, 철도의 레일과 침목을 걷어 치운다든가, 전화선을 끊어 버린다든가, 방어구를 허물어 버리는 등, 갖은 수단을 써서 일본군을 괴롭히며 대항하였던 것이었다. 이렇듯 인민의 호응을 받으며 확장되는 공산군이 국민당에게는 패망의 길로 들어선 일본군보다 더 두려운 적으로 간주되었다고 볼 수 있겠다.

탈출의 결심

또 다시 나는 나의 혈관에서 조선의 피가 솟구쳐 오름을 억누를 수 없었다. 조선사람이 조선을 삼키고 모진 착취와 학대를 일삼는 일본군이 되어, 천황이 주었다는 국문장이 새겨진 총을 들고 탄약고나 경비하고 있다는 것이 도저히 가당치 않게 느껴졌다. 많은 독립 투사들이 만주에서, 중국에서 간악한 일본 놈들에게 사로 잡혀 죽어가지 않았던가! 지척지간에 있는 중경(重慶)에서는 지금도 우국 열사들이 나라의 독립을 쟁취하기 위하여 대한민국 임시정부를 세우고 광복군을 조직하여 활동하고 있지 않은가! 내가 이렇게 일본군의 희생양이 되어 그들의 침략에 일조(一助)를 보태고 있다는 것은 사정이야 어떠하든 부자연스런 짓이었다. 이 부자연한 상태에서 벗어나는 길은 오직 하나 뿐이었으니 그것은 탈출하는 것이었다. 탈출하여 임시정부에 가담하여 독립군이 되여 의연한 자세로 일본군과 싸우던지, 또는 일본군과 대항하는 중국군에 합세하여 돕는 것이 조선의 인텔리로써 취해야 할 유일한 길이라고 확신하게 이르렀다.

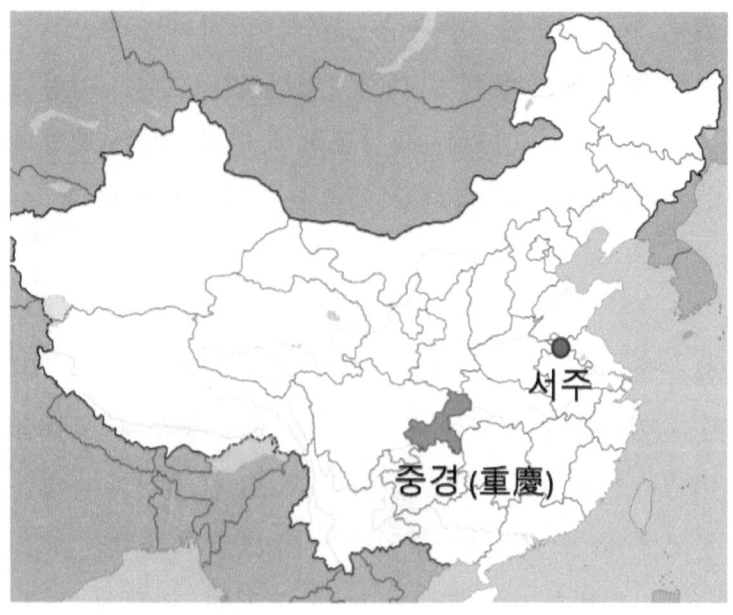

지도 31: 서주와 중경(重慶)의 위치

여기까지 생각이 이르게 되니 내가 독립군에 가담한다는 것이 전혀 불가능한 일 같지도 않았다. 일본군의 병영을 탈출하여 중경으로 가면 될 것이었고, 만일 중경까지는 멀어서 못 간다 할지라도 서주에서 10 리만 밖으로 나가면 일본군과 싸우는 중국군들이 있다고 하지 않았던가! 그 군대가 국민당 군이든 공산당 군이든간에 또는 왕조명(汪兆銘)의 위 군민 정부군이든, 군벌 군인들 무슨 상관이 있겠는가! 단지 일본군들에게 총뿌리를 겨누고 그들의 가슴에 칼을 꽂을 수만 있다면 그것으로 목적은 달성되는 것이라고 생각하였다.

내 자신을 돌아볼 때 나는 이미 일본군이 되어 총을 들고 대륙 땅에 서있으니 이미 죽음을 뛰어 넘어 덤으로 사는 인생이었다. 살아서 고향 땅을 밟을 수 있다면야 더이상 바랄 것이 없으련만, 표독한 일본 놈들이 자기들이 망하면서 우리를 그냥 두지는 않을 것 같았다. 그러나 나는 하나님께서 나를 버리시지는 않을 것이라고 굳게 믿었다. 시편에 있는 "여호와는 나의 목자이시니 내가 부족함이 없으리로다. 그가 나를 푸른 초장에 누이시며 쉴만한 물가로 인도하시는도다." 라는 귀절이 떠올랐다. 서주에서 10 리 떨어진 오지, 철도와 도로에서 떨어진 그곳에 우글거릴 중국군을 생각할 때 그곳은 확실히 푸른 초장이요 물가였다. 이 후로는 나는 이미 탈출에 성공하여 독립군이 된 것과 같은 기분으로 행동도 조심스러이 하며 기회를 기다리게 되었다.

병영에서 입초 근무를 마치고 잠자리에 누우면 아득한 고향풍경이 머리속에 그려지곤 하였다. 부모님과 아내의 얼굴이 떠 올랐다. 아버님은 청년시절에 가난하여 오산학교에서 잡심부름을 하며 수업료를 면제받고 졸업하셨다.

3·1 만세운동때에는 힘차게 만세를 부르다가 헌병의 추적을 받게 되어 만주로 피신하셨다. 만주 통화(通化)에서 풍천노숙하시며 독립운동을 하시다가 해를 넘겨 숨어 오산집으로 돌아오기는 했으나, 역시 헌병의 감시가 심하여 어머님과 같이 경상도 진영(進永)으로 피신하여 그곳 소학교에서 교편을 잡으시었다. 그곳에 있는 동안 내가 둘째 아들로 태어났기에 나의 아명(兒名)은 영득(永得)이었다. 진영 땅에서 얻었다는 뜻이었다.

그곳에서 몇 해를 지내시다가 조상의 무덤이 있는 오산으로 돌아오셔서 상업으로 가문을 일으키시었다. 청춘을 독립운동에 몸바침 바 있는 아버님이시니 내가 중국에서 일본군을 탈출하여 임시정부에서 독립군으로 활약하고 있다는 소식을 들으시면 얼마나 기뻐하시겠는가! 나를 일본군으로 보내기로 도장 찍으신 후 두문불출 하시면서 쓸쓸한 나날을 보내시는 아버님께 효도 한번 하는 길이 바로 내가 일본군을 도망하는 것이라고 확신했다.

또한 춘원에 대하여 섭섭함을 금치 못하시던 아버님의 모습도 떠 올랐다. 춘원(春園) 이광수는 같은 고장 사람으로 동경유학을 마치고 돌아와 오산학교에서 교편을 잡았었다. 그때 아버님은 학생이셨다. 훗날 완전히 친일파로 탈바꿈한 춘원이 다시 고향 땅을 찾았을 때, 고향의 고노(古老)들이 춘원이 고향에 왔다고 음식점에 초대하여 저녁을 대접하고자 하였는 데, 춘원이 식사를 들기 전에 먼저 가마다나 앞에 가서 깍듯이 대예(大禮)를 마치고 나서야 식사를 들더라는 것이었다. 이 광경을 목격하신 아버님은 면전에서 춘원을 나무라지는 못 하시고 집에 돌아오셔서 "광수는 완전히 왜놈이 되었더라. 그렇게도 왜놈 행세를 해야 하다니 ……" 하시며 몹시 언짢아 하셨던 것이었다. 매일 신문을 훑어 보시면서 일본이 망할 날만 기다리시는 아버님께 내가 독립군에서 활약하고 있다는 소식은 실로 최대의 선물이 될 것이었다.

EOS/Kokugakuin University

사진 32: 가미다나.

또 인자하신 어머님도 그리웠다. 일본군에 가기 위하여 집을 나서던 날 세닌바리(千人針)를 내 어깨에 둘러 주시고, 읽으시던 성경책에 가족사진을 꽂아 주시던 어머니! 내가 가는 것을 보지 않으시겠다고 문을 닫아 버리시던 어머니 모습이 떠 올랐다. 어머니는 서북지방의 유일한 기독교학교인 보성여학교를 나오셨다. 몸과 마음을 모두 하나님께 맡기시고 집안 살림만하신 어머니는 전통적인 한국의 어머니 상이였다. 어머니의 바람은 내가 동경유학을 마치고 오산중학교 선생이 되는 것이었다. 나를 일본군에 보내기로 도장을 찍고 돌아오신 후로는 하루도 빠짐없이 새벽마다 마을교회에 나가서 기도 드리시던 어머니! 나는 이 어머니의 기도를 이루어 드리기 위해서라도 하루 빨리 일본군을 도망해야 한다고 생각하였다.

아내의 얼굴도 떠 올랐다. 그녀는 이화여전을 다니다가 시골 집으로 시집와 3 개월 만에 남편이란 나를 중국 전선으로 내보내야 하지 않았던가! 지금쯤 그녀는 부모님을 모시고 어떻게 살아가고 있을까? 그녀는 잘살아 보겠다고 많은 예물과 가재를 장만해 갖고 시집을 왔는 데, 그 양단 이불을 누가 덮겠는가? 덮을 사람은 이렇게 전쟁터에 끌려와 있지 않은가!   생각할수록 쓸쓸하기만 하였다. 나는 이런 저런 생각에 사로잡혀 잠을 이루지 못하였지만, 그 밤에 나는 내 일생에서 가장 큰 결단을 내렸다.

"나는 일본군에서 도망친다.   만일 일군에게 잡히어 군법회의에 부쳐지는 경우가 있더라도 나는 기필코 도망할 것이다."

다음날 아침에도 나는 탄약고에 가서 동초 근무를 하였다. 그러나 이 아침은 어제와는 달랐으니, 새로운 목적을 위한 준비의 첫 날이었기 때문이었다.

동지(同志)

일본군에서 도망하는 데 있어 나 혼자서는 어려움이 많을 것이라는 생각이 들었다. 가능하면 뜻을 같이하는 두 세명의 동지를 찾는 것이 좋을 것 같았다. 그리고 일본군에서 탈출동지를 찾는 것은 그리 어려울 것 같지 않았다. 그것은 학병들은 거의 의식수준이 같아 일본군에 대한 혐오감이나 민족감정이 비슷하였고, 또한 자신들의 처지에 대한 이해도 서로 상통하기 때문이었다. 곧 도망 동지 두 명을 찾을 수 있었으며, 세 사람은 쉽게 의견의 일치를 보았다.

사진 33: 선천 보성 여학교, 평북 선천에 1907 년에 설립됨.

한 동지는 신의주가 고향인 정근석(鄭根碩)이었다. 그는 명치대학을 졸업하였고 진실한 기독교 신자였다. 그도 항상 도망갈 것만 생각해 왔다며 혼자서라도 도망할 계획이었다고 하였다. 또 다른 한 명의 동지는 심하근(沈河根)으로 삭주가 고향이었고, 대판 외국어학교 재학중 학병으로 나온 자였다. 그는

71

중국어를 전공하였다고 하여서 앞으로 우리가 도망쳐서 중국사람을 만나 상대하여야 할 때 크게 도움이 될 것이었기에 우리는 매우 기뻐하였다. 셋은 자주 모이었다. 변소나 길 모퉁이에서 왜놈들의 시선을 피해 잠깐 동안씩 의논하였다.

그 무렵 부대 내에는 여러가지 이야기가 떠돌고 있었다. 학병 두 놈이 병영에서 탈출하여 길을 헤매다가 산 기슭에서 왕정위의 위군(僞軍)을 만났는 데, 반항하다가 한명은 위군이 쏜 총에 맞아 죽고 다른 한명은 잡혀서 헌병대로 인계되었다는 것이었다. 그 두 학병들은 모두 평안북도 출신이었기에 나와 평소에 가깝게 지내던 사이였었다. 그런데 이 말은 종전 후 알고 보니 완전히 헛소문이었다. 그때 도망친 두 학병은 깨끗이 탈출에 성공하여 부양(阜陽)에서 크게 활약하였다고 들었다.

또 다른 이야기가 들려왔다. 서주부근의 치중 (輜重)부대에서는 학병 여러 명이 대거 탈출하였는데, 그것은 부대안에 임시정부의 정보원이 잠입하여 공작을 폈기 때문이라 하였다. 학병들은 대오(隊伍)를 이루어 당당하게 정문을 통과하여 임시정부로 갔다는 것이었다. 이 치중부대에는 나의 오산학교 동기 동창인 승영호(承永祜)가 있었는 데, 그도 탈출하여 중경까지 가서 임시정부에 참가하여 크게 활동하였다고 하였다.

탈출하기로 결정한 우리 셋은 탈출하기에 앞서 은밀히 준비를 시작하였다. 일본군 병영 안에서의 생활인지라 사실 준비할 여건은 아니었다. 오직 탈출의 성패는 운명에 맡기고, 다만 우리는 군대에서 지급하는 욱광(旭光)이라는 담배 몇 갑을 모았고, 역시 군에서 배급하는 건빵을 준비하였을 뿐이었다. 상식적으로도 도망하는 데 필수물인 지도나 나침반 같은 것은 구경조차도 할 수 없는 처지였다. 옷도 민간복으로 갈아 입을 수 있다면 좋을 것이라고 생각하였지만 영내에서 외출을 못하는 우리로서는 불가능한 일이었다. 우리 셋은 밤중에 철도나 도로에서 10 리만 오지로 달려가면, 일본군과 싸우는 중국군이 있을 것이고 그들은 우리를 환영해 줄 것이라고 굳게 믿을 뿐이었다.

사진 34: 승영호, 평안북도 정주군 출신.

부대에서는 또다시 공산군 토벌작전이 시작된다고 하였다. 이들이 작전에 동원되면 부대는 스산해 지고 조용해질 것이었다. 이때를 이용하여 우리는 탈출을 감행하기로 결정하였다. 그 날은 1944 년 8 월 19 일이었다. 이 날 우리는 수류탄을 한개씩 훔쳤다. 그것은 탈출이 여의치 못할 경우 자결하기 위한 것이었다. 나는

간부   후보생으로   교육받은   오산학교   동기   동창인
방용원(方庸源)이 공비 토벌작전에 동원되어 부대를 떠날 때
그에게 한마디 귀띔을 주었다. "당신이 작전에서 돌아와 내가
보이지 않으면 간 줄로 아시오." 라고 속삭이고, 그와 나는 눈으로
작별을 고하고 헤어졌다.

제 4 장
탈출

끝없는 도주

결행의 시간 1944 년 8 월 19 일 밤 12 시가 다가오자 떨리는 마음을 가다듬을 수가 없었다. 나는 내 자신에게 타일렀다. "뒤돌아 보지 말라." 나는 다른 동지에게도 뒤에 일어날 일들은 생각하지 말라고 말했다. 앞으로 어떤 고난을 당할지 모르는 상황에서 뒤를 돌아 보고 주저하면 불행만 자초할 것 같기 때문이었다. 시간은 흐르는 것, 저녁식사를 하고 나니 밤이 되었다. 셋은 우리가 부대에서 입초 근무하는 시간을 짰다. 내가 먼저 입초를 서고 정근석과 교대를 하고 내 침대로 돌아와 누어 있다가 정근석이 입초 근무를 마치고 심하근과 교대하여 12 시가 되면 나는 변소에 가서 대기하기로 하였다. 심하근의 입초 임무가 끝나면 다음 입초 볼 일본병을 깨우지 않고 변소에 모였다가 부대의 철조망을 뛰어 넘기로 하였다.

일상 연병장에서 훈련을 받을 때 쇠사슬이 삭아 개구멍같이 뚫어진 허스름한 철조망 벽을 눈여겨 두었다. 셋은 빠른 포복으로 연병장을 가로질러 구멍 뚫린 철조망에 접근하여 빠져 나가는 데 성공하였다. 하나님이 도우셨기에 부대에서 훈련시킨 군견(軍犬)들도 짖지 않았다. 이제 우리 셋은 일본군 병영에서 탈출한 것이었다. 우리는 있는 힘을 다해서 뛰었다. 될수록 부대에서 떨어져야한다는 일편단심으로 달렸다. 철도를 피하였다. 큰 도로도 피하였다. 서주를 중심으로 남, 북으로는 진포선이 달리고 동, 서로는 용해선이 달리므로 두 철도를 피하여 동북쪽으로 방향을 잡았다.

지도 35: 서주를 중심으로 남·북으로는 진포선이 달리고 동·서로는 용해선이 달림. 화살표는 탈출 후 도망가려 한 방향이었음.

그런데 기온이 떨어진 밤 중이라 짙은 안개가 끼기 시작하는 것이었다. 길을 피하는 것이 절대적이었기에 자연 밭 가운데를 가로질러 뛰었다. 밭에서 자라는 고구마 넝쿨을 걷어차고, 수수와 옥수수 숲을 헤치며 뛰고 또 뛰었다. 서로 말도 나누지 않았다. 날이 새기 전에 20 리는 뛰어서 오지로 숨어 들어가야 했기 때문이었다. 그저 뛰면서 생각하니 우리가 뛰는 방향이 정말 동북향이냐는 의심이 들었다. 밤 중이고 안개가 자욱하니 정확한 목표물을 갖을 수 없었고, 우리는 족히 10 리는 달렸을 것이라고 생각되건만 먼 동쪽에서 빤짝이던 전기 불빛은 여전히 밝게 보였기 때문이었다. 도대체 우리가 어디에 왔는지 알 수가 없었다.

언덕이 있기에 우선 그곳에 앉아서 잠시 쉬기로 하였다. 담배를 한 대씩 피우니 다소 마음이 가라 앉았다. 이것이 자유라는 것이로구나 라고 생각되었다. 그러나 이런 자유감에 젖기도 잠시일 뿐, 우리 처지를 생각하니 눈 앞이 캄캄해 왔다. 금방 왜놈의 헌병이 나타날 것만 같고, 위군(僞軍) 또는 중국주민이 불쑥 나타나 우리를 부대로 끌고 갈 것만 같았다. 안개 낀 밤에 밭을 헤치고 뛰었으니 땀은 온 몸을 적시었고 피곤이 엄습해 왔다. 그러나 죽음에 비하면 피곤은 문제도 되지 않았다.

그런데 마음을 불안케 하는 몇 가지 불길한 징조가 있었다. 12 시에 출발하여 3 시간은 족히 뛰었는데 철조망을 넘어설 때 동쪽에서 반짝거리던 전기 불빛은 사라지지 않고 여전히 비추고 있었고, 절대적으로 피해야 했을 철도도 불쑥 나타났으며, 또한 기대치 않던 큰 길을 가로지르기도 했기 때문이었다. 그러나 우리는 한 곳에 머물러 있을 수 만은 없었기에 그저 뛰고 또 뛰었다. 대지를 덮었던 안개는 짙어만 가고, 입은 옷은 축축해졌다.

동이 트기 시작하였다. 짙게 낀 안개는 가랑비로 변하였다. 동이 터오니 일본군복을 입은 우리는 무슨 수를 써서라도 몸을 숨겨야만 하였다. 주민들이 우리를 보면 일본 주둔군이나 위군에게 고발할 것이 분명하기 때문이었다. 그러니 백주에 몸을 숨기려면은 인적이 없는 깊은 산으로 들어 가는 수 밖에 없었다. 먼 발치에 산이라기 보다는 좀 높은 언덕 같은 산등성이가 어두운 가운데 희미하게 보이었다. 우리는 그곳을 은신처로 생각하고 마지막 힘을 다하여 달려갔다.

가까이 다가가니 산은 산인 데 나무는 하나도 없는 돌무지 산이었다. 날이 밝아오니 우리는 큰 돌들을 모아 다가 쌓아 올리고 그 옆에서 하루 낮을 보내기로 하였다. 실로 어처구니 없는 짓이라고 생각했으나 딴 도리가 없었다. 힘을 다하여 돌을 나르고 있는 데, 이게 웬 일인가? 나팔소리가 들리고 군부대가 보이고 군인들이 아침 점호를 받기 위하여 연병장으로 모이는 것이 아닌가! 또다시 눈을 부릅뜨고 내려다 보니 그 연병장은 우리가 조석으로 훈련하던 바로 그 연병장임이 틀림없었다. 그리고 바로 이 산은 우리가 훈련할 때 오르내리던 산이 분명하였다. 셋이서 서로 얼굴을 바라보니 자기는 자신의 얼굴을 볼 수 없으나 상대방의 창백하다 못해 겁에 질려 일그러진 얼굴을 보아 자기의 모습을 짐작할 수 있었다. 저쪽 산 마루를 내려다 보니 농부들이 밭에 나와 일하는 모습이 보이었다.

이제 날은 완전히 밝았고, 간간히 내리던 안개비는 가랑비로 변했다. 셋 중 한 사람이 이제 우리는 몸 둘 곳은 없고, 여기 있다가는 왜놈에게 잡힐 것이 뻔하니 차라리 부대로 돌아가서 자수하자고 하였다. 잡히는 것보다는 죄가 가벼울 것이라는 생각이었다. 나는 목숨을 건지기 위해서 제 발로 돌아가는 것도 한 방법이겠지만, 일본군 군법회의에서 굴욕적인 재판을 받는 것은 죽기보다 더 고통스런 모욕이라고 생각하였다. 나는 자수는 절대 있을 수 없으니 자수는 자력에 의한 것이요, 잡히는 것은 타의에 의한 것이니, 우리는 이곳을 떠나 도망가야 한다고 말한 후, 부대의 반대쪽 산마루를 뛰어 넘어 내다름질 쳤다.

물론 다른 두 동무들도 나를 따라왔다. 밭에서 일하던 농부들은 일 손을 멈추고 한동안 멀거니 쳐다볼 뿐 흔히 있는 일같이 태연하였다. 아마도 그들은 우리가 뛰는 것을 보고 일본군들이 또 훈련 받고 있는 줄로 알았을 것이었다. 부대 근처에서 농사 짓는 그들은 항상 일본군들이 뛰며 훈련 받는 것을 보아왔기에, 그저 세 놈이 달리고 있구나 정도로 생각한 듯 하였다.

산을 뛰어 내린 우리는 부대 반대편 큰 길을 가로질러 작은 부락 옆에 자라 있는 나무 숲으로 뛰어 들어갔다. 대개 중국에서는 부락 옆의 일정 공간에 나무를 심어 자라게 하였다. 그들은 이 나무를 사용하여 관(棺)도 짜고 상(床)도 만들었던 것이었다. 그런데 이 나무 숲에 우리들의 몸을 숨길만한 굴구멍이 우리를 영접하는 양 입을 벌리고 있지 않은가! 우리는 앞 뒤를 돌아보지 않고 그 굴로 뛰어 들어갔다. 보아하니 이 굴은 단순한 지하 굴이 아니고 지하 토치카였다. 돌을 쌓아 벽을 만들고 지붕은 시멘트 콘크리트로 덮어 씌웠는데, 사실인 즉 우리는 토치카 총구로 뛰어 들은 셈이었다.

아마도 이 지하 토치카는 전쟁 초기에 국민당군이 일본군과 싸우기 위하여 만들었던 것 같았다. 우리가 지하 토치카로 들어가자 지금까지 내리던 가랑비는 기다렸다는 듯 굵은 소낙비로 퍼붓기 시작하였다. 소낙비가 줄기차게 쏟아지니 지하 굴까지 흘러 들어와 밑바닥에 물이 고이기 시작하였다. 빗물이 고이면 우리는 조금씩 자리를 위쪽으로 옮기며 빗물을 피했다. 비가 종일 계속 퍼부었고, 부락의 집들은 상당한 거리를 두고 떨어져 있었기에 오가는 인기척이 없었다.

다행스럽게도 우리는 지하 굴에서 한나절을 무사히 보낼 수 있었다. 우리는 담배도 피우지 않았다. 담배 연기가 지하 굴 밖으로 흘러 나가 부락민들이 의아하게 생각할 지 모르기 때문이었다. 건빵을 몇개 먹었으나 물은 마시지 못했다. 전 날 밤이 새도록 땀 흘리며 뛰었기에 갈증이 심한 데, 하루 종일 물 한 모금 입에 대보지 못 하니 견딜 수가 없었지만 우리는 참고 참아야만 하였다. 참지 못하면 일본군에게 잡히는 것 밖에 없다면서 서로를 격려하며 견디어 내었다.

외롭고 긴 행로

땅거미가 깔리고 어두워지자 우리는 토치카 밖으로 나왔다. 시계를 보니 오후 9시였다. 억수같이 내려 붓던 비는 어느덧 맑게 개이고 동쪽 하늘에서는 둥근 달이 떠오르고 있었다. 비 끝에 떠 오른 둥근 달은 맑고 빨간 색이었다. 그리고 북쪽 하늘에는 북두칠성이 뚜렷이 빤짝이고 있는 것이었다. 하나님의 조화는 참으로 신비로웠다. 우리가 비 오는 가운데 이렇게 하루를 무사히 지낼 수 있었다는 것이 기적처럼 생각되었다. 만일 우리가 그 줄기찬 비를 산에서 종일 맞아야 했더라면 지금쯤 우리는 어떻게 되었겠는가?

우리가 어제 밤 큰 실수를 한 것은 길을 피하노라고 밭 가운데를 되는대로 뛰어 달렸기에 방향을 제대로 잡지 못했던 것이었다. 그러기에 부대에서 얼마 가지 못하고 결국 밤새도록 부대 주위를 뱅 뱅 돌았던 것이었다. 처음 떠날 때 동쪽에서 보이던 전기불이 줄곧 우리를 따라다닌 것을 보아서도 알 수 있겠다. 철도와 큰 도로를 가로 지른 것이 실제로 부대 앞에 있던 철도와 도로였다고 생각하니 등골이 오싹하였다. 이번에는 무슨 일이 있어도 방향을 명확하게 정하고 그 방향을 향하여 똑바로 나아 가야한다고 다짐하였다.

월출동방(月出東方)이라 하였으니 달이 뜨는 곳이 동쪽일 것이고, 북극칠성의 성좌는 북쪽에 있으니 그 중간을 방향으로 정하고 걸어가면 동북방으로 가는 것이 될 것이라고 판단하였다. 생각하면 할수록 그 토치카 굴은 우리에게 예비된 참으로 고마운

굴이었다. 비도 피하고 몸도 숨기고 이제 맑은 하늘아래 밤을 맞아 방향을 정하고 떠날 수 있으니 이것이 모두 하나님께서 우리와 같이 하였음이라고 믿어졌다. 곧 우리는 동북방을 향하여 떠났다. 뛸 힘이 없으므로 걸어서 길로 나섰다. 부락이 있어도 피할 것이 아니라 길을 따라서 가야 하였다. 일본군에게 잡히는 일이 있다 해도 길로 가기로 했다. 길로 10 리만 가면 우리가 바라는 곳에 도달할 수 있을 것만 같았다.

이렇게 길로 걸어 가노라니 반드시 부락을 지나게 되어 있었다. 부락에 들어설 때마다 우리는 긴장하였다. 어디서 누가 뛰어나와 우리를 수하(誰何)하지 않을까 하는 생각에 몸이 오싹해 지는 것이었다. 개가 짖으며 따라 오지나 않나 두려웠다. 가만 가만 숨도 크게 쉬지 않고 조심스럽게 지나갔다. 밤이 깊었는 데 시골 사람들이 무슨 일이 있어 나다니겠는가고 스스로 자위하기도 하였다. 우리는 하나의 부락을 무사히 지나갔다. 또 하나의 부락을 만나기 까지는 상당한 거리를 걸어야 했다.

그러노라니 조금씩 긴장이 풀리는 것이었다. 긴장이 조금 풀리니 배가 고파오고 목이 타는 갈증을 느끼었다. 화북(華北)지방에서는 벼농사를 짓지 않았다. 그러기에 논 두렁도 없고 농업 용수를 담아두는 호수나 연못도 없었다. 다행이도 전날에 비가 많이 내렸기에 도랑에 고인 물이 보였다. 그 물은 못 마시는 물인 줄 알면서도 손으로 떠서 입을 적시곤 하였다. 배가 고프니 길 옆 밭에서 고구마를 캐서 닦아 먹기도 하였다. 걸으면서 우리는 말이 없었다. 입을 열 기운조차 없었지만, 다시금 앞 일이 캄캄하게 여겨졌기 때문이었다.

허겁지겁 피곤하여 길 가에 벌렁 눕기도 하였다. 누워서 하늘에 반짝이는 별을 바라보니 더욱 마음이 서글퍼지는 것이었다. 이 망망한 대륙 땅에서 여기가 어디일 줄도 모르고, 또 어디로 가고 있는 줄도 모르니, 이대로 죽어가는 것은 아닌가? 는 생각도 들었다. 죽음의 골짜기처럼 고요한 이 밤에 우리는 도대체 어디를 향해 가고 있단 말인가! "내가 사망의 음침한 골짜기를 다닐지라도 해를 두려워 하지 않음은 주께서 나와 함께 하심이라. 주의 지팡이와 막대기가 나를 안위하시리이다." 라는 다윗의 노래가 기억났다. 나는 다시 새롭게 힘을 내어 생사 화복을 주관하시는 하나님이 결코 우리를 이곳에서 죽게 내버려 두지 않으실 것이라는 확신을 가졌다.

길을 가노라면 쌍갈래 길을 만나기도 하였다. 이 길은 소망의 길이요, 다른 길은 파멸의 길이니, 어느 길을 택할 것인가? 한참 망설이다가 우리는 결국 동북쪽을 가르키는 길을 택하곤 하였다. 우리는 또 다른 마을 입구에 이르게 되었다. 어둠 속에 허름한 농가가 보이었다. 시계를 보니 새벽 4시였다. 줄잡아 20리는 걸었을 것이라고 생각되었다. 이제 우리는 앞 뒤를 잴 여유가 없었다. 곧 날이 샐 것이고, 끝없이 펼쳐진 망망한 대지 위에서 어떻게 몸을 숨길 수 있겠는가! 몸을 숨길 유일한 길은 마을 앞 밭 가운데 수확하느라고 쌓아놓은 수수단 속에 들어가 숨는 길 밖에 없었다. 그러나 그것은 가능하지 않았으니, 날이 밝기만 하면 일본군복을 입은 우리를 본 주민들이 근처의 일본군에게나 혹은 그곳 행정기관에 고발할 것이 뻔한 사실이었다. 그러니 날이 새기 전에 무슨 일이든 저질러서 결판을 내야 할 형편이었다.

우리 셋은 마을 입구에 있는 허름한 농가에 들어갔다. 집이라고는 하지만 담이 둘러쳐 있는 것도 아니고, 대문이 있는 것도 아니었다. 보아하니 방 하나에 부엌이 딸려 있는 것뿐이었다. 인기척을 알았는지 문이 열리고 한 노파가 나왔다. 노파는 놀라는 기색도 없이 무엇이라 중얼거렸지만 우리는 알아들을 수가 없었다. 우리를 일본 군인이라 생각하였음이 틀림없었다. 지난 날 잔악한 일본 병정들을 많이 보아왔겠으나, 이제는 더이상 빼앗길 것도 남아있지 않고 늙어 빠진 나를 네놈들이 어떻게 할 것이겠는가 라는 체념에서 인지 전혀 무서워하는 눈치도 아니었다. 노파는 뜰에 놓인 독에서 물을 떠 갖고 부엌으로 들어가 솥에 붓고 불을 지펴 끓이고자 하였다.

우리는 노파에게 가까이 가서 중국어로 말을 부쳤다. 다행히 이런 일을 예견하고 우리 가운데 대판 외국어학교에서 중국어 공부를 한 심하근이 있지 않은가! "우리는 조선 사람들이다." "우리는 고려 사람이다." "일본군에서 도망하였고, 일본군과 싸우는 중국 군대에 가고 싶다." "여기가 어디이냐?" "일본군이 있는 곳은 이곳에서 먼 곳이냐?" 등등을 물었으나 노파는 모른다는 말 뿐이었다. 사실 그 시골 노파가 어찌 조선 사람을 알 수 있겠으며, 일본군과 싸우는 군대가 어디 있음을 알 수 있었겠는가! 게다가 심하근이가 하는 중국어를 무식한 시골

할머니가 어떻게 알아 들을 수 있겠는가! 중국은 땅 덩어리가 넓고 넓어서 북쪽지방 사람은 남쪽사람의 말을 전혀 알아 듣지 못한다고 하지 않았던가!

노파와의 대화에 실패한 우리는 집 뜰 안에 주저앉아 자신들도 모르는 사이에 깊은 잠에 빠져 버렸다. 얼마 동안이나 잠에 빠져 있었을까? 깜짝 놀라 눈을 뜨니 해는 이미 중천에서 이글거리고 있었다. 아차! 큰 실수를 하였구나! 하며 주위를 둘러보니, 마을 사람들이 우리를 둘러싸고 뚫어지게 내려다 보고 있는 것이었다. 30 명은 족히 넘어 보였다. 어린애들도 보였고, 젊은이들도 있었고, 담배대를 빨아대는 늙은이들도 섞여 있었다. 그들은 우리에게 손가락질 하면서 신기하다는 표정으로 서로 지껄여대고 있었다.

날이 밝으면서 해괴한 일본군들이 나타나 집 뜰 한가운데서 깊은 잠에 빠져 있다는 소식을 듣고 온 마을 사람들이 구경하러 몰려든 것이 분명하였다. 우리도 또한 어찌할 줄 몰라 아무 말도 못하고 그들을 멍하니 바라보며, 그들에게 우리의 운명을 맡기는 길 밖에 딴 도리가 없었다. 허기찬 것도 갈증도 느끼지 못했다. 저들이 칼자루를 쥐었으니 앞으로 어떤 불길한 일이 일어날 줄 몰라 불안에 사로잡혀 있을 뿐이었다. 우리와 그들과의 침묵의 시간은 상당히 흘렀다. 저들도 감히 우리에게 접근하지 못하고 서로 이야기만 하고 있는 것이었다. 우리가 일본군복을 입고 수류탄을 한 개씩 허리에 차고 있으니, 우리를 일본군 정보원으로 생각하였을 것이며, 부근에서 정보를 수집하다가 길을 잃고 낙오되어 헤메다 지쳐, 부락에 이르러 잠을 자고 있다고 생각하는 것 같았다. 마침내 그들 속에서 한 사나이가 불쑥 일어섰다. 사나이의 키는 6 척이 넘을 것 같고 얼굴은 길쭉하니 말상으로 그 인상이 매우 고약했다. 그가 우리에게 손짓하며 "여기서 동쪽으로 10 리만 가면 팔로군이 있고, 서쪽으로 20 리를 가면 일본군의 주둔지가 있다. 빨리 일본군으로 가시요." 라고 큰 소리로 말하는 것이었다. 물론 그의 말은 중국말이었지만 그의 몸짓과 표정으로 짐작할 수 있었으며, 워낙 긴장된 상황인지라 육감으로라도 능히 알아 챌 수 있었다. 이 말은 그들이 우리를 일본군 낙오자로 단정하고 그곳에 있다가는 팔로군에게 붙잡히게 될 것을 염려하여 우리를 위해 하는 말임을 알 수 있었다.

그런데 이 말은 실로 우리에게 더없이 귀중한 정보였으니, 이제 우리는 우리가 있는 위치를 알게 되었을 뿐만 아니라 동쪽으로 10 리만 가면 우리가 일본군영을 도망친 목적지에 이를 수 있다는 확신을 갖게 된 것이었다. 순간 내 머리 속에서는 번쩍이는 깨달음이 있었으니, '동쪽으로 10 리만 가면 목적했던 팔로군(八路軍)이 있다. 이 부락민들 중에 일본군과 내통하는 자가 있어 우리를 밀고하려면은 서쪽으로 20 리를 가야하고, 그곳에서 우리를 잡기 위해 이 곳까지 오는 데도 20 리가 걸릴 터이니 왕복 40 리 길이 된다. 반면에 우리는 10 리만 뛰어가면 팔로군을 만날 수 있다.' 라는 계산이었다.

이제 우리의 도망은 성공한 것이나 다름이 없다고 믿게 되었다. 이 같이 판단하게 되니 기운이 새로 생기고 피곤이 가시며 몸이 가벼워 지는 것이었다. 우리는 그 자리에서 벌떡 일어나 태양을 바라보면서 동쪽으로 달리기 시작하였다. 길이 있으면 길로, 밭이 있으면 밭 가운데를 헤치고, 직선으로 동쪽을 향하여 달렸다. 아마 주민들은 우리들이 달려가는 쪽을 보고는 우리를 팔로군의 동정을 살피는 임무를 띤 정보군인으로 단정했을 것이었다.

(**편집자 주**: 10 리는 대략 5 km 또는 3.3 마일 정도의 거리임.)

목적지를 눈 앞에 두고

우리는 땀으로 범벅이 되어 10 리 길을 뛰었다. 그런데 우리 앞에 나타난 것은 팔로군이 아니고 큰 강물이었다. 강의 넓이는 족히 100 미터는 되어 보였는 데 강물은 흐르는 것 같지는 않았다. 다리는 물론 없었고 나룻배 조차 보이지 않았다. 우리는 우선 강 옆에 무성하게 자라 있는 갈대밭에 몸을 숨겼다. 갈대밭 속에 숨어 강물을 바라보니 우리의 신세가 다시금 처량하게 느껴져 왔다. 돌을 주어 강물에 던져보니 강물은 깊은 데 우리 셋은 모두 헤엄을 칠 줄 모르는 것이었다. 다행히도 강 섶에 자란 갈대숲은 깊고 강변에 트인 오솔길과는 상당히 떨어져 있었기에 오솔길을 거니는 사람들에게 들키지 않고 숨어 있을 수 있었다.

갈대숲 속에 쭈그리고 앉아 강물을 바라보며 한동안 숨어있자니 갑자기 총소리가 요란하게 들려오는 것이었다. 총소리를 들으니 우리가 있는 곳으로부터 그리 멀지 않은 곳에서 접전이 일어난 것 같았다. 총소리는 약 30 분가량 계속되었고 간간히 경기관총을 연발로 뿜어대는 소리도 들려왔다. 이윽고 총소리가 멈추고 사방이 고요해졌는가 했더니 강둑 오솔길을 걸어오는 발 소리가 들려왔다. 우리는 긴장하여 숨소리조차 죽이고 귀 기울였다. 머리 위에 광주리를 이고 세 여자가 걸어가고 있었는 데, 한 여자의 말이 "어제 이곳으로 일본군 세 명이 도망쳐 왔기에 그들을 수색하러 일본군이 출동하였으며, 팔로군들이 그들을 물리쳐 버렸다" 는 것이었다. 물론 그들은 중국말로 지껄였으나 우리는 극도로 긴장하고 있었기에 그 뜻을 대략 파악할 수 있었다.

종전 후 귀국하여 부대에 같이 있던 학병이 전하는 말에 의하면, '우리가 도망친 후 부대에서 하루 동안은 우리가 돌아올 것이라고 기다렸다가 이틀날에 소대 병력을 동원하여 수색전에 나섰다.'고 하였다. 앞서 요란했던 총격전은 세 여자들의 말대로 우리를 추적해 온 일본군들과 강 건너편에 주둔해 있던 팔로군과의 접전이었음이 분명하였던 것이었다.

총소리가 멈추고 고요한 데 갑자기 강 건너 편에서 우렁차게 부르는 노래소리가 들려왔다. 그 노래는 팔로군들이 사기를 북돋기 위해 부르는 군가임을 알 수 있었다. 역시 강을 경계로 저편은 팔로군 지역이고, 이쪽은 일본군 지역임을 확신하게 되었다. 어쩌면 우리가 숨어 있는 이곳은 완충지대인지도 모른다는 생각도 들었다. 밤이 되면 행동을 개시하여 다리가 있으면 다리로 건너고, 다리가 없다면 나룻배는 꼭 있을 것인 즉 나룻배를 찾아 건너면 팔로군 지역에 닿을 수 있다고 확신하였다.

이 같은 소망을 갖게 되니 시달리던 배고픔이나 갈증은 다 사라지고 어서 빨리 해가 지고 어두워지기 만 기다리게 되었다.

팔로군 군가, 1939년 만들어진 중화민국의 군가 (작곡자: 정율성)

중국어 원문

鐵流兩萬五千里
直向一個堅定的方向
苦鬥十年，鍛鍊成一支
不可戰勝的力量
一旦強虜寇邊疆
慷慨悲歌上戰場
首戰平型關，威名天下揚。（x2）
嘿！
遊擊戰，敵後方，剷除偽政權，
遊擊戰、敵後方，堅持反掃蕩，
鋼刀插在敵胸膛。（x2）
巍峨長白山，滔滔鴨綠江，
誓復失地逐強梁。
爭民族獨立，求人類解放，
這神聖的重大責任
都擔在我們雙肩

사진 36: 팔로군(八路軍)의 항전 행보.

땅거미가 내리기 시작할 때 즈음 갑자기 도야지 한 마리가 우리가 숨어있는 갈대 숲속으로 뛰어 들어왔다. 우리는 그 도야지를 소리 내어 쫓아 내보낼 수도 없고 다만 갈대 잎을 꺾어 내몰고자 애쓰고 있었는 데, 한 농부가 도야지를 뒤 쫓아 갈대숲으로 들이닥치는 것이었다. 그를 본 우리도 놀랐지만 우리를 본 농부는 더욱 놀라 고함을 지르며 뒤 걸음 쳐 달아나버렸다. 그 농부는 숲 속에 사람들이 있으리라고 는 꿈에도 생각치 못 하였을 것이며, 더욱이 우리가 강 맞은 편에 있는 팔로군에 대해 특수공작을 펴는 일본군으로 보였을 터이니 얼마나 놀랐겠는가! 우리는 매우 불안했다. 마을 사람들이 무리를 지어 나타나지나 않을까 혹은, 일본군에게 연락하지나 않을까 하는 염려에서 였다. 그 당시 화북지방에서 도야지를 방목하는 것은 흔히 있는 일이었다.

곧 땅거미가 깔리고 밝은 달이 떠 올랐다. 우리는 갈대숲을 빠져나왔다. 이제 다리를 찾던가, 나룻배를 찾던가, 또는 강 폭이 좁아지는 곳이 있으면 강물을 헤쳐서라도 팔로군 지역에 도달할 수 있을 것이라는 희망에 부풀어 발걸음도 가벼워졌다. 달 빛이 강물에 비추이니 강물이 맑게 반짝이며 아름다운 풍치를 이루고 있었다. 우리는 한동안 강둑 오솔길을 따라 걸었는 데 다리도 나룻배도 찾을 수 없었다. 큰 판자라도 있으면 판자에 기대어 강을 건너고자 찾았으나 모두가 허사였다. 강폭은 넓어지지도 좁아지지도 않았고 강물에 비친 달빛만이 찬란할 뿐이었다. 사방은 고요하고 적막에 휩싸여 아무런 인기척도 느낄 수 없었다.

이렇게 아무런 방안을 찾지 못한 채 강둑을 따라 계속 걸어가자니 그동안 긴장과 희망속에서 잊고 있었던 허기짐과 갈증이 갑자기 견딜 수 없게 느껴져 왔다. 상심과 탈진상태에 빠져 더이상 한 발자국도 내딛을 수 없을 지경이었다. 그러나 인간의 생에 대한 욕망은 끈질긴 것이었다. 소망을 저버릴 수는 없는 것이었다. 밭이랑을 헤치고 나가 날 고구마를 캐어 먹고 왔던 둑길은 다시 되돌아 가면서 나룻배를 찾고 또 찾았으며, 다리가 있을까고 보고 또 보았다. 10 리는 족히 걸었으리라. 시계를 보니 밤 자정이 지나 있었다. 우리는 이렇게 소망의 목적지인 팔로군 지역을 눈 앞에 두고 망연히 바라만 보고 서있어야 했다.

도강(渡江)

중국에서는 부락을 끼고 반드시 나무 숲이 있다는 것은 앞에서도 말한 바 있었다. 나무 숲을 멀리서 바라다 보니 숲 밑에서 대 여섯 명의 남자들이 앉아 이야기하는 것이 희미하게 보였다. 그들은 상당히 떨어져 있었으나 달빛이 워낙 밝았기에 볼 수 있었던 것이었다. 그들은 시원한 강바람에 늦여름 더위를 식히면서 한담을 나누고 있는 것 같았다. 우리는 길에 앉아서 의논하였다. "이제 우리는 굶주리고 피곤하여 더 이상 행동할 수 없다. 더욱이 강둑에 매인 나룻배를 찾는 것도 불가능하니 모든 것을 운명에 맡기고 저들에게 접근하여 사정을 이야기해보자. 그들이 선량한 주민일 진 데 이유 없이 우리를 해치지는 않을 것이 아니겠는가?" 우리는 용기를 내어 나무 숲으로 천천히 걸어갔다.

한가로이 앉아 있다가 갑자기 나타난 우리를 보자 그들은 깜짝 놀라 벌떡 일어섰다. 당연한 것이 무장은 하지 않았다 해도 일본 군복을 입은 세 장정이 선뜻 다가오니 얼마나 놀랐겠는가! 우리는 그들이 놀라 서있는 자리 옆에 무조건 주저 앉았다. 그리고는 "우리는 조선 사람이다." "일본군을 도망쳐 나왔다." "고려 사람이다." 등등을 말하며, 손으로 강 건너편을 가리키면서 "팔로군에게 가게 해달라."고 애원하였다. 그들은 우리의 말을 잘 알아 듣지 못하는 표정이었다. 그러나 우리가 위세당당한 일본군이 아니고 패잔병 같은 몰골을 하고 무언가 간절히 애원하는 것을 알아 차린 듯 적의는 보이지 않았다. 그리고는 보장(保長: 부락행정책임자)을 데리고, 붓과 먹을 가지고 오겠다고 말하면서 한 사람이 사라져갔다.

이미 밤은 깊었고 낮에 쪼인 햇빛의 열기는 가시었으니, 나무 밑에서는 시원한 강바람을 느낄 수 있었다. 보장이 오면 여하간 우리의 운명은 결정난다고 생각하니 시간이 더디 흐르는 것같이 느껴졌다. 이윽고 멀리서 달빛을 안고 여름인 데도 긴 두루마리 같은 중국 옷을 입은 사나이가 두 손을 저으면서 우리에게 다가 오는 것이 보였다. 그의 얼굴은 일그러진 것이 아니고 환한 웃음을 띠고 있었으며, 무슨 큰 일을 성공한 듯 기뻐하는 인상을 하고 있었다. 나는 이제 우리는 살았다는 것을 직감으로 느낄 수 있었다. 보장은 우리 앞에 종이를 내놓고 붓을 주었다. 우리는 종이에 글을 써 내려갔다.

"我們 朝鮮人 脫出日本軍隊 希望行 八路軍地區"
"우리는 조선인으로서 일본군에서 탈출하여
팔로군 지역으로 가기를 희망합니다."

이를 본 보장은 "好的"을 연발하면서 기뻐서 어쩔 줄을 몰라 했다. 그리고는 우리에게 자기를 따라 오라며 앞장 서는 것이었다. 옆에 있던 다른 중국인들도 우리의 참 뜻을 알아차렸는지 크게 기뻐하는 것이었다.

이리하여 우리는 보장을 따라 근처의 어느 집으로 안내되었다. 그런데 갑자기 우리를 안내한 보장이 보이지 않았다. 순간 우리는 보장이 우리를 속이고 안심시킨 후 일본군에게 밀고하러 가지나 않았나고 의심이 들었었다. 그런데 부엌에서는 찻물을 끓이는 소리가 들리고 닭 잡는 소리도 들렸다. 이제 우리는 물도 마시고 닭고기도 먹게 되나 보다고 군침을 삼키고 있는 데, 개머리판이 없는 총을 꺼꾸로 메고 허름한 옷을 입은 장정이 우리가 앉아 있는 방으로 들어오더니 기뻐 어쩔 줄 몰라 하면서 보자기에 싼 중국 엿을 쏟아 놓고 나가는 것이었다. 이윽고 보장이 나타났다. 그는 밤이 새기 전에 팔로군 지역까지 가려면은 곧 떠나야 한다고 서둘러 앞장 서는 것이었다. 우리는 그저 그를 따라 나섰지만 물도 한 모금 못 마시고 잡던 닭고기도 한쪽 못 먹고 떠나는 것이 안타깝기 그지 없었다.

우리는 다시 강둑에 다다랐다. 강 섶을 바라보니 우리가 그렇게도 찾아 헤매던 나룻배가 매어 있지 않은가! 보장은 우리를 집에 머물게 하고 그사이에 우리를 건너주기 위하여 나룻배를 준비해 놓았던 것이었다. 우리는 보장과 같이 사공이 젓는 나룻배를 타고 강을 건넜다. 드디어 우리는 일본군 병영을 탈출한지 만 이틀 후인 8 월 21 일에 소망의 땅, 공산당 지역에 이르게 된 것이었다. 아직 밤은 깊었고, 둥근 달은 서쪽 하늘로 기울어 가고 있었다. 우리는 힘껏 공산당 지역의 공기를 들이마시며 희망의 발걸음을 내딛었다.

팔로군(八路軍)의 환대

우리를 인도하였던 보장은 공산당과 줄을 대고 있던 주민이었음이 분명하였다. 팔로군과 일본군이 맞닿아 있는 경계지역에서 일본군의 소탕전을 이겨내며 살아왔겠으니, 자연 일본군에 대한 적개심이 컸을 것이고 이와 맞서 싸우는 팔로군에 대하여서는 온갖 협조를 아끼지 않았을 것이었다. 그가 그렇게 기뻐했던 것으로 보아 후일 팔로군으로부터 많은 보상을 받을 것임이 틀림없었다.

강을 건너자 보장은 우리를 강둑에 세워두고 어떤 농가로 들어가는 것이었다. 얼마쯤 지체한 후 그 집 주인인 듯한 젊은 청년과 함께 나오더니 우리를 그 사나이에게 인계하고 자기는 되돌아 가고자 하였다. 되돌아선 보장은 인자한 미소를 띄우며 우리의 어깨를 가볍게 치면서 안심하고 따라가라는 시늉을 하였다. 우리를 인계 받은 사나이는 이 부락의 보장인 듯하였다. 우리를 보자 뜻하지 않은 대어를 낚은 것같이 싱글벙글 기쁨을 감추지 못 하는 것이었다. 보장의 뒤를 따라 걸어가노라니 또 다른 부락에 닿았다. 그 부락에서 우리는 또다시 인계되어 계속 길을 걸었다.

어느덧 동쪽 지평선에서 태양이 빨갛게 떠올라왔다. 새 부락에 이르자 안내인은 이제 안전지대에 왔다고 말하며, 그곳에서 제일 큰 집으로 인도하더니 일본군과는 상당히 떨어져 있으니 마음 편히 쉬라는 것이었다. 그 집은 부재지주(不在地主: 주인이 국민당 지역으로 도망간 지주)의 집으로 공산당이 공공기관으로 사용하고 있는 것 같았다. 이제 우리는 탈출에 성공하였음을 피부로 느낄 수 있었다. 그러자 긴장이 풀리면서 앉은 자리에서 잠에 빠져버렸다.

눈을 뜨니 해는 어느덧 중천에 떠 올랐고 마당에는 경사라도 난 잔치집처럼 많은 주민들이 들끓었다. 아마 일본군인은 어떻게 다른지 구경하러 몰려든 것 같았다. 문 틈으로 시집온 새색시를 들여다 보듯 들여다 보며 좋아들 하였다. 우리는 방문을 활짝 열어 제쳤다. 우리도 정다운 그들이 보고 싶었기 때문이었다. 그들 가운데에는 팔로군 군복을 입고 총을 맨 사람도 보였으며, 승리의 날을 맞이한 것처럼 모두들 떠들며 즐거워 하는 것이었다.

우리는 탈출한 후 처음으로 세수를 하였고 차수도 마셨다. 10시가 훨씬 넘어서야 아침 식탁이 들어왔다. 깜짝 놀랄 수 밖에 없었으니 그야말로 상다리가 부러지도록 차려진 요리상이 아니겠는가! 거기에는 황주(黃酒: 중국에서 제일 좋은 술)도 한 병 놓여 있었다. 황주를 한잔 마시니 황홀해 지는 것이었다. 언제 우리의 신세가 이 같이 변했단 말인가! 어제까지만 해도 쫓기고 굶주림에 허덕이었는 데 이 음식과 금주가 웬 말인가! 지옥을 벗어나 천국으로 온 느낌이었다. 나는 이들을 위해서라도 일본군과 죽기를 각오하고 싸울 것이라고 결심하였다. 이 같이 우리는 공산당 지구로 탈출해서 처음으로 그렇게 먹고 싶던 중국 만두와 요리들을 푸짐하게 먹었던 것이었다.

사진 37: 황주, (중국을 대표하는 술인 황주와 백주 중에 하나).

제 5 장
게릴라 지대를 가다

팔로군(八路軍)의 선전물

공산지역(중공에서는 해방구라고 함)으로의 탈출에 성공한 우리는 첫 아침 식사를 끝내고 또다시 깊은 잠에 말려들었다. 밖에서 많은 사람들이 모여 웅성대는 소리에 깨어나니 그 중에 쪼우바(출발)라는 말이 들려왔다. 밖으로 나오니 모인 사람은 누구나 할 것 없이 모두 우리를 반가이 맞이하며 명랑한 표정을 지으며 기뻐하는 것이었다. 우리를 구경하려고 온 부락민이 모여든 것 같았다. 그런 모습이 '그들은 일본 군복을 입고 군화를 신고 있는 우리를 빤히 쳐다보며 자기네들을 못살게 굴던 일본놈들이란 어떤 모양을 하고 있는가' 하고 관찰하는 듯 싶었다. 우리를 보고 어떤 사람은 "메시 메시 디 호"(먹으시요 먹으시요)

라고 짓거리기도 하고, 또 우리를 일본 귀쯔(鬼子)라고 손가락질을 하는 사람도 있었으나 이것 역시 좋아서 하는 것 같이 보이었다. 그 중에 어떤 팔로군 군복을 입은 병사는 너무 기쁜 나머지 우리를 보고 꾸벅 꾸벅 절을 하며 감사해 하는 것이었다.

이렇듯 뒤숭숭한 분위기 속에서 앞으로 나아가 보니 당나귀 세 마리가 매여 있었다. 군복 차림을 한 젊은이가 우리를 보더니 그 당나귀에 타라는 것이었다. 우리가 주저하였더니 그는 당나귀의 등을 쓰다듬으면서 어서 타라는 시늉을 하였다. 그가 우리의 발을 받쳐주기까지 하기에 우리는 기꺼이 당나귀에 올라탔다. '우리가 고생 길을 왔으며 이제부터 또 먼 길을 가야 하니 몸도 피곤하고 발도 아플 것이기에 이렇게 당나귀에 태워서 데리고 가려는구나' 하고 고맙게 생각하였다. 사실 그들에게서 당나귀를 타게 하는 것은 최대의 호의였다. 그곳에서는 모두 걸어 다닐 뿐 교통수단으로는 당나귀 밖에 없었기 때문이었다.

당나귀를 타고 앞을 보니 무장한 호위병들이 길을 인도하고 있었고 뒤에도 여러 명의 무장한 병사들이 따라오고 있었다. 앞 뒤에서 호위하는 젊은이들은 우리를 태우고 가면서 지극히 만족된 표정들이었다. 일본군복을 입고 있는 우리를 이렇게 당나귀에 태우고 가는 것이 그들에게는 큰 선전이 될 것이기 때문이었다. 다시 말해 '일본 귀쯔 세 놈이 제 발로 투항해 왔으니 이 실체를 보면 누구든지 곧 그들이 일본과의 전투에서 이길 것이며, 머지않아 일본이 항복할 것이라는 것을 알 수 있지 않겠느냐' 는 속셈인 것이었다.

나는 당나귀 등에서 끝없이 펼쳐지는 대지를 바라보며 지금까지 느끼지 못 했던 새로운 신천지를 만나는 벅찬 감정을 억누를 수 없었다. 여지껏 보아왔던 똑같은 보리밭이요, 옥수수밭이건만, 이제 이곳은 일본 제국주의와 대항하여 싸우는 들판이었기 때문이었다. 마치 들이마시는 공기조차 더러워지지 않은 새로운 세상의 공기처럼 느껴졌다.

여름철의 더위를 무릅 쓰고 당나귀 등에서 무한히 펼쳐지는 평원의 밭과 밭 사이의 오솔길을 지나갔다. 그런데 안장 없는 당나귀를 타고 가는지라 점점 생각지 못했던 고통을 느끼게 되었으니, 당나귀 등과의 마찰로 궁둥이 피부가 벗겨지면서 아파오기 시작하는 것이었다. 우리가 호위병에게 내려서 걸어가겠다고 간청하였으나 그들은 들은 척도 않고 한사코 당나귀를 타야 한다고 주장하는 것이었다. 그들로서는 일본군인들이 당나귀를 타고 호위병에게 끌려가는 최상의 선전물을 쉽게 포기할 수 없었기 때문이었으리라. 우리는 더이상 견딜 수 없게 되어 벗겨진 궁둥이를 보이기까지 하며 우격다짐으로 간신히 당나귀에서 내려와 걸어가게 되었는 데, 내 발로 걸어간다는 것이 그렇게 편한 것인지 그때 비로서 절실히 깨달았었다.

가도 가도 들판이요 산도 보이지 않으니 자연 강도 있을 리가 없었다. 그렇다면 '이전에 우리가 완충지대에서 만난 그 강은 어디서 흘러 내린 강이었던가?' 하고 의아하게 생각하며 발걸음을 재촉하였다. 앞서거니 뒷서거니 하면서 저들과 함께 길을 가자니,

이제는 이들과 삶과 죽음을 같이하는 운명이 되었다는 생각이 들었다. 비록 저들은 허름한 옷을 입고 개머리판 없는 총을 둘러메고 있지만 일본군과 싸우는 병사들이니, 우리와 똑같은 목적을 갖은 동지와 같다고 생각되어 친근감마저 느낄 수 있었다. 그들은 '우리에게 발이 아프지는 않은가', '몸은 불편하지 않은가' 하고 말은 잘 통하지 않지만 눈빛과 표정으로 살펴주니 그 친절함이 마음속 깊숙이 전해오는 것이었다.

게릴라 지역을 걸으면서 나를 놀라게 한 것이 있었다. 그들의 철저한 항전의식과 그것을 뒷받침하는 표현으로써의 대자보 (大字報)이었다. 부락 입구에 들어서면 첫번째로 마주치는 집마다 벽 전체에 걸쳐 붉은 색 페인트로

"打倒日本帝國主義" (일본 제국주의 타도)
"中國共産黨萬歲" (중국 공산당 만세)
"毛澤東萬歲" (마오쩌둥 만세)

등의 구호를 써 놓은 것이었다. 이 얼마나 자극적인 문구들인가! 그때마다 나는 확실히 과거와는 다른 새로운 사회에 서 있다는 것을 실감하였다. 이러한 대자보를 보노라면 엊그제까지만 해도 일본 군인이었던 내가 이제는 일본군과 죽기를 각오하고 싸우는 중국 공산군의 일원이 되었다는 사실이 서서히 피부로 느껴져 오는 것이었다.

우정 어린 심문(審問)

이글거리든 해가 서편으로 떨어지고 땅거미가 드리워질 때 우리 일행은 어느 큰 부락에 닿았다. 그 마을에서 가장 큰 집으로 보이는 제법 돌로 기둥을 세우고 기와를 입힌 집에 들었다. 뜰도 넓은 것으로 보아 부재지주의 집인 것이 분명하였다. 대 부대가 주둔해 있는 듯 뜰 안에는 많은 군인들이 우글거렸다. 이 집에서 우리는 저녁식사를 하고 첫 밤을 지내게 되었다. 긴 식상에 많은 음식이 준비되어 있는 것으로 보아 그들이 우리를 극진히 대접하고자 함을 알 수 있었다. 공산지역에서는 민간인 뿐 아니라 병사들 조차도 하루에 두 번만 식사를 한다는 것을 알았다. 워낙 인구에 비해 식량이 부족한 터에 오래동안 전쟁에 시달리고 있으니 하루 세번 식사를 한다는 것은 가능할 수 없는 일이었다.

그러하기에 이 사회에서는 기름지고 뚱뚱한 사람은 거의 볼 수 없었고 앙상하게 뼈가 튀어나와 일그러진 얼굴만이 흔히 보였다. 누구나 할 것 없이 영양실조에 시달리고 있다는 것을 쉽게 알 수 있었다. 요즈음 우리 사회에서는 미인들을 흔히 볼 수 있는 데 미인은 선천적으로 타고 나기도 하겠지만 잘 먹고 여유있게 살게 되면 후천적인 미인들이 많이 나온다고 생각되어진다.

저녁 식사가 끝나고 후덥지근한 공기가 맑아지자 우리는 어떤 사무실로 안내되었다. 거기서 우리 세 사람은 처음으로 조사를 받게 되었다. 심문하는 사람은 두 사람이었는 데 입은 군복이 말쑥하고 허리에 권총을 차고 있었으며, 몸가짐이 매우 세련된 것으로 보아 사단장이나 참모장 같아 보였다. 당시 공산군에서는 인민의 군대라고 하면서 계급장을 다는 일이 없기에 육감으로 판단한 것이었다. 그들의 사무실은 초라하기 짝이 없었으니 벽에는 허름한 지도가 한 장 걸려 있는 것 외에는 테이블과 긴 의자가 놓여 있을 뿐이었다. 심문자는 우리들의 신분을 조사하는 것보다 우리와 대화하면서 우리를 안심시키는 데 신경을 더 쓰는 것 같았다. 그것은 그의 몸가짐과 기쁨에 넘친 얼굴 표정을 보아 짐작할 수 있었다.

그들은 먼저 차수(茶水)를 대접하고 나서 우리들의 성명과 일본군 부대명 그리고 부대장의 성명을 물어오는 것이었다. 우리가 '부대명은 북지전부대(北支專部隊) 65 사단이고, 소속은 가가와(賀川) 부대다' 라고 말하니, 조사 장교는 수긍하며 '자기들도 그 부대에 노무자로 가장시킨 비밀 정보원을 잠입시키고 있다.'고 말하는 것이었다. 그러면서 '노무자들과 줄을 댈 수 있었더라면 쉽게 탈출할 수 있었을 것이다.'라고 덧붙여 말하였다. 나는 이 사단장의 말이 사실일 것이라고 믿기보다 그들이 자기들의 정보활동을 과장하여 자랑하는 것이라고 생각하였다. 그들은 우리들의 용감한 행동을 극구 칭찬하면서 '이제 후방으로 인도되어 조선인 독립동맹에 가입하게 될 것이다.'라고 말하였다. 이렇게 조사는 화기애애한 가운데 간단히 끝났다.

이날 밤 나는 침상에 누우니 기쁨이 한량없었다. 진실로 내가 일본군을 탈출한 것이 하나님의 뜻에 합당하였기에 여기까지

인도하여 주셨음을 절감하며 눈물 어린 감사의 기도를 드렸다. 이곳 가까이에 우리 조국의 독립을 쟁취하기 위한 조선인 독립집단이 있다는 것을 알게 되니, 하루라도 빨리 그곳에 합류할 수 있기를 바라는 마음이 간절하였다.

잠이 들 무렵에 젊은 병사가 적십자 마크가 있는 가방을 들고 들어와 내가 누워있는 침상 옆에 쭈그리고 앉아서는 미안한 표정을 지으며 '어디 아픈 곳이 없는가?'라고 물어오는 것이었다. 그 태도가 어찌 겸손하고 다정스러운지 만일 아픈 데가 있으면 곧 완쾌될 것만 같았다. 더할 나위없이 순박하고 겸허한 행동에 감탄하며 이들이야말로 국적을 떠나 압박 받는 사람들의 해방을 위해 싸우는 동지들이라고 생각하였다. 그들이 갖고 있는 약이란 것이 기껏해야 옥도정기였으나, 그 정성스러운 마음씨는 어느 보약을 능가하였다.

봉쇄선(封鎖線)

이튿날 우리 일행은 일본 군복을 벗어 주고 그들이 지급해 주는 공산군 군복으로 갈아 입었다. 벗어준 일본 군복은 그들의 정보활동에 사용된다고 하였다. 공산군 군복으로 갈아 입자니 한편 언제나 떳떳한 조선 독립군 군복을 입을 수 있겠는가고 찹찹한 마음이 들기도 하였지만, 그동안 마음에 없는 일본군복을 입고 억지 일본군 노릇을 해온 것에 비하면 중국 공산당 군복이긴 하지만 그래도 뜻을 같이하는 동지와 함께하는 것이기에 한결 가벼운 기분이었다. 신발도 일본 군화를 벗어 버리고 천으로 짠 중국신으로 바꿔 신으니 날아갈 것만 같았다. 이제 우리는 다시 호위병의 안내를 받으며 끝이 안 보이는 평원을 향해 새로이 길을 떠났다.

원래 북중국, 소위 화북지방은 대평원 지대이기에 태양은 동쪽 평원에서 떠서 서쪽 평원으로 사라지는 것이었다. 이 같은 넓은 평지에 비가 내리면 그 빗물이 흘러갈 곳이 없어 온 평원이 잠기고, 한발이 들면 속수무책으로 농작물은 고스란히 타서 말라 버리는 것이었다. 거기에 황충이라도 몰려오면 농작물은 쑥밭이 되고 말았다. 당시의 통계에 의하면 평년 농사는 3년에 고작 한번 거둘 수 있을 뿐 두 번은 반드시 홍수나 한발의 피해로 인한 흉년이라 하였다.

흉년이 들면 농민들은 먹을 것이 없어 초근 목피로 연명하다가 그것마저 바닥이 나면 하는 수 없이 살던 곳을 버리고 풍년 든 지방을 찾아 떠나 가는 것이었다. 이와 같이 옮겨다니는 농민들이 하도 많아 무리를 이루었기에 마치 흐르는 물과 같다고 하여 유민(流民)이라 불렀다. 포악한 군주들은 이들 유민들을 받아들여 먹을 것을 주고는 이용하여 모반을 기도하기도 하였고, 요행히 성공을 하게 되면 새로운 왕조를 이루는 경우도 있었다. 이러하기에 중국 역사상 왕조의 빈번한 교체 원인을 여기에서 찾고자 하는 학자들도 있다고 하겠다.

이윽고 어느 한 마을에 이르렀다. 안내인의 말이 이곳에서 몇 일을 쉬어야 한다고 하였다. 그것은 우리가 목표로 하고 가고 있는 길목에 일본군의 봉쇄선이 가로막고 있으며, 그 봉쇄선을 넘기 위해서는 많은 준비가 필요하기 때문이라고 하였다. 그 봉쇄선은 숙현(宿縣)과 고진(固鎭)을 연결하는 기간 도로로써, 도시에는 일본군의 강력한 부대가 주둔해 있고, 도로를 따라서는 견고한 토치카들이 줄을 지어 구축되어 자동차로 연결되고 있다고 하였다.

염려와 허탈감에 잠겨 있는 데 갑자기 지휘관같이 보이는 젊은 병사가 나타나 이 밤이 새기 전에 봉쇄선을 넘을 계획이라고 전하는 것이었다. 밤 1 시에서 2 시 사이는 달이 뜨지 않아 가장 어둡기에 공산군 게릴라들이 활동하기에 안성마춤이고, 일반적으로 일본군들은 그 시간에는 잠을 자기 때문이라고 하였다. 지휘관은 행군하는 동안 절대로 이야기를 한다든가, 담배를 피운다든가, 성냥으로 불을 켜는 일이 있어서는 안되며, 각자는 바로 앞에서 행군하는 사람을 놓치지 말고 따라 가야한다고 말하였다. 그는 또한 기침을 해서도 안되고, 만일 개가 짖으면 온순하게 개를 쓰다듬어 주라는 말까지 덧붙여 강조하였다.

우리는 다시 밤 길을 걸어 봉쇄선에서 10 여리 떨어진 작은 부락에 도착하였고 밤 1 시가 되도록 기다렸다. 시간이 되자, 앞에 선 지휘관의 출발 구령에 맞추어 우리는 밭이랑 사이길을 따라 걷기 시작하였다. 다행스럽게도 우리들이 신은 신발은 무명으로 짜서 만든 것이었기에 행군하는 데 소리를 내지 않았다. 우리는 걷기도하고 때로는 달리며 한 시간 이상 어둠 속을 헤치며 행군해 나갔다. 그런데 갑자기 우리 앞에 깊은 호구가 다가와 서 있지 않은가! 사방을 둘러보니 그리 멀지 않은 곳에서 전기불이 환히 비치고 있었으나 천만다행으로 그 불빛이 우리가 서 있는 곳까지는 미치지 못하고 있었다. 그곳이 바로 일본군이 주둔하고 있는 토치카임이 분명하였다.

호구의 깊이는 어림잡아 어른의 키 두 배 정도 되어 보였다. 갑자기 안내원들의 몸가짐이 민첩해졌다. 그들은 준비한 사다리로 호구 밑바닥으로 뛰어 내리더니 곧 밧줄을 올려주어 우리도 그 밧줄을 타고 호구 밑으로 내려갔다. 그런 후 그들은 또다시 사다리를 이용하여 건너편으로 올라가서 우리에게 밧줄을 내려주니 우리 역시 그 밧줄을 타고 올라갈 수 있었다. 그리고는 다시금 달리기를 계속하는 것이었다. 마침내 우리는 앞을 가로막고있던 봉쇄선을 무사히 넘었다고 하였다. 안도의 한숨도 잠깐, 다시 빠른 걸음으로 밤새워 다음 부락을 향하여 걸어가야 하였다. 일본군의 토치카들이 도로 좌, 우 편에 만들어져 있었던 것으로 보아 민간인의 왕래조차도 완전히 차단하고 있었음을 짐작할 수 있었는 데, 실지로 낮 동안에는 통행권을 제시하는 주민만 토치카 옆의 작은 통로로 지나갈 수 있었다고 하였다.

중국 농민의 참상

봉쇄 간선도로를 무사히 넘은 우리는 도착한 마을에서 잠시 휴식을 취하고 식사 대접을 받은 후, 또다시 후방을 향해 떠났다. 낮 동안에는 밭 가운데서 보리 수확을 하는 농부들의 모습을 볼 수 있다. 작은 부락들을 지나면서 느끼는 것은 반듯하게 지은 집을 하나도 볼 수 없다는 것이었다. 흙 벽돌을 쌓고 보리 짚으로 지붕을 덮은 초가집들은 금방이라도 허물어질 것만 같았다. 굴뚝이 없었기에 지붕 밑은 연기로 까맣게 그을러 있었고, 헛간에는 흔히 당나귀 한 두 마리가 매여져 있거나 몇 마리의 닭들이 먹이를 찾고 있을 뿐이었다. 그래도 이 같은 집마다 한결같이 벽에는 "타도 일본(打倒 日本)"이라는 글이 페인트로 쓰여져 있었다.

이들 화북지방의 농민들의 생활은 문자 그대로 찢어지게 가난하였다. 그저 조상이 물려준 허물어져 가는 초가집에서, 조상에게 물려받은 쥐꼬리 만한 땅조각을, 조상적부터 써오던 헌 농기구로 밭을 갈아 먹으며 연명해 가는 것이었다. 그러다가 짝을 만나면 혼인하여 자식 낳아 키우다가 때가 되면 그 집과 농토와 농기구를 자손에게 물려주고 죽어 갔다. 이와 같은 삶은 지금 시작된 것이 아니고 먼 옛날 조상 때부터, 역사가 시작되었던 그때부터 이어 내려온 삶이었다고 할 수 있겠다.

홍수, 한발, 황충의 피해를 이겨낸 이들에게는 또한 인재(人災)가 뒤따랐으니, 잔혹한 군벌(軍閥)들에게 끊임없이 착취 당해 온 것이었다. 어떤 지방의 군벌은 40년 후에 지불할 세금을 앞당겨 미리 징수해 갔다고도 하였으니 그들의 만행을 족히 짐작할 수 있겠다. 거기에 지주들의 착취는 얼마나 혹독하였겠는가? 이렇게 찢기고 채인 농민들에게 8년 동안 계속된 일본군의 잔학상은 실로 형용키 어려운 고문이었다. 일본군이 주둔하든지, 그저 스쳐 지나가기라도 하면 소각되고 약탈되어 3 년 동안은 굶주리게 된다고 하였으니 세상에서 가장 불쌍하고 가난한 사람이 중국 농민이었다.   더욱이나 여성들에게는 전족(纏足)을 강요하였으니, 여권이란 것이 완전히 무시된 곳도 중국이었다.   전족은 오대 남당(南唐)때부터 시작되어 내려온 것이니 실로 1,000 년 이상 여성을 지배해 온 악습이라 하겠다.

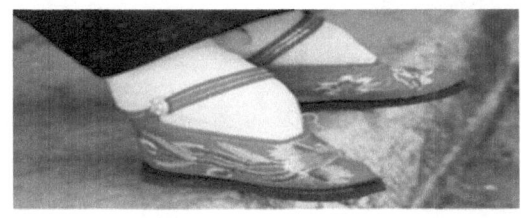

사진 38: 전족.

화북(華北) 지방의 마을들

공산 게릴라 지역을 걸어가노라니 또 다른 마을을 지나게 되었다.   이 부락은 길을 가운데 두고 좌, 우로 상점과 민가가 즐비하게 늘어서 있었다. 햇빛을 가리우는 처마가 드리워져 있는 어느 허름한 음식점 앞에 이르렀다.   처마 밑에는 나무로 만든 엉성한 긴 탁자와 서 너 개의 의자가 널려 있었다.   우리는 호위병의 지시에 따라 의자에 앉아 그저 쉬고 있었는 데, 뜻밖에 음식물이 나오는 것이었다. 그 음식은 삶은 도야지 고기 중에서 귀때기만을 기름에 튀긴 것이었다. 도야지 연골이 박힌 귀때기 고기 맛은 표현할 수 없는 일품이었다. 씹는 맛도 기가 막힌 데, 마침 배가 출출한 저녁 때 이었으니 그 맛이 어떠했겠는가! 나는 평생을 두고 그렇게 맛있는 음식을 먹은 적이 없었다고 생각한다. 나는 지금도 그때의 맛을 잊을 수 없어 시장을 지나게 되면 종종 나무의자에 앉아 김이 무럭무럭 나는 삶은 도야지 고기를 즐겨 사 먹곤 한다.

사진 39: 돼지 귀 튀김 요리.

호위병의 말에 의하면 우리들은 신사군(新四軍) 제 4 지대를 향하여 가고 있다고 하였다. 그곳에는 조선 독립동맹 화중분맹 (華中分盟)이 있고, 많은 독립 의용군들이 있으며, 이미 일본군을 탈출한 학병 출신들도 있다고 하였다. 나는 이들 호위병의 뒤를 따라 농촌 길을 묵묵히 걸어가며 깊은 사색에 잠기곤 하였는 데, 우리는 절망 중에서 소망을 얻은 것이 분명하였다. 우리를 수색하러 나섰던 일본군에게 붙잡혔더라면 지금 우리들의 처지는 어떠하였겠는가? 생각만해도 소름이 끼치는 일이었다.

내가 이렇듯 소망을 갖고 대륙 땅을 걸으며 조선 독립동맹으로 향하고 있으니, 그 기쁨과 감사함을 어찌 다 형용할 수 있었겠는가! 새삼스러이 하나님께 감사를 드렸다. 집 떠나던 날 아버님 기도의 말씀대로 하나님께서 불기둥과 구름기둥으로 우리를 인도해 주셨다고 믿어졌다. 사람은 지극히 기쁠 때나 또는 절망에 처했을 때 하나님을 찾게 되는 것 같았다. 사실 나도 평상시에는 하나님의 은총을 깨닫지 못 하고 살아왔던 것이었다. 그런데 일본군에 끌려 나와 어려운 고비를 넘기면서 또 기적적으로 탈출하여 이곳까지 오는 동안, 나는 줄곧 하나님과 가까워지는 것을 느끼게 되었다. 시편 46 편의 "하나님은 우리의 피난처시요 힘이시니 환난 중에 만날 큰 도움이시라."는 말씀은 내게 가장 힘이 되었던 말씀이었다.

신사군 근거지에 가까워 갈수록 기쁨은 더해져 갔다. 그런데 나는 걸으면서 이상한 것을 보게 되었다. 그것은 중국 농민들이 줄을 지어 돼지고기 세근 가량씩 포장도 하지 않고 그냥 들고 밭길을 걸어가는 광경이었다. '어쩌면 그렇게 똑같은 량의 돼지고기를 사들고 가는 것일까?' 라고 의아하게 생각하였다. 곧 그 이유를 알게 되었으니 그것은 이곳이 사회주의 사회이기에 주민들이 똑같은 량의 배급을 받아 들고 집으로 가는 것이었다. 이렇듯 똑같이 일하고, 똑같이 배불리 먹고, 똑같이 옷 입고, 돈이 있으면 똑같이 쓰고, 착취를 한다던가 착취를 당하는 일이 없는 세상, 모두가 평등하게 살 수 있는 세상이 가능하다면, 누가 이 같은 세상을 마다 할 것이겠는가! 참으로 중국 공산당은 이와 같은 이상사회를 지상에 건설할 수 있을 것인가? 라고 생각하며 걸음을 재촉하였다.

우리는 또다시 언덕에 자리잡은 부락을 지나게 되었다. 부락에는 유난히도 많은 공산군들이 보이었는데, 아마도 공산군의 집결장소인 것 같았다. 문뜩 하남작전에 참가하였던 때가 생각났다. 그때 국민당군은 민망할 정도로 싸우지 않고 도망만 거듭했던 것이었다. 이에 반하여 공산군은 일본군이 점령한 성시(城市)를 공격할 만한 전력을 갖추지 못 한 형편이었기에, 주로 밤중에 유격전으로 전략적인 교량을 파괴한다던가, 전선줄을 끊어버리는 것으로 일본군을 철저히 골탕 먹였던 것이었다.

이에 대하여 일본군은 잔인한 소탕전을 벌렸는데, 소위 삼광정책(三光政策) 즉 모두 불태워 버리고, 모두 죽여 버리고, 모두 약탈해 버리는 수법이었다. 그러하기에 주민들은 그들이 마음 놓고 살기 위해서는 일본군과 생명을 내걸고 싸우는 공산군을 적극 도와야 한다는 것을 알고 있었다. 또한 그들은 자기들을 착취하던 지주들을 내쫓고 토지를 분배해 준 것도 공산군이었다는 것을 기억하기에, 주민과 공산군은 서로 혼연일치가 되어 있었던 것이었다. 그 당시 '흔히 주민은 물이요, 공산당은 물고기다.' 라고 말하였는데, 물고기가 물을 떠나 살 수 없듯 공산군은 주민을 등지고는 절대로 성장할 수 없다는 이야기였다. 나는 게릴라 지대를 걸어가면서 이렇듯 공산군이 주민들의 절대적인 지지를 받고 있는 것을 목격하였다.

공산당이 된 일본군 포로

그날 저녁 우리가 예정된 부락에 도착하여 이미 마련된 집에 들어가니 깜짝 놀랄 만한 일이 기다리고 있었다. 그 집에는 중국 옷을 입고 우리를 반갑게 맞아주는 한 젊은이가 있었는 데, 그는 스스럼없이 "나는 일본인인 나까노(中野)라는 사람입니다. 잘 오셨읍니다. 부탁합니다." 라고 일본말로 인사를 하는 것이었다. 그의 태도를 보아 우리가 올 것을 미리 알고 기다리고 있었음을 알 수 있었다. 그는 계속해서 "나는 연안에 있는 노자가 (野坂參三)가 인솔하는 일본해방연맹의 맹원입니다. 당신들은 곧 조선 독립동맹 (朝鮮獨立同盟)으로 갈 것입니다." 라고 말하였다. 이러한 그의 말을 들으니 우리는 놀란 가슴을 진정시키고 서서히 마음의 평정을 찾을 수 있었으며, 일본놈이기는 하지만 우선 말이 통한다는 것이 기쁘게 생각되었다. 그후 우리는 그와 삼일 동안을 함께 지내면서 많은 이야기를 나누게 되었다.

그는 규슈(九州) 지방의 농부의 아들이었으며, 2년 전 중지(中支)의 숙현(宿縣) 부근의 수비대에서 공산군의 포로가 되었다고 하였다. 일본은 머지않아 패망할 것이라고 덧붙이면서, "아침이었어요. 전우 세 명이 수비대를 떠나 닭을 잡기 위해 근처 부락으로 갔는 데 밤이 되어도 돌아오지 않아 나는 혼자 언덕에 올라가 부근을 살피고 있었답니다. 그때 돌연 누군가가 뒤에서 나의 두 다리를 감아 쥐고, 또 다른 사람이 내 목을 졸라대기에 꼼짝 못하고 붙잡히고 말았답니다." 라고 자기가 포로로 잡힌

경유를 말하였다. 그는 공산군은 관대하여 자기를 쇠사슬로 발에 족쇄를 씌운다던 가, 감옥에 가두는 고통을 주지 않았으며, 시일이 지나자 해방연맹에 가입시켜 주고는 진정으로 자기를 국제 우인으로 대접해 주고 있다고 말하는 것이었다.

내가 그에게 '어찌하여 혼자 뿐인가?' 라고 물으니, 그는 이곳의 일이 끝나면 연안으로 갈 것인 데 연안이 멀고도 먼 곳이니 어찌될 지는 모르겠노라고 대답하였다. 나는 또 그에게 '이곳에서 그가 하는 일이 무슨 일인가?' 고도 물어 보았다. 그의 말이 '많은 선전물을 일본말로 쓰는 것과 지난 날 자기가 속해 있던 일본군 부대의 동료들에게 편지를 써서 이곳의 사정을 알려주며 투항해 올 것을 권유하는 것이다.' 라고 하였다. 그는 또 일본군 포로들을 심문하는 것도 자기의 임무라고 덧붙였다.

그의 말을 들으며 나는 마음 속으로 생각하였다. "사실 나 역시 그와 같은 포로의 신분이 아닌가! 그는 일본군인으로 중국인에게 악독한 행동을 자행했을 것이었다. 그러나 신사군은 그를 교화시키고 세뇌시켜 도리어 조국인 일본과 싸우게 하고 있지 않은가?" 한편 중국 사람들이 잘 쓰는 소위 이이제이 (以夷制夷)라는 것이 떠오르기도 하였다. 나는 그와 대화하면서 그를 일본인으로 느끼지 않았다. 그것은 아마 그가 이미 자기 조국을 저버렸기 때문이었으리라.

그는 '일본은 머지않아 반드시 패망할 것이고, 그후 일본에서는 사회주의 정권이 창출될 것이다.' 라고 힘주어 말하고 있었다. 그는 계속해서 "보시오! 독일군이 레닌그라드에서 참패하였으니 독일의 패망은 결정적이고, 미군이 이오지마 (琉璜島)를 점령하였으니 곧 일본은 쑥밭이 될 것입니다. 이미 지구의 6 분지 1 을 차지한 소련은 사회주의 국가이고, 지구에서 세번째로 큰 영토를 갖은 중국도 결국은 공산당이 승리할 것이니, 세계 인구의 4 분지 1 인 중국과 2 억의 인구인 소련만 합하여도 세계 인구의 절반은 이미 사회주의 국가가 되지 않았습니까? 일본도 패전 후에는 군국주의는 물러가고 핍박 받던 노동자와 농민의 정권이 나타날 것이라는 것은 불을 보듯 명백한 일입니다." 라고 자신있게 말하는 것이었다.

그렇다면 그가 말하는 세계혁명은 과연 이루어질 것인가? 나는 공산당의 세뇌공작이 과연 무섭기는 하다고 느꼈다. 어떻게 악독한 일본놈의 입에서 저런 말이 나올 수 있단 말인가고 의아해하면서, 다시한번 나는 신사군의 정치공작을 높이 평가하지 않을 수 없었다. 게다가 그는 한 술 더 떠서 "자기는 지금까지 일본 제국주의의 앞잡이가 되어 중국인을 괴롭혔던 것을 진심으로 참회한다." 고까지 말하는 것이었다. 이러한 그의 이야기를 듣자니 나는 어안이 벙벙해져왔다. 나도 그와 같은 범주에 속하는 공산당 포로이니, 얼마간의 세월이 흐르는 동안 세뇌공작을 받게 된다면 저 자처럼 철저한 공산주의자로 둔갑할 것이란 말인가? 자문하지 않을 수 없었다.

나는 그와 작별하기가 서운했다. 정이 들어서였다기보다 강요당하여 공산주의자가 된 그가 불쌍하게 여겨졌기 때문이었다. 그는 진정으로 공산주의자가 되었을까? 그렇다기보다, 살기 위하여 공산주의자로 위장할 수 밖에 없었던 것이 아니었을까?
참으로 무엇이라고 표현할 수 없는 참참한 기분이었다.   사실
일본이 패망한 그날, 공산군의 일본 포로들 가운데에서 자결하는
자들이 많았었다고 하였다.

제 6 장
조선 독립동맹

만남의 기쁨

　인생에 있어서 만남의 기쁨과 헤어짐의 슬픔은 누구나가 겪는
것이리라.　부모님의 몸을 갈라 세상에 태어나는 삶은 만나는
기쁨이며, 배우자를 만나 가정을 이루는 것도 또한 만남의 기쁨들
가운데 으뜸일 것이리라.　반면에 인생의 죽음은 세상의 모든
것과의 헤어짐이니 가장 큰 슬픔일 것이다.　그러나 인생으로
태어난 자로 흙으로 돌아가지 않은 자가 없으니, 우리는 이것을
자연의 이치라고 말하여 왔다.　또한 인생에 있어서 젊은 청춘은
오래 계속되지 않으니, 잠언의 기자는 "저희는 잠깐 자는 것
같으며 아침에 돋는 풀 같으니, 풀은 아침에 꽃이 피어 자라다가
저녁에는 벤 바 되어　마릅니다" 라고 노래하였다.

내가 일본군 병영을 탈출하여 20 여 일을 신사군 게릴라 지대를 걸어, 신사군 제 4 지대의 근거지인 강소성(江蘇省) 홍택호(洪澤湖) 부근의 반성(半城)이라는 성시(城市)의 외진 부락에 도착한 것은 1944 년 9 월 중순, 이글거리던 태양이 서쪽 평원으로 떨어질 무렵이었다. 나는 이곳에서 기적적인 만남의 기쁨을 맛보았다. 우리에 앞서 이미 많은 조선 학병들이 일본군 부대를 탈출하여 이곳에 와 있었으니, 그들은 우리를 보자 기쁨의 함성을 지르며 맞이하여 주는 것이었다.

그들은 모두 서주(徐州)에 집결하였던 학병들이었는 데 서주 부근에 자리 잡고 있던 숙현(宿縣), 회음(淮陰) 등의 일본군 주둔지에서 용감히 탈출한 학병들이었다. 그리고 서주 부근에는 평안북도 출신의 학병들이 대종을 이루었기에 대부분의 학병들은 서로 얼굴을 알고 있었던 터 이었다. 서주에서 각기 여러 일본군 병영으로 분산되어 헤어졌었는데, 이제 공산군 지역에서 그 낯익은 얼굴들을 보게 되니 기쁨의 함성이 터질 수 밖에 없지 않겠는가!

지도 40: 강소성(江蘇省)의 위치

사진 41: 신사군 지휘 간부들

그들 중에는 고향 친구인 신상초(申相楚: 동경제국대졸업)를
비롯하여 한명삼(韓命三: 선천출신, 연세대졸업) 방휘제(方暉濟:
일본대학예과)   심영순(沈榮淳: 곽산출신,   명치대졸업),
박항구(朴沆九: 선천출신, 일본대학졸업) 외에도 20 여 명의 낯
익은 얼굴들이 있었다. 우리는 서로 얼싸안고 한동안 기쁨의
눈물을 흘렸다. 세상에 이런 만남이 있을 수 있으리라고는 감히
생각치 못 했던 것이었다. 나는 이제는 죽어도 여한이 없다고
생각하였다. 어찌하든지 이들과 힘을 합하여 원수인 일본군과
싸워 민족 독립이란 성업을 이루고 말 것이라고 결심하니,
이곳에서의 우리의 만남은 어떠한 만남보다도 가치 있고 뜻깊은
것으로 여겨졌다. 한편 인생의 항로는 이러한 기적적인 만남에
의하여 순간적으로 진로가 정해지는 것을 느낄 수 있었다.

사진 42: 신상초 교수 (평안북도 정주군 출신).

사진 43: 심영순

　　이곳은 신사군 제4지대의 근거지인 동시에 조선 독립동맹의
화중분맹(華中分盟)이 자리잡고 있는 곳이기도 하였다.　그러나
화중분맹이라 하여 무슨 건물이 따로 있는 것이 아니었고 부락
농가에 있는 한 집에 4-5명의 우리보다 나이 많은 사람들이 있을
뿐이었다.　물론 간판도 없었다.　나는 만남의 기쁨 속에서 새로운

환경에 익숙해지며 흥분된 몇 날을 보내는 동안에 먼저 도착한 학병 동지들의 얼굴이 밝지 만은 않음을 알게 되었다. 더욱 그들은 불만에 가득 차 있는 것을 느낄 수 있었다.

무엇보다 이상한 것은 조선 의용대는 독립군이라고 하면서 총한 자루도 없는 실정에는 실망하지 않을 수 없었다. 나는 곧 그들의 불만을 알게 되었으니, 그것은 우리 모두는 누구나 할 것 없이 신사군의 포로가 되어 이곳까지 끌려왔다는 사실을 인정해야 하는 것이었다. 사실 우리들이 일본군을 탈출한 것은 일본군과 싸우는 군대에 동참하여 일본군에게 총 뿌리를 대겠다는 일념으로 감행한 것이었는 데, 정작 이곳에 와서 보니 우리의 처지는 실제적으로 공산군의 포로로써 공산주의자가 되어야 한다고 강요당하는 형편이었다. 우리는 철책에 갇혀 있는 몸은 아니었지만 사상의 자유나 행동의 자유가 없었다. 더욱 신사군이 우리에게 밥을 제공해 주는 것은 조선의 독립을 쟁취하기 위한 것이라기보다 세계 공산주의 운동의 일원으로 우리를 이용하고 있음을 알게 되었다.

신사군 적공부(敵工部)

화중분맹 책임자로 손달(孫達)이란 자가 있었다. 그는 어느날 신사군 간부가 우리를 환영하는 초대가 있다고 이끌고 갔는 데, 그곳은 바로 신사군의 적공부(敵工部) 라는 곳으로 정보부이었다. 신사군에서의 적공부란 결국 일본인 포로들을 심사하고 처리하는 부서였다. 신사군은 일본놈을 포로로 잡기만 하면 많은 보상금을 주었는 데 바로 이 부서에서 포로들을 감시하며 보상금을 지불하는 것이었다.

적공부에 들어서자 넓은 방의 흙 벽에는 지도가 한 장 걸려 있고, 사무를 보는 큰 테이블과 나무 의자가 몇 개 놓여 있을 뿐이었다. 적공부장은 오(吳)란 성을 가진 자이었기에 우리는 오부장이라고 칭하였다. 그는 일본 경도제국대학을 다녔다고 하였으며 전통적인 인텔리 공산당원으로 몸가짐이 세련되어 보였다.

그는 미소 띠운 얼굴로 우리를 반기면서 '일본군을 탈출하여 먼 길을 걸어 이곳까지 온 것을 환영한다.' 라고 서두를 꺼내면서, '일본의 패망은 결정적이니 그때가 오면 당신네들의 나라도 우리와 같이 승리할 것이며, 또한 당신네들은 독립하는 것이다.' 라고 극히 사교적인 이야기를 늘어놓았다. 그는 계속해서 '이곳에는 일본군인들도 있는 데, 그들은 일본 해방연맹에 소속되어 자유로운 몸으로 활동하고 있노라.' 라고 덧붙여 말했다. 우리는 잠자코 그의 말을 들으며 단지 고맙다고 머리 숙일 따름이었다. 이윽고 테이블 위에 음식이 운반되었는 데 그들로서는 정성을 담은 성찬임을 알 수 있었다.

식사가 끝난 후 오부장은 우리를 옆방으로 인도하였다. 그곳에는 많은 노획한 전리품으로 가득 차 있었는 데, 그 중에는 일본군 부대에 보내는 편지들, 노획한 일본군 병사들의 일기책 등이 있었다. 일본군 포로들이 자기가 속해 있던 부대의 전우들에게 쓴 편지 가운데에는 "이곳 신사군은 일본군 포로들을 절대로 죽이지 않고 우대하고 있으니 적이 아니고, 우리의 적은 일본 군국주의이다. 그곳 일본군영에서 10 리 밖에는 신사군이 있으니 주저하지 말고 도망하라." 는 내용이 적혀 있었다.

어떤 일기장에는

"1938 년 9 월, 학살, 약탈, 강간의 여러 날을 지내고 우리는 다시 신사군 토벌에 출동하였다. 우리는 부락을 점령하고 여자들을 찾기 위해 집들을 수색하였다. 수색은 두시간 가량 계속되었다. 숨어있는 여자를 끌어내어 남자로서의 야욕을 끝내고 총검으로 찔러 죽였다. 여자를 살려두어 일본군이 강간했다는 것을 탈로시키지 않기 위해서였다."

라는 내용이 있었다. 또 다른 일기장에는 다음과 같은 이야기가 적혀 있었다.

"5 명의 주민을 사로 잡았다. 이들을 고문하여 신사군이라는 자백을 받아내어 그 자리에서 총검으로 찔러 죽였다. 새로 소집되어 온 소위 신병들은 처음에는 공포의 눈으로 바라보기만 하지만 그들도 곧 익숙해져 사람 죽이는 데 무감각해질 것이다. 또 다른 부락을 점령하니 주민들은 모두 피난하고 밥을 지어 먹을 가마도 없었다. 철저히 도망하였기에 집들을 깡그리 불 태워 버렸다.”

나는 신사군에서의 적공부라는 부서는 포로들을 관리할 뿐 아니라, 포로들로 하여금 심리전에 참가하도록 유도하는 곳이기도 하다는 것을 알게 되었다.

학병의 삼파 분립

나는 며칠을 지내는 동안 이곳의 학병들이 세 그룹으로 갈라져 있음을 알게 되었다. 심영순과 방휘제 등은 분맹(分盟))의 간부들에게 강경하게 “우리가 목적을 삼고 죽기를 각오하고 일본군 병영을 탈출한 것은 김구(金九)가 영도하는 대한민국 임시정부에 가서 그 곳 광복군으로 총 검을 들고 싸우기 위함이었으니 인도적이고 민족적인 입장에서 중경으로 보내주어야 한다”고 맞서고 있었다.

이와 같이 한사코 중경(重慶)으로 가야한다고 주장하는 중경파 동지들이 있는가 하면, 신상초 등은 전쟁 후에는 세계의 흐름이 사회주의 사상으로 주류를 이룰 것이니 이곳도 겨레의 독립을 쟁취하기 위한 한 조직이기에 여기서 우리 민족의 힘을 길러야 한다고 말하였다.

이 같이 학병 출신들은 사상적으로 완전히 둘로 갈라져 있었다고 하겠다. 이 밖에 성격이 부드럽고 성실하며 매사에 꼼꼼한 한명삼을 비롯한 대부분의 학병들은 자신들의 의견을 강력히 주장하지 않았는 데, 그들은 사상적으로는 이곳에 찬성하지 않으나 일본군을 도망한 몸인 현 시점에서 더이상 어찌할 도리가 없으니 기다려 보자는 태도였다.

그런데 날이 갈수록 심영순과 방휘제는 이성을 잃고 과격한 행동으로 중경으로 보내달라고 대들었으니, 간부들은 점점 난감해져 '적절한 시기가 오면 일본군 점령지대를 가로질러서라도 보내주겠다.'고 장담하며 어루만지는 상태였다. 그러나 그 말은 심과 방도 믿지 않았다. 우리들은 만일 신사군이 관용을 베풀어 심과 방을 중경으로 보내는 일이 있다면 그것은 보내는 것이 아니고 도중에서 죽일 것이라고 서로 말하기도 하였다. 이때는 이미 일본의 패망을 앞두고 국·공 간에는 첨예한 대립의 내전이 전개되고 있었던 상태였던 것이었다.

화중 분맹의 조직 간부들

화중분맹의 조직은 종(從)으로 연결된 비밀 공산 조직이기에 그 정체를 누구도 정확히 알 수 없었다. 연안에 본부를 둔 조선독맹의 지역적인 분맹이라 하였지만 연안과는 아무 연락이 없어 보였고, 오히려 신사군 제 4 지대의 적공부의 지시에 따르는 것 같았다. 표면에 나타나 활동하는 것으로 간부라고 불리우는 사람이 셋 있었고, 민간인이 7-8 명 있었다. 어떤 간부의 말에 의하면 일본군 점령지역에 많은 비밀 공작원들이 있다고 하지만 그 수는 알 수 없었고, 그 말이 사실이라고 믿어지지도 않았다.

신사군의 적공부와 긴밀한 연락을 취하며 실제적인 지도자는 손달(孫達)이라고 불리우는 사람이었다.

손달이란 자는 50 대 초반으로 보였는 데 그의 경력을 아는 사람은 아무도 없었다. 다만 자신이 스스로 고향은 경상도 영덕(盈德)이며, 교육은 받은 일이 없고, 공장 노동자 출신이라고 자랑하기에 그렇게 알고 있었을 뿐이었고, 언제 화중분맹에 왔으며 책임자가 되었는지는 자신이 말하지 않으므로 알 수가 없었다. 그는 공산주의를 극구 찬양하며 적공부의 오부장과 긴밀한 연락을 취하면서도, 자신은 배운 것이 없다며 학병들의 비위를 맞춰 주고자 애썼기에 인간적으로 호감이 갔었다. 그러나 학병들은 경력을 말하지 않는 그를 관록있는 독립 운동가로는 보지 않았다. 해방 후 그가 북조선에서 해군관계의 일을 보았다고 하는 것을 보아 조선독맹에서의 그의 공적이 크게 평가 받지 못했음이 분명하다 하겠다.

손달을 뒤에서 보좌하는 간부로서 김(金)이란 자가 있었다. 그는 60 대를 바라보는 초로(初老)로서 절대로 이름을 밝히지 않았다. 그도 역시 과거 경력을 이야기 하는 일이 없었으니 어떤 이유로 어느 경로를 거쳐 언제 이 화중분맹에 왔는지는 알 수 없었다. 표면에 나타나는 것을 싫어하여 종일 민가 숙소에 박혀 있었는 데 그곳에서 무엇을 하는지도 알 수 없었다. 그는 학병들에게는 매우 친절히 노인답게 거리를 두고 대하였기에 우리는 그를 김노인이라 불렀다.

또 한 사람의 간부는 이덕무(李德武)라 하였다. 그는 스스로 자기는 중국에서 군관학교를 졸업하고 장개석의 국민당 군대에서 지휘관을 하였다고 자랑하였다. 그는 또한 중경의 임시정부에서 독립운동도 하였었다고 말하면서, 자기가 임정(臨政)을 이탈하여 화중분맹에 온 것은 임시정부가 여러 정파로 갈라져서 독립은 고사하고 파벌 싸움에만 빠져 있기에, 그 당파 싸움에 진저리가 나서 공산당 지역으로 넘어 왔노라고 하였다. 그의 성격은 쾌활하였고 군인답기도 하였으나 학병들에게는 환심을 사기 위해서인지 매우 저자세로 대하였다.

이 셋 외에도 몇 명의 민간인이 있었는 데, 그 중 한 사람은 이용철(李容哲)이라 이름하였고, 임시정부의 공작원으로 적구(敵區) 즉 일본군 점령지역에서 정보 활동을 하다가 신사군 지역으로 잠입하였다는 말이 들렸으나 그 진상은 알 수 없었다. 심영순과 방휘제동지와 가깝게 지내는 것으로 보아서도 화중분맹에서 이색분자인 것 만은 분명하였다.

이 밖의 민간인 가운데에는 일본군 점령지역에서 아편장사를 하다가 노출되어 이곳으로 피신해 왔다는 자도 있었고, 부부가 같이 이곳에 와서 우리의 식사를 마련해 주는 동지들도 있었다. 식사를 마련하는 것은 그 자체가 하나의 혁명사업이기에 그들의 세력 또한 만만치 않은 실정이었다. 우리는 화중분맹의 세 간부들이 언제나 어둠 컴컴한 등잔불 밑에 모여 앉아 골몰히 논의하는 것을 볼 수 있었는 데, 화중분맹의 모든 일은 주로 이 세

사람이 결정하며 또한 학병 한 사람 한 사람에 대한 사상검토도
이 셋이 함께 하는 것 같아 보였다.

조선 독립동맹의 발단과 인물들

조선 독립동맹은 화북(華北)지방에서 조선 출신의
공산주의자들이 1942 년 8 월에 결속한 민족 독립단체로써, 조선
의용군이라는 그 산하의 무장 군사단체를 두었다. 3·1 운동 이후
상해(上海)에서 대한민국 임시정부가 수립되자 많은 독립
지사들이 상해로 몰려 들었는 데, 그들 중에는 이미 사회주의
사상을 받아들인 인사들이 있었다. 상해는 사실상 '동방 공산주의
운동의 요람지' 로 불리웠듯이 조선 공산주의 운동의
발생지이기도 하였다.

조선 공산주의자들은 조선에서의 공산주의 운동이 일본의
탄압으로 조선에서는 발을 내디딜 수 없었기에, 프롤레타리아의
국제주의적 정신 아래 '중국에서의 공산주의 승리는 곧바로
조선의 해방과 독립을 가져온다' 는 신념으로 중국 공산당 혁명에
참가하였던 것이었다. 1927 년 12 월, 국·공 내전 때 공산당이
일으킨 광동코뮨(광저우 폭동)에 참가한 조선인 숫자는 무려
200 여명에 다달았으며, 그 대다수는 죽음을 당하였다는 기록이
남아 있다. 이 같이 중국 공산주의 운동에 참가하여 뚜렷한
업적을 쌓아 중국 공산당으로부터 두터운 신임을 받아 고급
간부직에 오른 조선사람으로 무정(武亭)이란 인물이 있었다.

무정은 1905 년 함경북도 경성(鏡城)에서 태어나 중앙고보를 중퇴하고 북경으로 갔다. 그곳에서 그는 북방 군관학교를 졸업하고 포병대위로 임명되었으며, 그 후 줄곧 발군의 군사적 재능을 발휘하여 22 세에 이미 팔로군 포병중좌가 되었다. 그가 중국 공산당에서 매우 비중 높은 지위를 갖게 된 이유는 중공으로서는 대시련이었던 고난의 대장정(大長征 1934-1935)에 참가하였기 때문이었다. 손달의 말을 빌리면 조선인으로서 이 장정에 참가하여 이겨낸 사람은 단 두 사람 뿐이었는 데, 한 사람은 피스티라 이름하였고, 또 다른 사람이 바로 무정이라 하였다.

사진 44: 무정장군, 조선인 혁명가.

피스티는 아깝게도 장정 직후 동정항일(東征抗日) 투쟁 때 황하 도강작전에서 전사하였다고 했다. 장정을 성공적으로 끝마친 후 무정은 중공군에서 하나 밖에 없는 포병단(砲兵團)의 단장이 되었으니, 그가 중공군에서 차지하는 비중이 얼마나

컸었는가를 짐작할 수 있겠다.   그는 중공군 총사령관인
주덕(朱德)과 부사령관인 팽덕회(彭德懷)와도 연계(連繫)가
깊었다고 하였으니, 팽덕회는 후일 6.25 전쟁때 조선에 파병된
중공 의용군 총사령관이기도 하였다.

사진 45: 조선의용군의 주요 지도자들. 왼쪽부터, 무정 장군 (말
탄 사람), 지대장 박효삼, 정치지도원 김학무, 이철중, 이익성,
이춘암.

무정은 중·일전쟁 때에는 일본군과 적대하여 싸웠으며,
팔로군 포병단장으로의 직책을 수행하고 있었던 1942 년에,
연안을 중심으로 중국 대륙에서 활동하던 조선인 공산주의자들을
묶어서 하나의 정치조직 단체인 조선 독립동맹을 창설하였다. 그
후 그가 조선 의용군 사령관으로 취임하여 태행산맥(太行山脈)의
오지산에 조선 의용군 군정학교를 세워 중공군과는 손을 끊고

조국의 혁명활동에 직접 참가하여 열을 올린 것은, 1944 년
일본의 패망이 가시화 되면서부터 해방에 대비하기 위해서였다.

사진 46: 팔로군 지휘관들. 왼쪽 첫번째가 총참모장 팽덕회,
두번째가 총사령관 주덕, 오른쪽 맨 끝사람이 등소평,

사진 47: 팽덕회(彭德懷) 펑더화이

사진 48: 주덕(朱德) 주더, 총사령관.

조선 독립동맹을 구성한 또 하나의 그룹은 중국으로 망명하여
독립운동을 하고 있었던 공산주의자 및 급진적인 청년들이었다.
이들의 중심인물은 최창익 (崔昌益)과 한빈(韓斌)이었는 데,
이들은 일찍부터 조선공산당 당원이었고 엠.엘(M,L) 파가 조직한
공산당 간부이기도 하였다. 한때는 일본경찰에 검거된 경력도
갖고 있었다. 최창익은 1926 년에 한빈, 허정숙(許貞淑:
허헌(許憲)의 딸로 최창익의 처)과 더불어 중국으로 망명하여
김원봉(金元鳳: 약산:若山)과 접촉하기도 하였으나, 1938 년
10 월 무한(武漢)이 일본군에게 점령된 후 연안으로 갔으며
1942 년 독립동맹이 창설되면서 부주석에 취임하였다.

한빈은 블라디보스톡에서 태어났으며 모스크바 공산대학을
졸업하였다. 그는 조선에 잠입하여 조선 공산당의 재건을
도모하다가 일본경찰에 체포되기도 하였었는 데, 최창익과 같이
중국으로 망명하여 혁명운동에 참여하였고 연안에 가서
1942 년에 조선 독립동맹 부주석이 되었다.

조선 독립독맹을 구성한 세번째 그룹은 민족주의자들로써 중국 국민당 지구에 설치되었던 군관학교 출신자들이었다. 중심 인물로는 박효삼(朴孝三: 함남출신, 황포군관학교졸업, 중앙군연대장) 양민삼(楊民三: 경북출신) 등이 있었다. 이들도 연안(延安)에 도착한 후 독립동맹의 간부로서 활약하였다. 이들 밖에도 군관학교를 졸업하고 항일전에 참가하였던 많은 독립 운동가들이 있었는 데 그들 가운데 김웅(金雄: 6.25 남침때 북괴군 군참모장)이 두드러진 존재이었다.

또 임시정부로부터 독립동맹에 들어온 자로 김두봉(金枓奉)이 있었다. 그는 경남 김해(金海) 출신으로 국문학자인 주시경(周時經)에게 사사(師事)한 유명한 한글학자였다. 그는 3.1 운동에 참가한 후 상해로 망명하여 임시정부를 수립하는 데 참여하였었고, 중·일전쟁이 터진 후 중경으로 옮겼는 데 임정에서 요인들이 파벌싸움만을 일삼는 데 환멸을 느끼고, 1942 년에 중경을 떠나 연안으로 왔다고 하였다.

사진 49: 최창익(崔昌益).

사진 50: 김두봉(金枓奉).

사진 51: 한빈

134

1942 년 8 월 15 일에 중국 대륙에서 공산주의 운동을 하던 주동 인물들이 중심을 이루어 연안에서 조선 독립동맹을 정식으로 창설하였으니, 그 산하에 무장조직을 결성하여 조선 의용군이라 칭하였다. 동맹의 주석으로는 김두봉이 추대되었고, 중앙 집행위원으로 무정, 최창익, 한빈, 김창만 등이 선출되었다. 이때 김두봉이 주석으로 추대된 데에는 그의 오랜 세월 동안의 독립운동가로 활약한 경력을 높이 산 점에도 원인이 있었겠으나, 그 당시 중국에서는 국·공의 합작시기가 전개되고 있었기에 따라서 독립동맹도 겉으로는 임시정부와 통일전선을 모색하였으므로, 임시정부에서도 뚜렷한 존재일 뿐 아니라 국문학자로서도 명성이 높은 김두봉을 내세웠던 것이라 하겠다.

또한 부주석으로 선출된 무정은 계속해서 팔로군의 중책을 맡고 있었기에 조선 독립동맹으로서도 유익하다고 생각되었기 때문이었다. 물론 독립동맹은 중국 공산당으로부터 무기를 비롯한 식량 등 각종 원조를 받았음은 말할 것도 없었다. 그것은 독립동맹이 내세운 정치목적이 일본 제국주의를 타도하고 조선의 독립을 쟁취하는 것인 데, 이것은 중국 공산당이 내세운 항일과 독립이란 점에서 목표가 일치하였기 때문이었다.

이렇듯 독립동맹이 공산주의 조직으로 결속되었지만 표면으로는 공산주의 색채를 띄우지 않고 통일전선을 내세웠다는 것은 주목할 만한 사건이라 할 수 있겠다. 이들은 민주공화국을 건설한다고 외치면서 민족주의자들도 동맹에 가입할 수 있을 뿐더러, 오히려 환영한다고 까지 말하였다. 그러면서도 적구(敵區)에서 연안으로 잠입해 오는 사람에 대하여서는 일정 기간동안 엄중한 감시를 할 뿐 아니라 사상개조를 강요하는 것이었다.

내가 군정학교 소재지인 태행산으로 이동하였을 때 그곳에는 일제하에 문필가로 활약하던 김사랑(金史浪)씨가 해방을 앞두고 혁명을 하고자 만주를 거쳐 태행산에 잠입하였다고 들었다. 그 때 태행산에 있던 이익성(李益星)이 우리에게 "김사랑이란 자가 이곳에 와 있는 데 지금 그는 연금상태에 있으며 매일 자술서를 쓰고 있다."고 말하였던 것으로도 알 수 있겠다.

독맹의 간부들은 철저히 공산주의 사상으로 무장한 자들로써, 공산주의 사회를 실현하기 위하여 엄격한 조직생활을 하였으며, 실제적인 지도자인 무정을 주축으로 굳게 뭉쳐 있었다. 무정에 대한 존경심은 하나의 종교적인 신앙같이 보이었다. 내가 해방되면서 태행산 군정학교에 들렀는데, 두개 중대병력의 대원들이 매일 '무정 동무' 라고 이름한 노래를 부르는 것을 들어야 했었다.

그 노래의 가사는 "무정 동무의 가르치는 길은 조국 해방 독립의 길..."이라는 내용이었다. 조선 의용군 대원들은 자나 깨나 무정을 찬양하였고 무정이 꼭 해방후에 정권을 잡을 것이라고 확신하는 것을 목격하였었다. 나는 해방된 조국의 정권은 인민으로부터 창출될 것이고 또 그래야만 된다고 믿고 있었는 데, 대원들이 무정을 광적으로 떠받들고 있는 것을 보았을

때 모두 정권욕에 사로잡혀 있음을 느끼며 씁쓸함을 금치 못
하였었다.

(**편집자 주**: 화북 조선독립동맹(朝鮮獨立同盟)은 1942 년 7 월
중국 화북 태항산 지역에서 한인 사회주의자들과 조선 의용대
화북지대가 중심이 되어 일제 패망 때까지 활동했던 한인
독립운동 단체이다. 1941 년 중국 화북 지역에서 활동하던 한인
공산주의자들은 화북조선청년연합회를 결성하였다가 이듬해
화북조선독립동맹으로 개편하였다. 청년연합회는 1942 년 7 월
태항산 기슭에서 제 2 차 대표대회를 개최하고 청년연합회를
화북조선독립동맹으로, 조선 의용대 화북지대를 조선 의용군
화북지대로 개편하였다. 대회에서는 독립동맹의 중앙
집행위원으로 김두봉(金枓奉), 무정(武亭), 최창익(崔昌益),
박효삼(朴孝三), 김학무(金學武), 채국번(蔡國蕃),
김창만(金昌萬), 한빈(韓斌), 이유민(李維民), 진한중(陳漢中),
이춘암(李春岩) 등 11 명을 선출하였다. 1943 년 하얼빈에서
조선독립동맹 북만특별위원회를 결성하였고, 임시정부 세력과
협동전선 구축을 모색하였으며 국내의 건국동맹과도 연대를
추진하였다. 일본 패망과 함께 소련군에 의해 무장해제를 당하고
북한으로 귀국한 후 조선 신민당으로 개편하였다. 출처:
https://encykorea.aks.ac.kr/Article/E0078258)

항일 군정대학(抗日 軍政大學)

독립동맹은 성립 초에 연안, 산동, 진찰기(晋察冀),
기로예(冀魯豫), 화중 등 여덟군데에 분맹을 두었다. 이 같은
분맹은 거의 팔로군의 근거지인 행정구역과 그 영역을 같이
하였다. 그런데 내가 일본군을 도망하여 들어간 화중분맹은
화중에 위치해 있었기에 동맹 본부인 연안과 거리상으로 가장

멀리 떨어져 있었고, 또 광대한 일본군 점령지로 차단되어 있었기에, 독립동맹 간부들은 연안과 무전 통신으로 연락하고 있다고는 하였지만 그 진부는 알 수 없었고, 모든 것을 신사군 제 4 지대의 적공부와 상의하고 지시를 받는 것으로 보이었다.

화중분맹에서는 우리 학병들을 공산주의자로 유도하기 위하여 학병들을 주축으로한 항일 군정대학을 세우고자 하였다. 10 여 평 남직한 흙벽돌로 둘러 싼 집에 "항대(抗大)" 라는 간판을 달던 날, 적공부의 오부장은 우리들을 앞세우고 항대의 유래에 대하여 다음과 같이 말하였다. 물론 손달이 옆에서 통역을 하였다.

"항대(抗大)는 국·공의 내전이 끝난 후(1927 년) 각지에 있던 홍군 군사학교를 항일 군정대학이란 명칭으로 변경한 것이다. 연안의 항대는 이곳 저곳 흩어져 있는 동굴을 교실로 썼으며, 1939 년에는 그 학생 수가 약 2,000 명에 이르렀고, 산서의 항대는 약 8,000 명에 달하였다. 전국의 항대에서는 매년 군정 훈련과정을 수료한 약 만 여명의 지도자를 배출하였는데, 정치교육이 주요 과정으로 그 원칙은 맑스주의적인 것이다. 그리고 교육의 중점은 공산당의 강령과 정책을 통일전선과 삼민주의(三民主義)와 연결하여 연구하는 것이니, 여러 동무들은 항대에서 혁명정신을 함양하기 바란다."

그리고 오부장은 계속해서 연안에는 여자 항대도 있다고 하였다.
그곳의 교사와 학생은 모두 무명으로 만든 군복을 입고 목면으로
만든 신, 또는 짚으로 엮은 신을 신으며 단발머리에 군모를 쓰고
화장은 하지 않는다고 하였다. 그러기에 먼 발치에서 여학생을
보면 남자인지 여자인지 구별하기가 쉽지 않으며, 학생의 약
60%는 20 세 전후의 젊은이들로 구성되었다고 하였다. 이곳에
세워지는 항대에는 북경 출신인 연안 여자 항대 졸업생이 중국어
교사로 부임할 예정이라고 덧붙이면서, 손달이 이곳 화중분맹
항대의 책임자임을 못박았다.

사진 52: 중화인민 항일 군사정치대학교 (산시성 옌안).

항대(抗大)의 설립은 학병들의 환심을 끌기 위한 생각에서
나온 계획이었다.   앞으로 사회에 나가면 우리들은 항대를
졸업하였다는 경력을 갖게 되어 공산사회에서 운신의 폭이

넓어짐은 자명하기 때문이었다. 교육의 내용은 중국어, 정치토론 그리고 정풍(整風)이었다. 우리에게 중국어를 가르치기 위해서는 오부장의 말대로 북경 출신의 매우 매력적인 아가씨가 왔다. 파란색 신사군 군복을 입고 가죽 혁대를 띄고 허리에 권총을 찬 미모의 여성이었는 데 그녀의 산뜻한 인상이 우리 모두를 매혹시켰다.

그녀가 권총을 찬 것으로 보아 공산당 고급 간부임을 알 수 있었다. 그녀와 우리와는 기본상에서 거리가 있었으니, 그녀는 열성당원으로 당의 명령에 따라 성의를 다하여 우리에게 중국어를 가르치고자 하였지만, 우리는 항일투쟁을 하러 왔지 중국어를 배우기 위해 온 것이 아니었기에, 항대에서 우리들에게 중국어를 가르치고자 한 것은 큰 성과를 거둘 수 없었다. 그리하여 결국 그 아가씨가 떠나가는 사태가 빚어지고 말았다.

정치토론은 강의를 하는 것이 아니고 자유 토론 형식으로 우리들에게

- 유물사관(唯物史觀),
- 계급투쟁(階級鬪爭),
- 변증법(辨證法)

등의 공산주의 이론에 이해를 갖게 하는 것을 목적으로 한 것이었다. 손달이 회장으로 토론을 진행시켰는데 그는 학문적으로 좌익 이론을 공부한 사람이 아니었기에 우리에게

동·서양의 철학자들의 사상, 나아가 자본주의 경제 등에 대하여 이야기하게 하여 먼저 토론을 벌린 후, 그와 같은 사상들이 소위 반 혁명적인 사상이라고 인식시키고자 하였다.

정치토론에서 놀란만한 실력을 갖고 종횡으로 자본주의 사회를 예리하게 비판하는 학병출신의 신상초의 논리는 우리 모두를 감탄케하였으며, 그의 토론의 상대역으로는 와세다대학 철학과 출신인 최일운(崔逸雲)이 맡았다. 특히 신상초가 맑스 사상이나 레닌주의에 대하여 이야기할 때는 그 내용이 우리들에게는 처음 듣는 이론이었기에 깊은 감동을 주기도 하였다. 신상초동지는 동경 제국대학 법학과 재학시에 이미 좌익 사상에 빠져 요시찰 인물로서 경찰의 감시를 받았었고 옥살이도 한 경력이 있었기에, 우리들 뿐만 아니라 손달에게도 많은 감명을 주었던 것이었다. 그래서 우리는 농담삼아 그를 진짜 빨갱이라고 불렀고 몇몇 동지들은 그를 경계하며 비방하기도 하였다.

정풍 운동(整風 運動)

항대(抗大)에서 가장 중요하게 다룬 것은 정풍 운동이었다. 정풍 운동이란 소위 사상 개조 작업이었다. 다시 말해 알찬 공산주의 혁명가를 만드는 작업이라고 볼 수 있겠다. 이 운동은 당시 중국 공산당이 일본의 패망을 앞두고 모택동의 지시에 의하여 전국적으로 전개된 운동이었다. 간단히 설명하자면 과거의 자기 생각과 행동이 대중의 입장에 서서 혁명운동에 도움이 되었는지 아닌지를 자기 스스로 비판하고 나아가

141

동지들로부터 비판을 받는 것이었다. 또한 현재의 자기 생각이나 행동에 알게 모르게 자본주의적 잔재가 남아있어, 혁명정신을 흐리게 하지 않나 하는 것을 근로대중의 입장에서 자신을 비판하고 동지들로부터 과오를 지적받는 것이었다.

이러한 정풍운동은 셋으로 구분되는데 당풍(黨風), 학풍(學風), 문풍(文風)이었다.

- 당풍이란 당 내에서 옳지 못한 작풍(作風)이나 불순한 분파주의적인 경향을 시정하는 운동이고,

- 학풍은 주관주의적인 경향, 나아가 구체적인 조건에 맞지 않은 사고를 시정하는 운동이고,

- 문풍이란 형식주의를 극복하고, 대중을 떠난 사고방식을 시정케 하는 운동이었다.

이 정풍운동의 목적은 우리는 누구나 할 것 없이 과거 자본주의 사회에서 살았으니 자신이 알게 모르게 자본주의 독소에 감염되어 있으므로, 이 같은 독소를 자신이 폭로하고 또 동지들로부터 지적을 받아 깨끗이 청산해 버려야 한다는 데 있었다. 여기서 자신을 반성할 때 조금이라도 허위가 있으면 동지들로부터 가혹한 비판을 받는 것이었다.

누구나, 특히 인텔리는 원래 자기의 과거 잘못을 대중 앞에서 자신이 폭로하는 것을 가장 싫어할 뿐더러, 자신의 잘못을 타인으로부터 정면으로 지적 받는 것을 못견디는 것이다. 그러나

항대 학생인 우리에게는 선택의 자유가 없었으니 우리는 한 사람씩 차례로 먼저 자신의 과거 생활을 반성해야 하였고 따라서 동지들로부터 비판을 받아야 하였다. 그러니 총을 들고 일본군과 싸우고자 일본 병영을 탈출한 우리가 서로 얼굴을 바라보고 자신의 과거 지낸 일들이나 이야기하고 또 동지들로부터 비판을 받아야 하는 이 정풍운동에 열성적으로 참가할 리가 없는 것이었다.

정풍 운동때 이런 진풍경도 있었다. 한명삼 동지가 똥이 묻은 흰 종이를 들고 들어와서는 '누가 이 흰 종이를 뒷간에서 사용하였는가?' 라고 다그치는 것이었다. 그의 말에 의하면 '신사군에서 우리에게 특별히 배급해 준 종이를 뒤쑤시개로 사용하는 작태는 낭비주의이고 방만주의이며, 그 사고의 밑바닥은 자본주의 잔재를 청산하지 못한 데서 연유한 것이기에, 스스로 나서서 자기 행동을 비판해야 한다.' 는 것이었다. 한명삼은 어려서 부모님을 잃고 외로이 자라 고학으로 연희전문(延專)을 졸업한 동지인 데, 큰 몸집에 너그럽고 성실하여 동지들로부터 호감을 사고있었다. 변소는 우리들 밖에 사용하는 사람이 없으니 우리는 흰 종이를 뒤쑤시개로 사용한 장본인을 대충 짐작할 수 있었다.

그러나 그는 묵묵 부답이었다. 일은 이것으로 끝났지만 이 일을 계기로 한명삼과 장본인 사이의 감정은 날로 험악해져 갔다. 문제는 장본인은 동지들 중에서 가장 과격한 성격을 갖고 매일 간부들에게 중경으로 보내 달라고 대들던 동무였고, 한명삼은 좌익은 절대 아니지만 실질적으로 중국 공산당의 포로인 우리 상황으로 지금은 신사군이 시키는 대로 따를 수 밖에 없지 않느냐는 온건주의적 행동을 지향하였기에, 이 일의 잘, 잘못을 따지기 전, 두 동지 사이의 감정은 극도로 나빠질 수 밖에 없었던 것이었다.

정풍 운동을 전개하는 동안 앞서 언급했듯이 세 그룹으로 갈라져 있던 학병들의 관계가 더욱 뚜렷하게 표출되었다.

첫째는 신상초를 중심으로한 현 간부들의 수준을 능가하는 공산주의 이론으로 무장된 구룹,

둘째는 자신이 사실상의 포로임을 부인하고 중경으로 보내달라고 억지로 대드는 심영순, 방휘제(方暉濟)의 구룹,

셋째는 이왕 이곳에 왔으니 강요당하기는 하지만 공산주의자가 되어 기다리며 앞날을 바라보자는 구룹이었다.

당시 화중분맹의 간부들은 중경(重慶) 임시정부에는 많은 당파가 있어 마치 일인일당(一人一黨)의 현상을 이루고 있다면서, '독립하겠다는 인사들이 모여 단결해도 독립을 얻을까, 말까 하는 형편에 서로 당파를 이루고 대립해서야 어떻게 독립을 쟁취할 수 있을 것인가?' 고 일상 탄식하며 한심스러워 했는 데, 이제 내가 몸담고 있는 화중분맹의 학병들 사이에서도 의견의 대립이 점점

깊어가는 것을 내 눈으로 보아야 하니 가슴이 아팠다. 우리의 대립은 분파라고 까지 할 것은 못 되었다. 순전한 의견 대립이었으니, 그것은 남에게 자기들의 주장에 찬동하고 따르라고 강요하지는 않았기 때문이었다.

신사군(新四軍)의 배려

신사군에서는 우리에게 특별한 배려를 베풀어 주었다고 나는 생각하였다. 그들은 우리를 국제우인이라고 부르면서 연관급 대우를 해준다고 하였듯이 이에 상응한 군복과 기타 의류 그리고 신발 등 일용품이 배급되었다. 식류는 하루에 담배 열 개피, 일주일에 돼지고기 한 근, 밀가루, 야채, 기름 등이 배급되었다. 우리는 일정한 량의 식품으로 공동 취사를 시도하였는데, 식사의 량이 언제나 한정돼 있으니 항상 허기에 차 있을 수 밖에 없었다.

그래도 우리는 밀가루로 만두도 만들어 먹었고 때로는 칼국수도 만들어 먹기도 하였다. 우리들의 식사하는 모양은 진풍경을 이루었으니, 한복판에 놓인 칼국수통을 중심으로 삥 둘러서서 각기 소유한 제 밥공기에 칼국수를 건져 먹었는 데 칼국수 국물에 돼지고기 조각이라도 떠어 있으면 고기를 먼저 낚아 채느라고 법석을 피우곤 하였다.

하루는 마을 주민들이 들판에 버린 개를 거두어서 가죽을 벗기고 삶아 맛있는 보신탕을 만들어 한번 배부르게 먹었다고 모두 기뻐한 적도 있었다. 그러나 그 당시 주민들의 생활은 참으로 보기조차 민망할 정도였으니, 그들은 하루에 두 번 식사를 취할 뿐인 데 그것도 죽이었다. 죽도 강냉이 죽에 고구마를 띄워 만든 것이었기에 백성들이 신사군에 입대하는 가장 큰 이유의 하나는, 신사군에 들어가면 그나마 강냉이와 밀가루로 만든 만두를 먹을 수 있다는 것이었다.

또한 신사군 적공부(敵工部)는 우리들의 환심을 사느라고 많은 신경을 써 주었으니, 우리에게 농구 코트를 만들어 주었고 일본군 점령지에 가서 농구공을 몇 개 사다 주기까지 하였다. 우리는 매일 농구코트에서 편을 갈라 농구를 즐길 수 있었는 데, 농구는 중국에서는 국기(國技)나 다름 없었기에 신사군에서도 유행되어 우리 팀과 신사군 적공부팀은 자주 친선경기를 갖기도 하였다. 그러기에 우리는 신사군과의 시합에서 꼭 승리하여 조국의 명예를 과시해야 한다고 단단히 마음을 먹고 연습에 열중하였다. 운동할 때만은 마음껏 뛰면서 한 마음이 되어 공을 주고 받기에, 쌓인 스트레스가 해소되었을 뿐만 아니라 서로 상반되던 감정도 사라졌다.

그런데 운동이 끝난 뒤가 문제였다. 땀과 먼지로 뒤범벅이 된 몸을 씻을 물이 없기 때문이었다. 중국에서는 생활용수가 없었다. 여자는 일생에 시집갈 때 한번 옹기에 물을 끓여 몸을 씻는다고 하였다. 우리들의 식사용 물도 우물에서 퍼 올리는 샘물이 아니고 1 킬로 정도 떨어진 곳에 가서 웅덩이에 고인 물을 길어다가 사용하는 형편이었다. 식사에 필요한 물도 당번을 짜서 물통을 천평봉(天坪棒)에 지고 날라야 했으니, 운동 후 땀 흘린 몸을 씻을 물은 생각지도 못 하는 것이었다.

식수가 우물에서 나오는 것이 아니니만치 중국에서는 고래(古來)로 물은 반드시 끓여서 만 마시고 생수를 마시는 법은 절대로 없었다. 물을 끓여서 마시는 바에는 물의 맛을 내기 위하여 옛날부터 차(茶)를 사용하게 되었으며, 따라서 도자기 공예가 발달하게 되었던 것이었다. 서양인들이 도자기를 차이나(China)라고 하는 것은 중국은 즉 도자기의 나라 라는 뜻이었다.

신사군과의 시합때는 신사군 적공부 부장을 비롯한 고급 간부들이 나와 서로 즐거운 얼굴로 응원을 하였는 데 우리가 매번 패하였다. 그러나 한명삼 동지는 최우수 선수로 선정되어 약간의 상금을 받기도 하였다. 이런 때에는 저녁식사때 도야지 고기를 삶아 한명삼이 탄 상금으로 빼주(白酒)를 마련하여 술잔치를 베풀기도 하였다. 한 모금의 술의 콕 쏘는 향기와 기름진 도야지 고기는 우리들에게 더 없는 기쁨을 주었었다. 우리는 때로 취하도록 마시기도 하였다.

술이라는 음식은 솔직하게 만들어 주어서 좋기도 하였지만, 오랜만에 술을 마신 우리는 솔직함을 넘어 대담해 지는 것이었다. 평소에 쌓이고 쌓였던 불평과 불만이 한꺼번에 터져 나오기도 하였다. 평소 중경으로 보내 달라고 대들던 동무들은 취기가 돌자 내놓고 간부들을 비난하기 시작하였다. 그들은 가다가 죽음을 당해도 좋다고 고함치며 무슨 일이 있어도 이곳을 빠져나가야 한다고 보따리를 꾸려 메고 길을 나서는 것이었다. 그들은 우리가 만류할 줄 알았겠지만 만류하면 할수록 기고만장하며 방자해지기까지 하는 것이었다.

자기 행동에 책임지지 않겠다는 태도였다. 우리들이 떠들어 대는 소리를 듣고 간부들은 몸을 숨기었고 보따리를 짊어진 그들은 간부의 숙소를 습격하였다. 이때 손달은 재빨리 보리 짚단 속으로 몸을 숨겨 겨우 화를 면할 수 있었다. 아침이 되어 맑은 정신으로 마주 보니 서로 멋쩍을 뿐이었다. 이 소동은 하나의 소란으로 끝났으나, 동무들 사이에는 서먹함과 넘을 수 없는 담이 쌓여가고 있음을 느낄 수 있었다.

감정을 누르지 못 하고 행동으로 나오는 자는 결국 손해를 보기 마련이었다. 아마 대다수의 동무들이 중경(重慶)으로 가는 것을 마음으로는 바랬을 것이었다. 그러나 공산주의 사회에서는 선택의 자유가 없지 않은가! 오히려 중경으로 간다고 대들며 소란을 피운 그들은 외로움만 더욱 느꼈을 것이었다. 그런데 공산주의 사회에서는 이런 때 덕을 보는 자가 있다. 그것은 당 간부들에게 동료들의 일상행동과 사상경향을 비밀리에 제공해 주는 자, 즉 동료들의 행동을 고자질하는 비겁한 자였다. 그런데 공산독재 사회에서는 이와 같은 사람들을 당성이 강하다고 하면서 보호하는 것이었다.

우리 동무들 가운데서도 우리들끼리만 주고 받는 이야기를 간부들에게 고자질하는 자가 생겼다. 박항구(朴恒求)라는 자 이었는 데, 그는 자신은 지주의 자손이어서 공산사회에서는 용납되지 않는 계급성의 소유자라고 우리들 앞에서는 한탄하면서,

뒤돌아 서서는 우리들의 동맹에 대한 불평을 낫낫이 고자질하였던 것이었다. 이 같이 자신의 출세를 위하여 동료를 파는 자들이 공산사회에서는 인정받는 바인 데, 박항구는 나중에 북한에서 상당히 올라가 6.25 전쟁 때에는 부연대장으로 서울에 나타났다고 들었다.

공작 임무

사람은 시계 바늘을 멈추게 할 수는 없는 것이었다. 우리는 항대에서 약 1 개월을 지내고 적공부 오부장으로부터 수료장을 받았다. 그리고 우리들은 각기 상부로부터 공작 임무를 받고 현지로 떠나야했다. 나는 심영순, 유길성(柳吉成: 민간인으로 경력은 알 수 없고 해방 후 입국하여 평안북도 도보안부 경비과장을 하고 있는 것을 직접 보았음)과 세사람이 한 조(組)가 되어 서주 시가에서 50 리 떨어진 동산(銅山)이란 곳에 가서 서주(徐州) 지구를 상대로 적구(敵區) 공작을 전개하라는 명령을 받았다. 심영순은 앞서 말한 것처럼 중경으로 보내달라고 대들던 과격한 성격을 갖은 동무인 데, 나와 한 조를 이룬 것은 아마도 간부들이 나의 성격이 온순하였기에 둘이 조화를 이룰 수 있으리라고 생각하였을 것이었다. 조장은 유길성이었다.

우리는 당명에 따라 신사군(新四軍)의 호위를 받으면서 바로 내가 탈출해 나온 일본군대가 장악하고 있는 서주지구로 향해 떠났다. 지도를 구할 수 없는 중국 땅인지라 그저 망망한 평원을 지나 가는 데, 내가 4 개월 전 서주 병영에서 탈출하여 신사군의 포로로 잡혀 끌려오던 방향을 거슬러 가는 것이었다. 때는 늦은 가을인지라 들판에는 옥수수, 고구마 등의 농작물 수확이 한창이었다. 이제 나는 소위 혁명가로 탈바꿈하여 조국의 독립을 쟁취하기 위한 일환으로 일본군과 싸우러 서주로 향하고 있다고 생각하니 기분이 참참하였다.

화중(華中) 지방의 초겨울은 퍽이나 춥고 스산하였다. 우리 세 공작 대원이 그 곳에 도착하여 묵은 어느 민가는 허름한 농가였는 데, 누우면 천정 사이로 별을 볼 수 있는 쓰러져가는 집이었다. 난방이란 상상도 할 수 없었고 얇은 이불 하나로 깔고 덮고 자는 데 추워서 견딜 수가 없었다. 독립에 보탬이 된다며는 이만한 굶주림이나 추위 쯤이야 못 견딜 것도 아니라고 생각하였다.

이곳은 신사군 전방지대이었기에 신사군들을 많이 볼 수 있었다. 그들은 솜으로 누인 군복을 입고 누구나 허리에 깡통과 수저를 차고 있었다. 그 중에는 배낭을 등에 진 자도 있었다. 깡통으로 조석으로 배분하는 식사를 담고 수저로 먹는 것이었다. 그러나 그들은 즐거워 노래를 부르며 왜놈과 싸운다는 자부심을 갖고 있었다. 그들은 우리에게 접근하여 "승리" "환영"을 연발하는 것이었다.

사진 53: 신사군 장교들과 군인 증명표와 표시물.

이곳에서 우리는 등잔불 밑에서 일본 주둔군 병영과 민간인들에게 보내는 많은 선전문과 편지를 썼다. "서주에 거주하는 동포에게 알림" 이란 제하(題下)의 선전물을 작성하였다. 내가 속해 있던 일본군 부대의 장교 하사관 앞으로도 편지를 써서 신사군 공작원에게 건네 주면, 그가 서주 시내에 나가서 부치는 것이었다. 또한 조선인과 일본군을 포로로 하면 심사하여 조선인은 화중분맹으로 보내고 일본군이면 신사군에 넘기는 일도 하였다.

때로는 함화(喊話)공작이라하여 밤중에 외진 곳에 자리잡고 있는 일본군 토치카에 접근하여 일본말로 병사들에게 염전(厭戰)사상을 갖도록 스피커로 소리치는 선전공작을 하기도 하였다. 내가 작성한 선전물이 서주 거리에 부쳐지고 내가 쓴 편지가 일본군 병영으로 배달되어 누군가에 의해 읽혀지고 있다고 생각하니, 이제 내가 정녕 독립운동의 일환을 담당하고 있다며 흥분되기도 하였다.

어느날 신사군 고급 간부와 동행하는 일이 있었다. 공산당원들은 자기 신분을 밝히는 법이 없기에 누구인지 확실하지는 않지만, 모든 정형으로 보아 그가 바로 신사군 제4 사단장인 것이 분명하였다. 그 당시 사단장의 이름은 장애평(張愛坪)이었는 데, 그는 인민공화국 설립 후 한 때 국방장관을 지내기도 하였었다. 그는 깨끗하게 군복을 차려 입었고 허리에는 호신용 권총과 밥공기에 은수저를 매달아 차고 있었다. 이제 내가 그와 동행하면서 보고 느낀 것을 이야기 하고저 한다.

그와 정오(正午)경 부락을 지나갔는 데 보기 드물게 반듯하고 규모가 큰 저택 문 앞에 이르렀다. 국민당 지구로 도망간 소위 부재지주의 저택임이 분명하였다. 집안에 있던 중년 노파가 그를 반가이 맞이하여 주었다. 두 사람이 심각하게 말을 주고 받는 것으로 보아, 이제 중공이 온건한 정책을 실시하니 적구로 도망간 가족들이 다시 집으로 돌아오는 문제를 의논하고 있음이라고 직감할 수 있었다. 그들의 긴밀한 밀담이 끝나고 우리가 떠나고자 할 때 노파는 우리에게 점심을 대접하겠다고 하는 것 같았다.

우리가 응하고 잠시 기다리자 노파가 주방에서 음식을 갖고 나오는 데, 그것은 옥수수를 갈아서 만든 부침개였다. 나는 몰락은 하였지만 그래도 지주의 집이고 공산당 간부를 대접하니 푸짐한 음식이 나올 것으로 알았었는 데, 수수 부침개 하나로 대접하는 것을 보고는 놀라지 않을 수 없었다. 더욱 놀란 것은 신사군 간부인 그가 스스럼없이 맛있게 먹고 감사하다는 의사 표시를 하는 것이었다.

나는 다시 생각하였다. 중국인의 살림살이가 어찌 이다지도 궁색할 수 있단 말인가! 부재지주(不在地主)의 생활이 이 모양이니 평민의 생활은 말할 나위도 없지 않겠는가? 그러니 공산당이 판을 칠 수 밖에 없다고 생각하였다. 지난 중국 역사가 농민 반란이 빈번히 일어났고 또한 농민 반란이 새 왕조의 창출로 이어진 실례가 많은 것은 당연한 것이라고 생각하였다.

또 하루는 해가 서쪽 지평선으로 기울어지는 저녁에 어느 작은 부락을 통과하게 되었다. 부락 입구에 당도하자 어린아이들이 우리의 뒤를 따르면서 환영한다고 소리치며 모여드는 것이었다. 우리가 부락 중심지에 이르니 부락 주민들이 각기 의자와 깔개를 들고 모여드는 데 한 30명은 족히 넘어 보였다. 아마 우리가 그곳에 도착할 것이라는 연락이 미리 있었던 것 같았다.

그러자 신사군 간부는 자연스럽게 군중을 향하여 연설을 시작하는 것이었다. 이곳 저곳에서 박수가 터지고 스디(是的: 옳소), 호호(好好: 좋소)하는 함성이 터졌다. 신사군 간부는 일본이 곧 망하고 공산당의 승리는 목전에 다가섰다고 말하는 것 같았다. 또한 연설이 끝나자 신사군 간부는 홀가분하게 부락을 떠나는 것이었다. 나는 그의 뒤를 따르면서 다시한번 이들의 모습을 그려보지 않을 수 없었다. 모인 군중들의 만족한 밝은 얼굴표정과 아무런 형식이나 허세가 없이 자연스럽게 또 진지하게 연설하던 신사군 간부의 태도는 실로 훌륭하다고 느꼈다. 공산당들은 항상 이런 말을 하였다.

> "공산당은 물고기이고 군중은 물이다. 물고기는 물을 떠나 살 수 없듯이 신사군은 민중을 떠나서는 자랄 수 없다."

사실 주민들은 신사군이 일본의 잔악한 소탕전을 막아 주었기에 그곳에서 편안하게 살아 갈 수 있다고 믿는 것 같았다. 항일 전쟁 때 중국 공신당은 사회주의 경제를 실시한 것이 아니고 농민의 편에 서서 부재지주의 토지를 빈농에게 분배하여 三·七제를 실시하였고, 부락의 행정도 공산당, 국민당, 무소속을 균등하게 참여시키는 통일전선 정책을 실시하였던 것이었다.

어느덧 1945 년을 맞이하였고, 중국인의 최대의 명절인 구정(舊正)도 지나 정월 대보름이 되었다. 언덕에 올라가 밝은 달을 쳐다보니 마음이 쓸쓸하였다. 신사군들이 명절이라고 모여 음식을 만들고 노래를 부르며 떠들어대는 것을 보자니 부럽기도 하였다. 이들을 바라보며 아무리 가난해도 만족은 자기 마음속에 있음을 다시금 절실히 느끼었다. 아무리 찾아 볼래도 이 사회에는 지주나 자본가는 없으며, 모두가 가난에 절어 살고 있는 데 어떻게 이처럼 지극히 만족하며 살고 있단 말인가?

그런데 나는 지금 어느 시점에 와 있는가? 내가 조국이 해방되어 귀국하면 공산주의 사상으로 무장하여 민족에게 헌신적으로 봉사할 수 있을 것인가? 나는 지금 타의에 의하여 강요당한 것일지라도 공산당원이 되어 있지 않은가? 나의 장래는 이미 결정되어 있고, 일본의 패망은 목전에 다다른 것 같으니, 이제 내가 독립된 조국에 공산당으로 변신하여 나타날 때 과연 민족은 나를 환영하여 줄 것이겠는가? 나의 주위의 분들은 모두 경이의 눈초리로 바라볼 것이 틀림없을 것이었다.

아무리 생각해도 나는 나의 경력이나 사고방식으로 공산당원은 될 수 없을 것 같았다. 공산당이 말하는 계급이 없고 사람이 사람을 착취하지 않고 모두가 평등하게 사는 사회를 세운다는 것은 이상적인 것으로 수긍하지만 내자신이 농민, 노동자의 의식을 갖고 그들의 계급적 이익을 쟁취하기 위하여 싸운다는 것은 아무리 생각하여도 내게는 어울리지 않는 일로 여겨지는 것이었다. 내가 공산당이 되는 것은 자기 기만일 뿐이라고 생각하면서 거처에 돌아오니 심영순과 유길성은 깊은 잠에 빠져 있었다.

징병들에 대한 공산주의 교육

우리들의 적구공작은 1945 년 3 월로 끝나고 명령에 의하여 우리는 다시 신사군 제 4 지대의 근거지인 반성(半城)으로 돌아왔다. 서주 공작지를 떠나올 때 그곳 신사군은 나에게 사의(謝意)를 표하면서 무명으로 만든 중국 옷 한 벌을 선사해 주었다. 빛이 바랜 신사군 군복을 벗고 처음으로 민간인 옷을 입으니 마음도 가볍고, 한편 내 모습도 중국사람 같이 보이었다. 이번에 신사군 근거지로 오는 데는 처음 8 개월 전에 신사군 근거지로 올 때 보다 쉽게 올 수 있었으니, 그것은 그동안 정세가 많이 바뀌어 일본군 경비가 허술해진 까닭이었다. 화중분맹에 당도하여 헤어졌던 동무들을 만나니 참으로 기뻤다. 그들도 다른 지구에 가서 신사군 선전 공작대로써 나와 비슷한 공작들을 하였다고 하였다.

이번에 우리가 근거지에 집결한 것은 신사군 지배지구에 산재해 있던 모든 조선인들의 총 집결이었으니 그 숫자는 60여 명이 되었다. 그 중에는 조선 본국에서 징병제가 실시되어 징병 해당자들이 중국으로 출정 되면서 화중지방으로 현지 입대한 청년들이 많았었다. 그런데 그들도 우리 학병들처럼 일본 병영을 탈출한 후 신사군의 포로가 되어 이곳으로 끌려왔던 것이었다. 어떤 용감한 징병군은 왜놈이 쏘아대는 총알을 피해 양자강으로 뛰어들어 헤엄쳐 신사군 지역으로 도망하였다가 이곳으로 인도되어 왔다고도 하였다. 그들은 화중분맹에 와 보니 선배 학병들이 많이 있어 마음 든든하다며 기뻐 날뛰기도 하였다.

우리는 징병 탈주자들이 많이 와서 화중분맹의 세력이 크게 불어나는 것도 기쁘지만, 핏줄을 같이한 동포들을 만나니 그 자체가 역시 큰 기쁨이었다. 이제 우리에게 무기만 있다면 일본군 토치카를 점령하는 것도 공언(空言)은 아니라고 믿어졌다. 그러나 화중분맹에는 한 자루의 총도 없었으니, 있다는 것은 단지 정풍, 즉 사상 개조 뿐이었다. 그러니 늠름하고 피 끓는 젊은이들에게 무기는 주지 못하고 공산주의 사상만을 주입하는 길 밖에 없는 것이었다.

화중분맹에서 이들 징병 출신자들을 학습시키기 위하여 정치교육과 문화교육을 실시 하였으니, 오전에는 신상초동무의 정치강의가 있었고 오후에는 내가 주도한 문화교육 시간이 있었다. 나는 이들을 상대하는 데 많은 신경을 썼다. 먼저 그들에게 우리나라 국문을 가르쳐 주어야 했다. 그들 중에는 문맹자들도 있었고 기껏해야 소학교를 마쳤기에 우리나라 글을 모르는 사람이 많았다. 나는 내가 갖고있었던 소련 공산당사나 중국 공산당사 중에서 계급의식을 고취시키는 글을 골라서 우리말로 옮기고, 그것을 등사하여 교재로 사용하였다.

즉 소련의 1905 년의 "피의 일요일" 사건이라든가, 중국의 "5·4 운동(五四 運動)" 같은 사건들을 이야기해 주었다. 그런데 그들의 흥미는 대단한 것이었다. 그도 그럴 것이 이곳에서 듣는 이야기들은 과거 고국에서는 들어 보지 못한 것들이었기 때문이었다. 더욱 그들이 상대하는 학병들은 모두 대학을 졸업한 경력을 갖고 있기에 그들은 인간적으로 신뢰하며 존경하는 것이었다. 그들은 이곳에서 새로운 것을 많이 배우면 앞으로 조국이 독립된 후 높은 자리를 차지할 것이라고 극히 소박한 희망까지도 갖는 모양이었다. 모두가 가난한 농부의 자식들이었기에 공산주의 사상을 재빨리 몸에 익힐 수 있는 것 같았다.

사진 54: 중국 5·4 운동(五四運動), 1919년 중화민국 베이징 대학의 교수, 강사, 학생들을 중심으로 확산함.

　화중분맹(華中分盟)의 대원들이 급격히 증가하면서 신사군에 있어서도 우리들에 대한 관심도가 높아졌다. 우리들의 생활도 다소 개선되었고, 더욱 여러 종류의 운동기구를 마련해 주었다. 축구 할 공간도 마련해 주었고 공도 사다 주었으며, 야구기구도 일체를 마련해 주었다. 이것은 신사군으로서는 특별한 배려였다고 말하지 않을 수 없었다. 사실 우리들의 답답한 생활 환경속에서 운동은 동무들 사이에 우의를 다져 주었을 뿐만 아니라 잡념을 버리게 해 주었다. 60여명의 같은 또래의 청년들이 혁명을 한다고 모여 총 한 자루 없이 집단생활을 강요 당하였으니, 서로 간의 불평 불만이 많을 수 밖에 없었는 데, 운동을 할 때 만은 단순한 마음으로 돌아가 서로 경기하는 데 열중하였던 것이었다.

자유 선거의 요구

1945 년 봄을 맞이 하면서 화중분맹의 대원은 급격히 증대하여 100 여명이 넘게 되었다. 그것은 소위 징병 제 1 기생들이 생명을 걸고 일본군 병영을 탈출하였기 때문이었다. 당시 팔로군(八路軍)과 신사군(新四軍)은 화중, 화북에서 일본군 점령지 후방을 근거지로 하여 활동하였기에, 일본군 병영을 도망한 징병들은 대개가 팔로군이나 신사군 지역으로 몰려 들었던 것이었다. 새로 편입된 징병 출신 동지들은 대개가 소학교 출신이고 세파에 물들지 않은 순박한 농민들이었기에, 많은 학병 출신들이 이미 모여 독립군을 이루고 있음을 보고는 매우 만족스런 표정들이었다.

더욱 그들은 분맹의 간부들 보다는 같은 처지에서 일본군을 탈출한 학병 출신들을 마음 깊이 신뢰하고 존경하면서 자기들도 뜻을 함께 하고자 하였다. 이리하여 화중분맹은 고참 민간인 그룹과 새로 구성된 학병 그룹, 그리고 징병 출신자 그룹으로 나뉘어 지게 되었으며, 숫자적으로는 신참자들이 단연 우세한 실정이었다.

그런데 학병 출신자 가운데서 하나의 큰 이변이 일어났으니, 그것은 학병들의 신임을 받으며 사상을 지도하던 신상초 동지가 어떤 영문인지 몰라도 갑자기 우익(右翼)으로 돌변하여 간부들을 극렬하게 비난하고 나선 것이었다. 원래 천재와 바보는 종이 한 장의 차이라는 말이 있듯이, 좌익 극열분자로 손달과 밀착되어 있었던 그가 우익으로 돌아서면서 내 세우는 것은 민주 선거에 의하여 간부를 선출함으로써 화중분맹의 조직을 재 정비해야 한다는 것이었다.

그는 또 여지까지 지향하던 주장을 바꾸어 우리 모두는 중경(重慶)으로 가서 총을 들고 왜놈과 싸우는 길만이 겨레를 위한 영광된 길이요, 독립의 길이라고 외치는 것이었다. 더욱 그는 신사군 적공부(敵工部)에 대하여서도 칼날 같은 비난을 퍼부었는 데,

"적공부는 우리를 포로로만 알지 마시오. 우리에게도 자유를 주시오. 지금 우리가 지향하는 바는 민족의 독립이지, 공산사회 건설이 아니오. 우리를 중경으로 보내지 못하는 이유는 무엇이요? 빨리 민주선거를 실시하여 체계를 정비하기 바라오."

라고 대들었다.

중경으로 가는 것을 내세우던 심영순, 방휘제를 따르던 동무들은 신상초가 그들에게 가담하게 되면서부터 더욱 목소리를 높여 중경으로 보내 달라고 외쳐댔다. 이에 대하여 숫자적으로 절대 부족하고 징병 출신들로부터도 신망을 얻지 못한 분맹간부들은 어찌할 바를 몰라 수수방관(袖手傍觀)만 하고 있을 뿐이었다. 나를 비롯한 한명삼 등, 우리가 이루는 그룹은 지금 우리가 집단을 이루어 중경으로 간다는 것은 현실을 무시한 반대를 위한 반대일 뿐이니, 일본이 패망할 때까지는 이곳에서

지켜보자고 의견을 모았으나, 이같은 생각은 현실 안위주의적이요, 무사 안일주의적이었기에 설 땅이 없었다. 그러했기에 대세는 중경으로 가야 한다는 여론이 지배적이 되었다. 이제 화중분맹은 서로의 비난과 질시 가운데서 침울한 나날을 보내게 되었다.

더 이상 그들의 의견이 관철될 전망이 보이지 않자, 학병들은 신사군이 우리를 중경으로 보내주지 못 할 바에는 화중분맹의 간부를 무기명 자유선거로 새로 선출해야 한다는 의견을 정식으로 신사군에게 요구하고 나섰다. 이 문제는 그들로서는 매우 심각한 문제가 아닐 수 없었다. 그들이 항시 신사군에 있어서는 모든 조직과 행정이 공산당을 주축으로 한 자유선거로 이루어진다고 말하면서 이제껏 처신하여 왔기에, 독맹간부들은 학병들의 요구를 거부할 다른 명분을 찾을 수 없었기 때문이었다. 더욱이나 독립동맹은 민주공화국 건설을 정강(政綱)으로 내세우고 있는 이상, 자유선거를 반대할 이론적인 근거가 없었다.

신상초와 심영순은 직접 적공부 오부장을 방문하여 단판 끝에 선거로 간부를 선출하는 데 동의를 얻어냈으며, 그 시기는 화중분맹 간부들과 상의하여 결정하기로 하였다. 선거가 실시되기만 하면 현 간부들은 물러나고 학병 출신 동무들이 주도권을 쥐게 된다는 것은 명백한 사실이었다. 과연 선거가 실시되어 학병들이 주도권을 쥐게 되면 신사군에서 그 체제를 승인할 것이겠는가? 우리들을 전쟁 포로로 취급하던 적공부가 일취월장하는 화중분맹을 자본주의 독소의 때를 씻지 못한 자유주의자들인 학병들에게 맡길 것 같지는 않다고 생각하였다.

화중분맹 간부들은 항상 국민당은 일당독제라고 비난하면서 신사군의 해방구는 민주집중제이고 삼·삼(三·三)제로서 자유선거를 거쳐 각 당 각 파의 의견을 행정에 반영한다고 입버릇처럼 말하여 왔었기에, 학병들의 요구를 논리상 거부할 수 없었다. 그들은 궁여지책(窮餘之策)으로 연안의 조선독립독맹 본부와 연락하여 승인을 받으면 선거를 실시할 것이라고 얼버무려 말하였다. 학병들은 그들의 말이 한낮 지연술이고 당장의 위기를 넘기려는 고육지책 (苦肉之策)이라는 것을 알면서도 정면으로 거부할 수 없었기에 기다릴 수 밖에 없었다. 이때 화중분맹에서는 이 일을 연안과 무전으로 연락하고 있다고 말하였는 데 과연 실제로 무전연락을 하였는지는 의문이라 하겠다.

이러는 가운데 6 월 초순에 이르자 손달이 전 대원을 집합시킨 후 중대 발표를 하였다. 그것은 적공부에 입수된 연안의 독맹본부로부터의 지시라는 것으로써, 1945 년 7 월 29 일 국치일을 기하여 연안에서는 조선 독립독맹 제 3 차 대표회의가 개최되기에, 화중분맹에서도 5 명의 대표임원을 참석시키게 되었다는 것과 아울러 화중분맹의 대부분의 대원을 북상시켜 화북의 태행산(太行山)에 자리잡고 있는 조선 의용군 군정학교에 입학시킨다는 것이었다. 손달(孫達)은 이와 같은 지시를 전달하면서 북상 시일은 6 월 20 일로 정해졌다고 하면서 대표

임원 5 명을 선출할 것을 의뢰하였다. 손달의 이와 같은 발표는
화중분맹에 드리워져 있던 먹구름을 말끔히 거두기에 충분한
것이었다.

사진 55: 태행산 뤄자펑 마을 입구에 조선 의용군 계열
조선혁명군정 학교가 있었던 자리임을 알리는 표지판,

지도 56: 태행산맥, 중국 하북성 평원 북부에서 시작해 산서성 고원을 거쳐 하남성까지 네 개의 성을 걸쳐 있음.

　　화중분맹에서 독립동맹 3 차 대표대회에 참석할 대표로써 학병 출신으로는 신상초, 심영순, 엄영식 세 사람이었고, 나머지 두명은 왕신호(王信虎; 김웅(金雄): 6·25 때 제 1 군 전선 사령관)와 황모(黃慕)이었다. 　　이때 왕신호가 화중분맹에 나타나서 연안으로 가는 대표들을 지휘하게 된 것은 매우 주목할 만한 사건이라 할 수 있겠다. 　　앞서에서도 말하였듯이 공산주의자들은 자기의 신분을 말하지 않기에 왕신호의 경력이나 지위를 알 수 없었으나, 그가 귀주(貴州) 군관학교를 나온 것은 확실하고 독립동맹의 맹원으로 국민당 군대에서 연대장으로 활약하고 있었다고 하였다. 그는 40 을 바라보는 나이에 날렵한

164

몸가짐을 지닌 것으로 보아 많은 전투 경험을 갖고 있음을 알 수 있었다. 후에 듣기로 그는 고(故) 박정희 대통령과 대구 사범학교 동기동창이라고도 하였다.

이제 화중분맹 대원들은 북상준비로 바빠졌는 데 군정학교에 입교하기로 된 동무들은 그들대로 들떠 있었다. 그들은 무정 동무가 창설한 군정학교에서 훈련을 쌓고 독립군으로 총 들고 일본군과 싸울 기회가 다가왔다며 기뻐하는 것이었다. 대표로 지명되어 연안으로 가기로 된 학병들도 그나름대로 흥분되어 있었는 데 연안에는 김두봉(金枓奉), 최창익 등 오랜 경험을 쌓은 훌륭한 혁명가들이 있을 뿐더러, 또 3차 대회에 대표로 참석하게 되었으니 여하간 이곳을 빠져나와 동맹의 근거지로 옮겨 가는 것 만으로도 다행스런 일이었기 때문이었다. 이렇듯 대부분이 북상을 하고 한명삼을 비롯하여 학병 몇이 화중분맹에 잔류하게 되었는 데, 북상부대를 떠나 보내고 새로운 국면을 맞게 되면서 새로운 체제를 갖추어야 하였다.

제 7 장
신 사 군

신사군의 편성

　이제 내가 뛰어든 신사군은 어떤 군대이고 팔로군(八路軍) 및
국민당 군대와의 관계는 어떠한 것인지 이야기하겠다. 공산군 즉
팔로군이 1934 년 10 월에 장개석의 초공전(剿共戰 - 혁명을
목표로 하는 공산당의 근거지를 궤멸시키려는 포위작전)을
견디어 내지 못하고 대장정(大長征)의 길에 올랐을 때 병약 또는
그밖의 사정으로 그곳에 남게 된 잔류부대 약 2 만명이
진의(陳毅)와 항영(項英)에게 인솔되어 부근의 산악지대를
헤매이며 국민당군의 줄기찬 공격을 막아 내고 그 명맥을
유지하고 있었다.　반면에 장정(長征) 간부들은 잔류부대는
국민당군에게 섬멸되었을 것이라고 믿을 수 밖에 없었으니,

1937 년 7 월 중·일 전면전(全面戰)이 일어났음에도 불구하고 국민당군은 이들에 대한 공격을 멈추지 않았기 때문이었다. 그런데 이들은 국민당군의 공격 뿐만 아니라, 일본군의 공격도 이겨냈던 것이었다.

그러던 중 제 2 차 국·공합작 (國共合作: 1937 년~1945 년)이 이루어져 국·공이 침략군인 일본을 대항하여 함께 싸우게 되면서야 비로소 이들 잔류 게릴라 부대는 연안의 공산당과 연락이 이루어질 수 있게 되었다. 따라서 잔류부대는 국민당 군사 위원회에 소속되었고 국민 혁명군으로 새로이 편성하게 되었는데, 1938 년 1 월에 이르러 신편제사군(新編第四軍)이라 명하였다. 이들을 신사군 (新四軍)이라고도 칭하였으니, 그것은 1926 년 북벌(北伐)때 엽정(葉挺)이 국민혁명군 제 4 군을 이끌고 파죽지세로 진격했던 소위 철군(撤軍)의 명칭을 따서 이름한 것이었다.

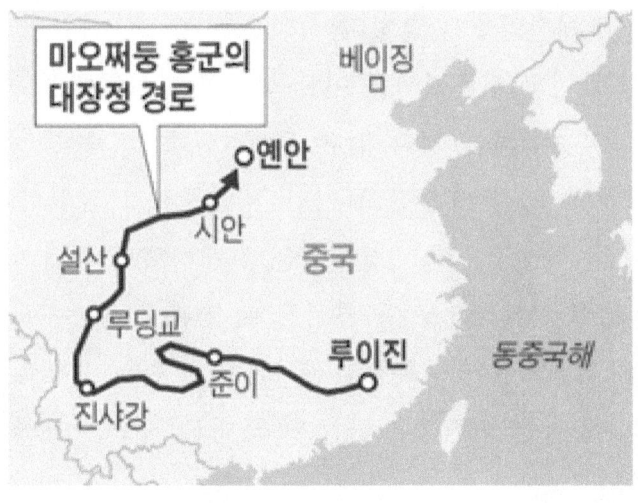

지도 57:대장정 경로.

잔류부대들은 강서, 복건, 절강, 호남, 호북, 안휘성의 광활한 지역에서 게릴라전을 벌리고 있었기에 이들을 새로 편성하기 위하여 안휘성(安徽省) 북쪽과 남쪽의 지정된 장소에 집합시키는 데 만도 2 개월 내지는 3 개월의 세월이 걸렸다. 모여든 병사의 총수는 약 15,000 명이었다고 하는 데, 대부분은 안휘성 남쪽에 집결하였고 나머지는 양자강 북쪽에 집결하였다. 그 중에서 약 13,000 명이 신사군으로 편성되어 4 개 지대(支隊)로 나뉘어졌다.

이리하여 신사군은 진의(陣毅: 중화민국 수립 때 외상)의 제 1 지대, 장현승(張縣承)의 제 2 지대, 장운일(張雲逸)의 제 3 지대, 고경정(高慶亭)의 제 4 지대로 구성되었다. 그중 제 4 지대만이 양자강 북쪽의 일본군 점령 후방에서 게릴라전을 전개하였고, 제 1, 제 2, 제 3 지대는 양자강 남쪽 진지에 머물면서 중국의 심장부를 점령한 일본군의 봉쇄지대인 무호(蕪湖), 진강(鎭江)부근에서 게릴라전을 펼쳤다.

처음 장개석의 국민당 정부에서는 이들 신사군 병사들에게도 다른 국민당 군대에 지급하는 것과 같은 금액, 탄약, 피복 등을 지급하였으나, 전투에 가장 요긴한 무기만은 배분하지 않았다. 처음 각지에 흩어져 국민당군과 게릴라전을 전개하였던 이들이 예정된 집결지에 모여 신사군으로 재 편성될 때 일본군 후방에서 살고 있던 많은 주민들도 무리를 지어 신사군으로 지원 입대해 들어왔다. 따라서 이들 주민들을 새로이 군대로 키우는 데에 많은 경비가 필요했으나, 국민정부가 이 일에는 일체 보조하지 않았던 것이었다.

이에 신사군은 이들을 병사로 키우기 위해서 처음 지급받은 경비를 쪼개서 쓰지 않을 수 없었다. 그리고 국민정부군과는 달리 신사군에서는 지휘관이나 병사들의 봉급에 큰 차이가 없었다. 병사는 1 개월에 1.5 원(元), 지휘관은 2.0-4.0 원이었고, 연대장이라야 4 원을 받았다. 식사와 피복은 군에서 배급하지만 신발이라든지 내의, 칫솔, 비누 등의 일용품은 각자가 받는 급료에서 구입하여야 했다.

이렇듯 신사군이 지방 주민들을 훈련하여 군대를 확장하는 데 대하여 국민정부는 그리 달가워하지 않았다. 그러기에 신사군이 새로 병사들을 징집하면서 예산과 소총, 탄약 등을 요구하면 국민정부에서는 예산을 병사들의 환경을 개선하는 데 쓰지 않고 신사군 확장하는 데 만 쓸 뿐이라며 쉽게 응하지 않았다. 이와 같이 신사군은 새로 편성될 때부터 국민정부군과 마찰이 있었으니, 국민정부는 신사군이 일본군과 싸우는 것은 좋은 일이지만, 같은 싸움에서 신사군이 일본군에게 함께 섬멸되기를 또한 바랬던 것이었다.

신사군의 활동

신사군의 엽정사령관은 매우 정직한 군인이었다. 신사군의 세력이 점점 늘어나는 것을 조금도 숨기지 않고 국민정부에 낱낱이 보고하였다. 정부가 신사군을 확대시키는 것을 비난하면 그는 민중을 총 동원해 무장시켜서 만 중국은 승리할 수 있다고 대응하였다. 엽정장군은 초기 국민당 당원이었고 소련에 유학하고 돌아온 후에 공산당원이 되었다. 그는 국·공이 합작하여서 만 중국을 구할 수 있다는 신념을 갖은 인물이었다. 1927년 7월에 국·공이 제1차 분열될 때에는 장개석 휘하의 국민혁명군 사단장이었지만, 모택동과 함께 남창(南昌)에서 폭동을 일으켰고, 이것이 실패로 돌아가자 12월에 광동코뮨에 참가한 후 소련으로 유학하였던 것이었다.

그런 후 1931년에 일본이 만주로 침략을 개시하자 또다시 국·공 합작을 실현시키기 위하여 귀국하였다. 그러나 그의 노력은 실패로 돌아갔으니, 국민당은 초공전(剿共戰)에 열을 올리고 있었기 때문이었다. 그의 화려한 활동은 실질적으로 1937년 일본군이 중국 본토를 침략하면서부터 시작되었다고 할 수 있겠다. 신사군을 일본군 점령지 후방에서 유격하면서 가장 유력하고 또한 지적으로 우수한 군대로 만든 것은 순전히 엽정장군의 업적이라 하겠다. 부군장 항영(項英)은 철도 노동자 출신이었고 노동운동에 참가하면서 공산당원이 되었다.

사진 58: 엽정葉挺 (예팅)사령관, 1939 년.

사진 59: (왼쪽부터) 샹잉, 주은래(저우언라이), 엽정(葉挺),
1939 년.

신사군의 활동부대는 양자강 하류 남쪽 연안 지대였다. 물론 양자강은 일본군이 점령하고 있었고, 이 지대는 자동차 도로, 하천, 호수, 운하 그리고 상해와 남경을 연결하는 철도 등이 거미줄처럼 펼쳐진 곳이기에, 비행기 부대와 기계화 부대를 갖고 있는 일본군으로서는 더할 나위 없는 유리한 지대였다. 신사군이 국민정부로부터 이 지역을 작전지역으로 배정받아 공작을 전개할 당시 이 지역의 일본군 세력은 막강한 것이었으니, 일본군의 트럭과 기계화 차량들이 도로를 누비었고 일본군의 함선은 하천, 운하, 호수를 완전히 장악하고 있었다.

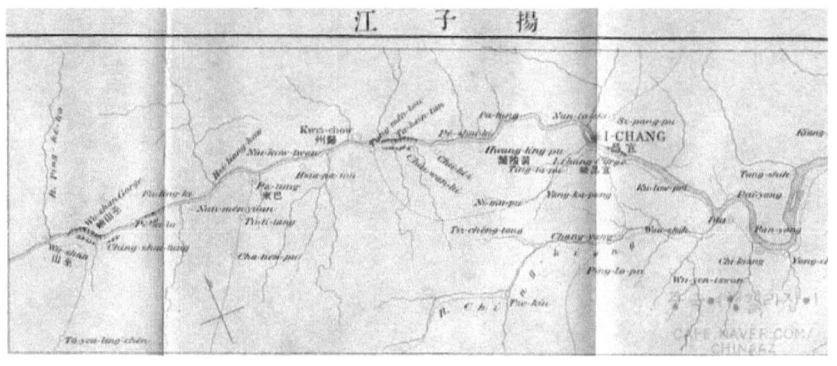

지도 60: 일본이 이미 1915년에 중국 침략을 예견하고 만든 양자강(장강) 지도.

신사군의 전위부대(前衛部隊)가 이 지대에 잠입하여 공작을 전개하기는 1938년 4월부터 였다. 공작원들은 두 세 사람으로 한 조(組)를 이루어 부락에서 부락으로 숨어 다니면서 일본군의 진지, 장비, 동태 등을 조사하였는 데 그때 주민들은 그들을 반기면서 숨겨주었다. 약 1개월에 걸친 조사를 끝내고 공작원들이 사령부로 돌아오면 곧 그 조사를 기초로 하여 게릴라 부대가 잠입하여 도처에서 일본군의 군사시설들을 파괴하였고, 다음으로 정치 공작원들이 뒤따라 여러 부락에 잠입하여 주민들을 모아 항일 정치단체로 조직하였다.

신사군 게릴라 부대는 일본군의 소총 등 무기를 탈취하는 데 힘썼고, 아울러 철도, 도로, 교량, 전선 등을 파괴하였는 데, 이같은 게릴라전을 펴는 데 신사군은 주민들의 절대적인 협조를 얻었다. 일본군에 대한 여러 공작 중 가장 주력한 것은 일본군이 갖고 있는 소총을 빼앗는 것이었으니, 이는 한 사람을 죽이면 그것으로 끝나지만 소총을 노획하면 많은 일본군을 죽일 수 있었기 때문이었다.

신사군은 교육을 매우 중요시 하였다. 가난한 농민들은 그래도 신사군이 되면 하루 두끼 먹는 강냉이 죽 대신 하루 세번 밀가루로 만든 식사를 취할 수 있었기에 지원해 오는 자가 많았다. 그러했기에 그들의 대부분은 문맹자들 이었다. 신사군은 근거지를 마련하면 이들을 위하여 우선 식자반(識字班)을 만들어 글 읽기를 배워주면서 동시에 그들의 빈곤은 지주들의 착취와 일본군의 침략으로 비롯되었음을 일깨워 주었다.

만주 항일 투사들이 생명처럼 다루었던 무기들

영화 '암살'에서 독립군 저격수 안옥윤(전지현)은 염석진(이정재)과 함께 김구를
만나러 가다 일본군 기관총병을 잇달아 저격한다. 제작진에 따르면 안옥윤의 손
에 들린 것은 러시아제 소총 M1891 '모신 나강(Mosin·Nagant)'. 실제 일본군과
전투를 벌이던 독립군들이 자신의 생명처럼 다뤘을 무기는 어떤 것이었을까.

소총

마우저 98(독일)
블라디보스토크에서 체코군으로부터 입수해
청산리전투 등에서 주력 소총으로 사용했다.
사진은 이후 개량된 마우저 98k

모신 나강(러시아)
독립군의 주력 소총으로 추정.
5발을 장탄할 수 있고 명중률이 높아
저격용으로도 많이 쓰였다. 가벼웠다.

38식 아리사카 소총(일본)
1905년 개발된 일본군의
제식 소총. 독립군이
노획해 썼다.

권총

루거 P08(독일)
1차대전 때 참호전에 적합한
무기로 명성을 떨친 권총

마우저 C96(독일)
반자동 권총으로 독립군이 쓴 모델은
M1910(9연발)이나 M1914(8연발)로
추정된다. 홍범도 장군도 썼다.

기관총

PM M1910 러시안 맥심(러시아)
영국의 맥심 기관총을 러시아가
개조한 것으로 청산리전투에서 사용됐다.
분당 500~600발이 발사된다.

사진 61: 만주 항일 투사들이 생명처럼 다루었던 무기들,
일본군이 사용하였던 38 식 소총들을 빼앗아 사용함.

　　그리고 3 개월마다 한 무리의 정치 공작원을 선발하여 그들이
세운 훈련소에서 군사문제, 정치문제, 문화문제를 재 교육시켰다.
이때 교사로는 적구(敵區)에서 일본군 봉쇄선을 넘어 들어온 대학
졸업자, 예술가, 및 인텔리들을 채용하였다.　특히 교육 중 군사
지휘관에게는 군사문제를 70%, 정치문제 및 문화문제는 30%를

배당하였고, 정치 공작원에게는 군사문제 30%, 그리고 그 밖의 시간은 정치문제 및 문화문제에 할애하여 가르쳤다. 정치문제의 중요한 강의는 통일전선에 관한 이른바 전술에 관한 것이고 그 외에 대중 동원방법 등이 있었으며, 문화문제 강의에는 지리, 음악 등을 비롯하여 작문을 중요시 하였다.

신사군 제 4 지대(支隊)

내가 일본군 병영을 탈출하여 1944 년 8 월에 내 의사와는 전혀 관계없이 신사군의 포로로 호송되어 간 곳이 신사군 제 4 지대이었다. 게릴라전을 전개하는 신사군으로서는 상황에 따라 근거지를 항상 옮길 수 밖에 없었는 데, 내가 도착한 근거지는 강소성(江蘇省)과 안휘성(安徽省)의 접경지대인 홍택호(洪澤湖) 북쪽 반성(半城)이란 작은 도시를 낀 부락이었다. 제 4 지대가 주둔한다고 하여 군대가 있는 것도 아니고, 사령부가 있다고 하여 건물이 있는 것도 아니었다. 부락의 허름한 민가가 병영이고 사령관의 집무실이었다. 다른 것이 있다면 사령관실에는 큰 테이블과 의자가 있고 벽에 지도가 한장 걸려 있는 것 뿐이었다.

신사군은 계급장을 다는 일이 없었고, 옷도 지휘관과 병사 사이에 별다른 차이가 없었기에 서로를 구분할 수 없었다. 병사들은 무기를 소유하지 못하였다는 것이 다를 뿐이었기에, 병사들에게 제일 갖고 싶은 것이 무엇인가고 물어보면 누구나 일본군이 갖고 있는 것과 같은 소총을 갖고 싶다고 하였다.

신사군 제 4 지대는 중·일(中日)전쟁이 일어나기 전에는 안휘성 남쪽 산악지대에서 산발적으로 국민당군과 싸우면서 민중을 포섭하고 있었다.　1938 년에 엽정이 신사군 군장이 되면서 이곳에 산재한 약 3,000 명의 게릴라들을 한 곳에 집합시켜 신사군 제 4 지대로 편성시켰는 데, 이때의 지대장은 고경정(高慶亭)이었다.　그런데 1938 년 5 월에 일본군이 한구(漢口)에 대한 작전을 전개하기 위하여 이곳으로 이동해 옴으로 장개석은 제 4 지대에게 천진, 남경을 연결한 철도 연변 중 안휘성 내의 도로를 점령한 일본군을 경비하라는 명령을 내렸다.　이렇게 됨으로써 제 4 지대는 양자강 남쪽에서 게릴라전을 전개하고 있던 신사군 주력(제 1, 제 2, 제 3,) 지대와 연락이 끊기게 되었다.

　이에 고경정 지대장(支隊長)은 한 지역을 통치하는 지방 군벌과도 같은 위치에 놓이게 되었다. 또한 그는 과거의 군벌들과 똑같은 행세를 하였으니, 공산당 당원의 신분을 망각하고 부패 타락하여 권력을 남용하였고, 젊은 여자를 둘이나 첩으로 삼았다. 더욱이나 다른 사람의 의견을 존중하지 않고 자기를 반대하는 사람은 누구든지 체포하여 죽이기까지 하였다. 국민정부로부터 의약품이 송달되면 모두 팔아 돈을 만들었고, 더 많은 의약품이 필요하다고 총사령부에 재촉하였으니, 이를 알게 된 국민정부에서는 고지대장의 비행(非行)을 조사한 후 제 4 지대를 일본군과 유효하게 싸우게 하기 위하여 재 편성을 하지 않을 수 없게 되었다.

그리하여 제 3 지대의 장운일(張雲逸: 광동성 출신, 북벌군에 참가, 인민공화국 건국 후 광서 인민정부 주석)로 교체하였는 데, 장지대장은 그 당시 고지대장의 패거리들의 세력이 강하였기에 견디어 내기 힘들었으며 많은 제약을 받았다. 1939 년에 이 같은 제 4 지대의 내부 사정을 알게 된 군장 엽정은 신사군 주력 근거지인 남쪽에서 강을 건너 이곳에 도착하여 제 4 지대를 검열하게 이르렀다. 이에 대하여 고경정은 자기 패거리만으로 지대 주위에 특별 호위부대를 배치하고 도리어 엽정군장을 위협할 태세로 대기 하였는 데, 엽정은 아무 무기도 갖지 않고 단신으로 대담하게 지대 본부로 걸어 들어가서 "고경정 지대장을 체포한다." 라고 소리쳤다고 한다.

이때 고경정은 깜짝 놀랐으니 자기가 배치한 호위부대원들이 총을 한발도 발사하지 않았기 때문이었다. 더욱 놀란 것은 엽정군장이 고지대장을 그의 부하들 면전에서 공개재판을 하였을 때 부하들이 그를 사형에 처할 것을 요구하고 나선 것이었다. 드디어 엽정군장은 1939 년 6 월에 고경정의 사형을 집행하였다. 고경정이 사형을 받은 후 그의 두 첩은 모두 그의 아이들을 키우고 있었다는 데, 신사군에서는 그의 아이들에게 전과 같이 생활비를 지급해 주었다고 하였다. 죄는 고지대장에게만 있을 뿐 아이들에게는 아무 책임이 없기 때문이라고 하였다. 우리는 공산군에게는 법도 없고 야만적이라고 말하지만, 이것을 보아서는 매우 근대적인 군법을 집행하였음을 알 수 있겠다.

완남(脘南) 사건

1941년 1월에 신사군으로서는 참으로 견디기 어려운 대참사(大慘事)가 일어났다. 그것은 국민당 군사위원회가 신사군의 주력이 주둔하고 있던 양자강 남쪽에서 전군을 황하 이북지역으로 이동하라는 명령을 내렸기에 비롯된 것이었다. 이 명령에 따라 전군이 이동하였는데 제3지대는 전군의 기지병원을 갖고 있었던 관계로 부상병들을 이동시키는 데 시일이 걸려 기한 내에 이동하지 못하게 되었다. 이에 제3지대의 3,000명이 국민정부군 8,000여명의 포위 공격을 받아 전멸되는 불상사가 일어났다. 이때 제3지대의 정치 공작원과 간호원들은 나무에 매달려 목졸려 참혹하게 죽어갔다고 하였다. 군장 엽정은 부상을 입고 체포되어 국민당 정부 제3전구 사령관 고축동(顧祝同)에게 군사재판을 받게 되었으며, 부군장 항영은 간신히 도망쳤으나 체포되어 죽음을 당했다고 하였다. 이것을 신사군에서는 완남(脘南)사건이라고 하였다.

이 완남사건에 대하여 국민정부에서는 신사군 제3지대가 반란을 일으켜 국민정부군을 먼저 공격해 왔기 때문이라고 해명하였다. 또한 엽정과 항영이 국민정부에 대하여 음모를 꾸몄다고 발표했는데, 그것은 신사군이 우선 남경, 상해, 항주를 연결하는 삼각 지점을 점령하고 있기에 강소성의 구용(句容), 단양(丹陽)을 점령하여 국민정부군에 대응한 작전기지로 삼고자 하였다는 것이었다. 이 같은 변명은 국민정부가 엉터리로 꾸민 조작극임은 말할 나위도 없으니, 상해, 남경, 항주를 연결하는 삼각지점은 일본군이 점령하여 그들의 화중(華中)지역의 작전기지로 삼고 있었던 것이었다. 그리고 구용과 단양시는 남경 바로 남쪽에 위치한 요새화된 일본군의 진지이었기에, 신사군이 제아무리 강하다고 할지라도 감히 이 지점들을 점령할 수는 없었을 것으로 생각될 때, 국민정부의 그와 같은 변명은 이치에 맞지 않는 것이었다.

그러나 그 당시 국민정부가 신사군에게 황하 이북지방으로 전군 이동하라는 명령을 내린 것은 그럴만한 이유가 있었다. 일본군은 무한삼진(武漢三鎭)을 점령한 후 중국을 무력으로는 도저히 점령할 수 없겠다는 것을 깨닫고, 중경(重慶)의 국민정부와 강화(講話)의 실마리를 찾고자 모색하였었다. 이에 장개석과 대립해 있던 왕정위를 국민정부에서 이탈시켜 그로 하여금 괴래 남경정부를 수립케하여서는 장개석과 상대하지 않고 왕정위를 상대로 평화조약을 맺고자 하였다. 그런데 일본은 위남경정부(僞南京政府)가 그들의 생각과는 달리 중국인의 신망을 얻지 못하는 것에 실망하고 있었던 터 이었다.

1941년 중엽에 영국은 버마루트를 봉쇄하였고 따라서 이 루트를 통한 원장(援藏)물자 수송이 두절되게 되었다. 이때를 기하여 일본은 국민정부에 대하여 강화를 신입(申込)하였다. 그것은 일본은 괴래정부인 위남경정부와는 손을 끊고, 장개석을 중국정부의 수장(首長)으로 인정하며 아울러 화중, 화남에서 점령군을 철수시킬 터이니, 중국은 일본이 황하 이북 땅을 보지(保持)한다는 권리를 인정하라는 것이었다. 실질적으로 일본이 중·일전쟁을 일으키면서까지 중국에게 요구한 것은 황하 이북 땅이었다. 이곳에는 일본이 바라는 식량, 석탄, 철 등의 공업 원료가 풍부할 뿐만 아니라, 전략상으로도 중국과 소련에 대한 작전기지로써 절실히 요구되는 땅이었기 때문이었다. 국민정부의 일부 부패분자들은 이와 같은 일본의 강화 신입에 대하여 호응하기로 하였던 것이었다. 그런데 이렇게 되면 양자강 남쪽의 일본 점령지 후방에 근거지를 두고 강대해지는 신사군이 골칫거리로 등장하기에, 이들을 황하 이북 땅으로 이동하도록 명령하였던 것이었다.

이렇듯 신사군을 황하 이북으로 이동시키면 그곳에는 국민당군에서도 가장 장비가 우수한 호종남이 이끄는 50 만 대군이 팔로군을 포위하고 있기에, 신사군 역시 호종남 군의 견제를 받게 되는 것이었다. 사실 호종남 군대는 1938 년 봄 태아장(台兒莊) 전투이래 일본군에게는 한 방의 총알도 쏘지 않고, 팔로군의 활동만을 봉쇄하여 왔었다. 이 무렵 이미 국민정부는 팔로군에 대하여 약속하였던 자금, 탄약, 의약품 등을 전혀 지급하지 않았으며 팔로군도 더이상 바라지도 않던 때 이었으니, 팔로군은 앞으로는 외적인 일본군과 싸우고, 뒤로는 같은 핏줄인 국민당의 호종남의 봉쇄를 받으며 악전 분투해 왔던 것이었다.

사진 62: 1938 년 봄 태아장(台兒莊) 전투에 투입된 국민혁명군 병사들.

　신사군과　정부군　사이에　전투가　벌어진　것은　정부가 신사군에게 양자강 하류지역에서 항하 이북지방으로 이동하라는 명령을 내리면서 비롯되었다. 그 무렵 황하 이북지역에서는 근래 몇 개월 동안 보기 드문 큰 홍수로 식량이 부족하였기에, 그곳에 주둔하고 있던 팔로군도 굶주림에 시달리고 있던 터 이었다. 그러나 신사군은 정부의 명령에 복종하기로 하고, 정부에 대하여 황하 이북은 기후가 매우 춥기에 겨울용 피복과 병사들을 급양하는 데 필요한 비용, 및 아울러 황하 이북으로 이동하려며는 일본군의 봉쇄선을 넘어야 하므로 이에 대응할 탄약을 보급해 줄 것을 요구하였다. 이것은 신사군은 정부의 황하 이북으로의 이동 명령은 확실히 일본과의 평화 신입에서 유인한 것으로 믿었기 때문이었다.

신사군은 명령에 따라 제 1 지대와 제 2 지대는 남경 동서 지역에서 양자강을 건너 맞은 편 연안지대로 잠입하였다. 그런데 부상병이 많고 기지병원을 갖고 있는 제 3 지대는 쉽게 이동할 수 없어 잠시 더 그곳에 머무르고 있었다. 국민정부군의 공격을 받은 신사군이 바로 이 제 3 지대이었고 남, 녀 3,000 여명이 참살되었다. 이 사건은 제 2 차 국·공 합작에 금이 가게 하였을 뿐만 아니라, 앞으로 중국은 가혹한 내전에 휘말릴 것이라는 먹구름을 예견하는 것이기도 하였다.

공산당은 선후책으로 정부에 최후 통첩을 냈으니, 정부군의 신사군에 대한 공격 중지와 전사자에 대한 보상, 및 엽정 군장의 석방이었다. 아울러 공산당은 국민정부에 대하여 모든 정당은 동등한 발언권을 갖는 민주주의 제도를 도입해야 한다고 요구하면서 앞으로 공산당은 독자적으로 지휘관을 임명할 것을 통고하였다.

이 당시 국민당 정부는 신사군은 이미 해산되었다고 발표하였지만, 신사군은 사건 이후 흩어져 숨어 게릴라전에 열을 올리기 시작하였다. 신사군은 정부의 명령대로 황하 이북으로는 이동하지 않고 제 4 지대의 활동 구역인 안휘성 중앙부와 강소성 동부에서 줄기차게 활동하였다. 이에 공산당은 신사군은 일본군 및 위국민 정부군과 전투를 계속할 것이며, 만일 정부군이 신사군을 공격한다면 자신을 방어하기 위하여 단호히 정부군과도 싸울 것이라는 선언을 발표하였다.

국·공(國共)의 대결

국·공 간의 뿌리 깊은 불신과 주도권 싸움은 일본의 침략을 앞두고 통일전선을 마련하였다고 하여 사라진 것이 아니었다. 내전(內戰)의 망령은 어느 곳에서나 도사리고 있었다. 지배계급 특히 지주들은 팔로군과 신사군을 공포의 눈으로 바라보았으니, 그것은 공산군은 민중을 동원하고 교육하고 무장시켰기 때문이었다. 멀리 서부지역(일본군이 점령하지 못한 곳)이나 국민당 점령지역으로 도망한 지주들은 그들의 옛 소작인들이 그들의 땅에서 공산군에 의해 교육을 받고 무기를 들고 일본군과 싸우고 있다는 것을 알고 있었다. 이와 같이 공산사상으로 무장된 농민들이 전쟁이 끝나면 과연 총을 버리고 옛 땅으로 돌아와서 온순하게 자기들 지주들을 위해 밭갈이를 해줄 것이겠는가? 부재 지주들은 옛 소작인들이 절대로 옛 땅에 돌아와 예전 같은 방식으로는 살지 않을 것이라고 생각하고 있었다.

신사군 정치부에서는 중국은 민주주의 단계를 거치지 않으면 사회주의 사회로 건설될 수 없다고 말하여 왔었다. 그리고 그들은 생산수단을 소수 자본계급들이 쥐고 있는 자본주의와 민주주의를 혼동하지 않았다. 그러나 사실 신사군이 부르짖는 민주주의는 지주와 자본가를 제외한 근로 대중만을 주체로 한 민주주의였기에 이것 역시 진정한 민주주의는 아니었다. 신사군은 일본과 싸우는 동안 수없이 많이 죽어갔다. 그들은 민중을 위하여, 곧 다시 말해 민주주의를 위하여 죽어가는 줄 알았으나, 사실 그들은 사회주의 사회 건설을 위해 죽어간 것이었다.

팔로군도 마찬가지지만 신사군이 일본군과 싸울 때 사용한 무기에 관해 이야기해 보자. 내가 듣고 보기로는 그들의 근거지에 무기 제조공장은 없었다. 일본군 점령지 후방에서 일본군이 공격해 오면 이동해야 했던 그들에게 무기 공장을 설립하는 것은 상상할 수도 없는 것이었다. 조잡하지만 수류탄은 제조하였다고 하였다. 무기의 대종인 소총은 거의가 일본군 및 괴뢰군 그 밖의 비적들을 무장 해제시키면서 탈취한 것이었고, 백성들이 헌납하던가 또는 상인들로부터 사들인 것이었다. 그러했기에 신사군의 무기의 원천은 일본 규슈(九州) 야하다(八幡) 무기 공장이라고 하였다. 쉽게 공산군이니 소련으로부터 무기의 공급을 받았을 것이라고 생각하는 사람들이 많다. 그러나 중국의 지도를 펼쳐보면 가능하지 않음을 알 수 있겠다.

중국 공산당의 활동 지점은 소련으로부터는 매우 먼 거리에 위치해 있었고 또한 몽골의 사막지대로 차단되어 있었으며, 더욱이나 대륙에서는 국민당 군대에게 완전히 봉쇄되어 있었기에 사실상 소련으로부터의 밀수입은 불가능하였다. 소련이 1941년 독일의 공격을 받기 전까지는 소련정부가 장개석 정부와 불가침조약을 맺고 많은 무기를 장개석 정부에게 지원했었다. 그러나 그와 같은 무기들을 공산군 수중으로 넘겨주었을 리가 없었다.

신사군이 메고 다니는 총은 매우 보잘 것 없는 낡아빠진 것이었으나 그들은 자기 생명보다 더 소중히 여기는 것을 보았다. 게다가 신사군은 세 사람의 병사에게 두 자루의 총을 지급하는 수법을 썼다. 세 사람 중 총을 갖지 못한 병사는 전투에서 전사하든지, 부상당한 전우에게서 총을 이어 받아 임무를 완수하게 하였으니, 그들의 말대로 한자루의 총은 많은 적을 죽일 수 있으므로 사람보다 소중하게 여겼던 것이었다.

1942년 7월 7일 중·일 전쟁 5주년 기념일에 공산당 총사령관 주덕(朱德)은 전쟁의 진상(眞相)을 다음과 같이 보고하였다.

"공산군은 지난 3 년 동안 국민정부로부터는 아무런 무기와 돈을 지원받은 바 없다. 그러나 팔로군과 신사군은 1941 년-1942 년에 일본군의 24 개 사단 병력 즉 중국에 주둔한 전 병력의 44%와 교전하였다. 그동안에 팔로군은 23,034 명의 전사자와 40,813 명의 부상자를 냈고, 신사군은 6,775 명의 전사자와 10,856 명의 부상자를 냈다. 그리고 이들 전상자의 75%가 고급 장령급인 것으로 보아 그 전투가 얼마나 치열하였는가를 말할 수 있겠다. 또한 이 기간동안 일본군과 위괴뢰 정부군에게는 24,000 명 이상의 전상자를 내게 하였고, 38,985 명의 대부분 위국민 정부군 을 포로로 하였다. 신사군은 이 기간 동안 소총 15,721 자루와 경기관총 301 대를 노획하였고, 그 외에 많은 전쟁 물자를 인수하였다."

이와 같은 신사군의 전과를 액면 그대로 수긍하기는 어렵지만 신사군이 일본 점령군에게 큰 부담이 되었던 것은 부정할 수 없었다. 반면에 국민정부에게는 성장하는 신사군이 하나의 큰 골칫거리였음이 분명하였기에, 그들은 신사군에게 원조를 하면 부대를 개선하는 것보다 민중을 조직하고 선동하는 데 사용한다고 하면서 원조를 일체 끊었던 것이었다.

신사군 정신

신사군은 중국의 어느 군대보다 훈련, 장비, 급여에서 보잘 것 없었지만, 온 심혈을 기우려 승리의 확신을 갖고 항일전쟁에 임하였기에, 실제전투에서는 막강한 일본군을 패배시킬 수 있었다. 그들은 이렇듯 전투에서 인내, 교묘, 용기, 탁월한 지휘, 불굴의 정신으로 뭉쳐져 있었을 뿐 아니라, 군사조직에서는 매우 높은 혁명의식을 실체화 시키고 있었다. 신사군에서는 국민당과 통일전선을 협약한 이후부터 계급장을 달지 않았다. 그러나 노(老)전사들은 빨간 별모양의 계급장을 완전히 떼어 버린 것이 아니라, 군복 좌측 주머니 안에 소중히 간직하고 있었다.

사진 63: 신사군 표시

신사군의 훈련은 40%가 정치적인 것이고 60%는 군사적인 것이 특징이었다. 소대에서 사단에 이르기까지 단위 부대에는 반드시 군사 지도자와 어깨를 나란히 정치 지도자가 배속되어 있었다. 물론 전투 중에는 군사 지도자가 지휘자로서 전적인 책임을 지지만 그 밖의 일에 관해서는 양자가 하나가 되어 활동하였다. 중대에서 사단에 이르기까지 소위 병사위원회가 선거에 의하여 만들어져 있었는 데, 병사위원회에서는 정치 지도자와 협력하여 군사 외의 활동 즉 문맹자에게 글을 가르치는 일, 문화클럽, 운동경기, 합창, 민중에 대한 선전사업 및 팔군기(八軍紀)를 담당 하였다. .

팔군기라는 것은 "홍군(紅軍)은 인민의 군대" 라는 것을 실제로 나타내는 것으로 홍군병사들이 행군하면서 부르는 아래의 여덟 가지 규율을 말한다.

- 첫째 민가에 투숙할 때는 반드시 집주인의 허락을 받고 출발할 때는 이상이 없도록 주의 합시다.
- 둘째 집은 깨끗이 청소 합시다.
- 세째 백성에게 친절을 베풉시다.
- 네째 빌린 것은 반드시 갚아 줍시다.
- 다섯째 파괴된 것은 반드시 수선해 줍시다.
- 여섯째 산 물건은 반드시 값을 치룹시다.
- 일곱째 변소는 민가에서 떨어진 안전한 곳에 만듭시다.
- 여덟째 포로를 죽이던가 물건을 약탈해서는 안됩니다.

이와 같은 규율을 지키는 군대는 중국 역사상 일찍이 찾아 볼 수 없었던 군대였으며, 이 규율을 지키지 않으면 병사위원회에 회부되어 인민의 적이라는 죄명으로 총살 당하였다. 그리고 아무리 천한 농민 노동자의 신분이라 해도 능력을 발휘하기만 하면, 뽑혀서 정치 군사학교에서 교육을 받은 후 지휘관이 될 수 있었다. 그러나 지휘관이나 병사들의 생활은 꼭 같았다.

신사군은 국민정부로부터 버림을 당했으나 그들에게는 항일전쟁을 승리로 이끈다는 자신감에 넘쳐 있었고 전망도 밝다고 확신하였으니, 스탈린그라드에서 독일군이 패배한 이후 국제적으로 확장되는 반 팟쇼전은 인민의 승리로 귀결된다고 믿었기 때문이었다. 신사군은 또한 일본군을 패배시키고 민주 공화국을 건설할 때까지 국민당 및 그 밖의 정파와 협력할 것이며, 자유를 사랑하는 모든 민족과 협력할 것을 선언하였다.

신사군 지역의 민중의 반일 감정 또한 대단하였으니, 주민들은 거듭된 일본군의 소탕전으로 가족이 학살 당하고 가재도구가 손실되는 처참한 상황에 처해 있었기에 살아남기 위해서는 일본과 싸워 이기는 길 밖에 없음을 절실히 깨닫고 있었다. 그리고 일본군과 싸우며 그들을 보호해 주는 군대는 중국 서쪽으로 도망간 국민정부군이 아니고, 그들을 착취하던 군벌군은 더욱 아니며, 오직 신사군만이 그들을 보호해 주는 군대라는 것을 알았기에, 그들은 기꺼이 신사군에 아들들을 입대시키고 세금을 받쳤던 것이었다.

제 8 장
연안으로의 길을 재촉하다.

석별의 정

나는 8개월전 (1944년)에 화중분맹(華中分盟)에 들어서서 먼저 이곳에 와있는 동무들을 만났을 때 참으로 만남의 기쁨이 무엇인지 맛보았다. 조국을 떠나 부모, 아내와 헤어져 중국의 끝없는 대륙 땅에서 꿈에도 생각지 못 했던 동무들의 얼굴을 대하였을 때, 내 인생이 다시 시작되는 느낌이었었다. 그런데 이제 다시 정다웠던 동무들과 헤어져야 한다고 생각하니 참을 수 없는 슬픔이 복받치는 것이었다. 그러나 내가 조직의 명령에 의해 떠남으로써 이들과 헤어지는 것이니 피할 수 없는 일이며, 중국 적색의 수도인 연안, 아시아 공산주의의 근원지인 연안으로

189

간다는 것은 새로운 소망을 기대할 수 있는 일이었기에 밝은 마음으로 떠나고자 노력하였다.

그래도 이곳에 손달을 비롯하여 한명삼 등 잔류하게 된 십여명의 동무들이 우리를 떠나 보내고 한동안이나마 쓸쓸한 기분에 쌓여 있을 것을 생각하니 참참한 마음을 누를 길이 없었다. 사실 조직의 명령에 의하여 잔류하게 된 동지들은 평상시에 그곳 간부들의 비위를 거스르지 않고 잘 따르던 동무들이었다. 말썽을 부리던 동무들은 모조리 북상(北上) 길에 오르게 된 것이었다.

출발은 1945년 6월 10일이었다. 떠나기 전날 저녁에 신사군 적공부에서는 장행 축하라고 하면서 성대한 송별연을 베풀어 주었다. 많은 음식이 차려져 있었는 데 갑자기 몸집이 큰 한명삼이 몸집에 어울리지 않게 눈물을 흘리면서 떠나기로 된 동무들에게 이제 우리가 헤어지면 언제 다시 만날 수 있을지 기약할 수 없다며, 과거에 섭섭한 일이 있었다면 용서하라고 말하는 것이었다. 그 눈물은 헤어짐이란 인간사에서 얼마나 괴로운 일인가를 다시한번 뼈저리게 느끼게 하는 것이었다.

그는 또 나에게 다가와서 총알 하나를 이별의 선물이라고 내주면서, 멀고 험한 길을 가게 되어 앞으로 어떤 위급한 일이 생길지 모르니 이 총탄으로 적을 바로 쏘아 꼭 살아서 고향에 가서 다시 만나자며 엉엉 우는 것이었다. 나는 그보다 연상이었기에 그를 동생처럼 여기며 사랑하고 또 존경하여 왔었다. 그는 덧니가 두개 튀어나와 볼품이 없기에 자신을 스스로 전이백

(田二百)이라고 이름 지어 동지들로 하여금 부르게 하기도 한 유모러스하며 푸근한 인간미가 넘치는 인품이었다.

우리 북상 부대에는 총이 한 자루도 없다는 것을 그가 모를 리가 없었으니, 도대체 총 없는 총알이 무슨 소용이 있단 말인가! 그는 일본군에서 도망쳐 올 때 숨겨 갖고 온 그 총알을 자기 생명처럼 아끼며 호신용으로 허리에 차고 지냈었는 데, 그 총알을 나에게 석별의 선물로 주는 그 마음씨에 나도 그를 부여안고 마주 울었다. 우정이란 이런 것이 아니겠는가! 나는 8·15 귀국 후 그의 소식을 뜻밖에도 평안북도 도보안부(道保安部)의 감방에서 듣게 되었다. 참으로 야릇한 운명의 장난이라 아니할 수 없는 일이었으니, 그와 나는 똑같은 반동죄로 도보안부에서 교화를 받아야 했던 것이었다.

다음날 아침 떠나기에 앞서 손달은 내게 다가와 나의 손을 덥석 잡고는 "동무가 갖고 있는 지식을 무산대중(無産大衆)을 위하여 싸우는 데 쓰기를 바라오." 라고 하면서 환하게 웃어 보이는 것이었다. 뒤이어 이덕무도 "우리 귀국하여 다시 만나 혁명 과업을 완수합시다." 라며 작별을 아쉬워 하였다. (손달과 이덕무는 해방 후 북한에서 요직을 맡았다고 한다.)

북상부대는 왕신호(김웅)의 지휘로 3 대 분대로 나뉘어 출발하였다. 한 분대 18 명씩 모두 50 여명이 보따리를 메고 떠났다. 연안으로 가는 5 명도 북상부대에 합류 편성되어 조선군정학교가 자리잡고 있는 태행산까지는 동행하기로 하였다. 지휘자 김웅이 앞장 서서 걸어가는 것을 바라보니 그는 만족감에

넘쳐 있음을 느낄 수 있었다. 혁명의 밀알들인 50-60명의 혁명
전위부대를 이끌고 앞장서 가니 자부심을 느끼는 것은
당연하다고 생각되었다. 또한 그의 몸가짐은 오랜 군대생활과
혁명생활에서 단련되었기에 깔끔하고 기품이 서려 있었다. '나도
이곳에서 닦기고 닦기우면 저와 같이 될 수 있을까?'라고 상상해
보기도 하였다. 신상초와 심영순도 김웅에 대해서 만은 신뢰하는
것 같았다. 누구나가 그에게서 혁명가의 열정을 느낄 수 있었기
때문이었다.

3개 분대로 편성된 분대장의 임명은 정치적 고려를 한 것이
분명하였으니, 제1분대장은 심영순, 제2분대장은 신상초, 제
3분대장으로 내가 임명되었다. 인텔리에게는 감투를 씌워주어야
불평을 못하는 것이었다. 사실 감투는 인텔리들을 옭아매는
데에는 가장 유효한 것이었으니, 중경으로 보내라고 아우성 치던
심영순, 신상초동무가 분대장이 되고 나서는 불평은 싹 사라지고
오히려 연안으로 가는 발걸음을 재촉하라고 소리쳐 대는
것이었다.

이때 우리는 연안(延安)과 태행산(太行山)에만 가면 새로운
신천지가 열릴 것이라고 생각하였다. 화중분맹에서와 같은
정풍과 학습은 없고 조선의용군으로써 총을 메고 왜놈과 싸울
것이라고 믿었기 때문이었다. 김웅은 태행산의 조선군정학교에
대하여 잘 알고 있었겠지만 별로 설명하지 않았으며, 단지
우리에게 '무정의 부하가 되는 것에 자긍심을 갖으라.'라고 말할

뿐이었다. 그는 우리들에게 최대의 편의를 돌보아 주었고 격려를 아끼지 않았다. 그는 또한 우리를 혁명 동지라고까지 말하였다.

사진 64: 혁명의 성지 연안(옌안)으로 가는 중국 공산군.

해방(解放)의 소식

연안으로 가는 길에는 많은 일본군의 봉쇄선이 구축되어 있었기에 이곳을 통과할 때는 반드시 팔로군(八路軍)의 호위를 받아야 했었다. 이때에는 야음(夜陰)을 택하여 행군해야 했기에 낮에는 부락 농가에 몸을 숨기고 기다렸다. 또는 일본군 토치카를 우회하여 시골길을 택하기도 하였다. 이와 같은 일들을 김웅이

193

능숙한 중국말로 해결하였기에 그에 대한 신뢰감은 더욱 두터워질 수 밖에 없었다. 행군 중 식사는 모두 그곳 공산당으로부터 일정량의 밀가루, 소금, 부식물을 배급받아 우리가 스스로 만들어 먹어야 했으므로 대체로 칼국수로 끼니를 때우었다.

행군을 끝내고 부락에 들어가 배급을 받아서 식사를 분대별로 지어 먹는다는 것은 상당히 고달픈 일이었다. 이 일은 전적으로 분대장의 임무였으니, 하루 세번씩 행군하면서 끼니를 해결해 주는 일은 고역이 아닐 수 없었다. 게다가 더욱 신경써야할 것은 잠자리였다. 행군 후 부락에 당도하면 일부는 식사를 마련하고 일부는 잠자리를 마련해야 했는 데, 가장 편한 것은 민가의 대문짝을 뜯어서 그 문짝을 돌이나 흙 벽돌로 고여 침대를 만들어 그 위에서 하늘을 쳐다보며 자는 것이었다. 그러나 부락에는 많은 문짝이 없기에 문짝을 구하지 못하면 흙바닥에서 자는 길 밖에 없었다.

또한 여름철이었기에 모기에게 뜯기우는 것을 각오해야 했으며, 무엇보다 행군할 때 땀 흘리며 먼지를 뒤집어 써 끈끈한 몸을 물이 없어 씻지 못하고 자야 하는 것이 제일 괴로웠다. 그래도 우리는 즐거운 마음으로 견딜 수 있었으니, '연안은 중국 공산권의 수도가 아닌가! 조선 독립독맹의 본부가 있고, 오랜 경험을 쌓은 혁명 간부들이 있지 않은가!' 라고 생각하면 연안으로 가는 발걸음은 가볍기만 하였다.

연안(延安) 가는 길목에 태행산(太行山)이 있고, 그곳에 조선군정학교가 있다고하며, 그곳으로 가는 것은 참으로 영광된 일이라고 하였다. 그런데 가는 길에 일본군의 봉쇄선과 부닥치게 되면 호위하는 팔로군의 사정을 감안하여 몇 날을 묵어야 했고, 또 행군 중 강을 만나면 몇 날을 기다려야 했다. 비가 내려도 쉬어야 했으니, 여름철이라 비가 몇 일을 두고 내리면 개일 때까지 기다려야 하였기에 우리는 차츰 지쳐갔다.

그러나 행군 중 가장 고통스러운 것은 갈증이었다. 이글거리는 태양 볕을 받으면서 걸어가노라면 땀이 옷을 적시고 갈증을 느끼었다. 그러나 중국 땅에서는 어느 곳에서 든 함부로 냉수를 마실 수 없었다. 식사 때에만 물을 끓여서 마실 뿐, 행군할 때에는 수통을 갖고 있지 못하였기에 마실 물이 없었다. 그러나 이와 같은 고통들은 육체적인 고통이었기에, 젊고 뜨거운 독립에 대한 열정으로 능히 이겨낼 수 있었다. 우리는 연안이나 태행산에만 가면 하나의 혁명가로서 뜻있는 활동을 할 수 있을 것이라는 소망으로 잔뜩 부풀어 있었던 것이었다.

1945 년 8 월 13 일 밤이었다. 김웅은 세 분대장을 급히 소집하였다. 그는 심각한 표정으로 팔로군의 적정 보고에 의하면 개봉(開封)지구의 일본군 동태가 이상하다는 것이었다. 일본군이 개봉으로 집결하는 것으로 보아 우리는 내일 해 뜨기 전에 20 리 정도는 적 후방으로 이동하여, 팔로군 군단 사령부가 자리잡고 있는 부락으로 행군하여야 한다고 하였다. 다음날 오전 3 시에 우리는 새벽 공기를 가르면서 이동하기 시작하였다. 개봉 근처에

가까워 오니 많은 팔로군들이 세심한 경비에 임하고 있음을 볼 수 있었다.

우리가 이곳에서 감격의 8·15 해방을 맞았으니, 통신시설이 미비한 탓으로 사실 8월 15일은 그냥 지냈고, 16일 아침에서야 비로소 '일본 천황이 무조건 항복했다.'는 방송이 있었음을 알게 되었다. 이 얼마나 기다렸던 일인가! 이 얼마나 기쁜 소식이란 말인가! 이날에 조국의 동포들은 손에 손에 태극기를 높이 들고 자유의 만세를 부를 것이 아니겠는가! 만세의 함성소리가 내 귀에 쟁쟁히 들려 오는 듯했다. 우리도 한 곳에 모여 힘차게 대한 독립 만세를 삼창하였다. 이제 올 것이 드디어 왔으니 우리의 할 일도 많아진 것 같았다. 이날 우리는 푸짐한 음식을 대접 받았다.

사진 65: 일본 천황 히로히토 항복선언 육성 연설.

개봉 지구에 있던 일본 해방연맹의 일본군 포로 두 명이 자결했다는 말이 들려 왔다. 김웅은 얼굴에 감정을 나타내지 않고 냉정한 표정으로

"조국은 해방되었소.   왜놈은 우리 강산에서 물러 가겠지만 중국 대륙에서는 새로운 전쟁이 일어날 것이오. 장개석은 왕조명의 위군을 우군인 국민군이라 칭하고 일본군은 국민당군에만 투항하라는 전문을 띄웠다고하오. 임표(林彪) 휘하의 중공군은 만주로 진입하였으니 중국에서는 이미 내전이 시작되었소. 연안으로 가기로 된 대표 일행은 내일 연안으로 떠나고, 조선군정학교로 가는 동무들은 태행산으로 떠나기로 합시다."

라고 말하는 것이었다. 그의 얼굴에서는 해방된 기쁨의 표정은 찾아 볼 수 없었고, 이제부터 또다시 새로운 싸움을 시작한다는 각오를 단단히 세운 장엄한 모습이었다.   그날 밤 나는 잠을 이루지 못 하였다. 실로 나는 다시 세상에 태어난 기분이었다.

"역사의 격변기에 선 나는 지금 어디로 향해 가고 있는가? 나는 지금 연안으로 가서 어울리지 않는 공산주의자가 되어야만 한다는 말인가? 지금의 나로서는 내게 닥친 공산주의자로서의 운명을 벗어날 수 없을 것 같이 느껴졌다."

황토 지대(黃土 地帶)를 지나며

북상하는 중 산서성(山西省)에 접어드니 황토지대를 지나게 되었다.　황토는 미세한 모래로써 초봄에 중앙아시아 사막지대에서 바람을 타고 이곳까지 날아와, 쌓이고 쌓여 소위 황토층을 이루는 것이었다.　이곳의 집은 모두 토굴이었다.　산언덕에 궁형(穹形)으로 구멍을 파 들어가서 앞에 창문을 달아 광선을 받아 들이게 지어진 것이었다.　황토의 퇴적으로 이룩된 지대이기에 굴이 무너지는 법은 없고 먼지가 나는 법도 없어 깨끗하기 조차 하였다.　여기서는 나무로 만든 침대를 사용하였고, 굴 한구석은 취사장으로 만들어져 있었다.　김웅은 모택동도 연안의 토굴에서 생활한다고 일러 주었다.　김웅이 8월 29일 전으로 꼭 연안에 도착해야 한다고 하여, 우리는 연안으로의 발길을 서둘러 재촉하였다.

이제 우리 앞길에는 더이상 일본군 토치카는 없고 모두 팔로군 근거지였기에 하루 70-80리 길은 족히 걸을 수 있었다. 가도가도 쓰러질 듯한 흙 벽돌집 또는 산비탈의 토굴집들 뿐이었고, 간혹 밭 사잇길로 당나귀가 추수한 보리단을 싣고 지나갈 뿐이었다. 한번은 어느 산등성이를 지나는 데 대추나무에 열린 대추가 유별나게 큰 것에 놀랐다. 우리나라의 작은 사과 만큼이나 커 보였다. 한 두개 먹어보니 맛도 훌륭했다. 중국이 하도 넓으니 이곳에 대추 명산지가 있음을 몰랐던 것이었다.

농민들의 가난한 살림은 화중과 다를 바 없었다.　워낙 생산력이 낮고 낙후한 곳이니 이들이 먹고 살기 위하여서는 공산주의를 받아들일 수 밖에 없음을 이해할 수 있었다. 그러기에 중국에서 많은 반란자들은 세금을 면제시킨다든가 또는 토지를 골고루 분배시켜 준다는 정책을 내세우고, 한동안 세력을 장악하는 일이 많았었다. 가깝게는 홍수전(洪秀全)이 농민들에게 토지를 분배해 줌으로써 굶주리지 않고 따뜻하게 살 수 있는 사회를 건설해 주겠다고 나서서 한때 태평천국(太平天國)을 세우기도 하였던 것이었다. 나는 중국의 앞날은 이 가난한 농민문제를 해결하는 데 달려 있음을 다시 한번 절감하였다.

사진 66: 홍수전(1814-1864 년) 초상화와 태평천국 천왕 옥새.

(**편집자 주**: 홍수전은 청나라의 종교인, 혁명가이다. 광동성(廣東省) 태생으로 청에서 개신교의 영향을 받은 종교 국가인 태평천국(太平天國)을 세워 청나라에 반기를 들어 투쟁했다. 홍수전은 미국 침례교회 선교사인 이사카 로버츠에게 성서와 교리를 배웠다.)

우리가 어느 다소 큰 마을을 지나가는 데 거리에 소지(小鷄: 연계 닭을 기름에 튀긴 음식)를 파는 장사꾼들이 줄을 지어 있는 것이 보였다. 김웅은 그 소지를 사서 한 마리씩 우리에게 안겨주는 것이었다. 이때 나는 그 기름진 소지를 해방이 가져다 준 기쁨의 하나라고 생각하면서 어찌나 맛있게 먹었었던지 지금도 그 기억을 잊을 수가 없다. 또한 이때 일본군을 도망친 후 처음으로 큰 거리를 돌아 다녀 보았기에, '해방을 맞았기에 도시를 다 걸을 수 있지 않은가?' 라고 반문하며, 해방의 기쁨을 구구절절이 느끼었던 것이었다.

조선 의용군(義勇軍)

김웅은 오랫동안 중국에서 혁명가로서 다듬어진 몸을 날리며 연안(延安)으로의 발걸음을 재촉하였다. 그런데 그는 전혀 말이 없었다. 공산주의자들은 지난 날의 경력을 이야기하는 법이 없었는 데, 그것은 자신을 노출시키는 것을 제일 꺼릴 뿐더러, 공산주의 운동이 어디까지나 비밀공작으로 조직을 생명보다 더 중요시하기 때문일 것이었다. 김웅이 독립독맹에서 서열이 높다는 것은 우리가 태행산에 도착하고 나서야 비로소 알게 되었다. 그가 연안으로 가기에는 날짜가 촉박하니, 그 길목에 자리 잡고 있는 태행산 조선군정학교에 먼저 들리자고 제안하는 것이었다.

우리 대표 5 명이 조선군정학교에 도착한 것은 1945 년 8 월 26 일이었다. 당도하자마자 알게 된 것은 국치일(國恥日)인 29 일을 기하여 군정학교의 조선의용군은 조국을 향하여 발진한다는 것이었다. 그러했기에 분위기가 매우 들떠 있었다.

또한 연안에서 개최하기로 되어있던 대표회의는 자연적으로 무기한 연기되었다고 하므로 우리 5명은 그날로 조선의용군에 합류할 수 밖에 없었다.

태행산에는 조선군정학교 간부와 고참 동맹원이 많았는 데 김웅은 단연 돋보이는 존재였다. 제 1 인자 같이 보이기도 했다. 그는 흐뭇한 미소를 띤 얼굴로 말을 타고 다니면서 지난 날의 빛나는 혁명운동 경력을 자랑하는 듯 보였다. 무정과 최창익은 연안에 체류하고 있다고 하였으며, 그들은 이미 임무를 띄고 조국으로 출발하였을 것이라고도 하였다.

다음 날이면 우리도 조선의용군으로써 해방된 조국을 향해 출동한다고 하는 데, 저녁 무렵 이익성(李益星)이 우리가 묵고 있는 토굴집으로 찾아왔다. 그는 매우 반가운 얼굴로 우리들의 노고를 칭찬하면서, 독맹은 귀국하여 반드시 정권을 잡을 것이라고 장담하였다. '우리의 영도자 무정이 오랫동안 중국에서 혁명운동을 전개하며 중국 공산당에 기여한 업적이 크기에, 중국 공산당의 지원을 받아 정권을 담당하는 것은 사필귀정 (事必歸正)이다.' 라는 것이었다. 그러기에 '우리들이 화중에서 이곳으로 와 조선의용군이 된 것은 운을 타고났기에 좋은 기회를 포착한 것이다.' 라고 말하는 것이었다. 그리고는 '김사랑(金史良: 작가)이란 자가 근경 이곳에 왔는 데 지금 연금상태에서 자술서를 쓰고 있다.' 고 말하면서, 그를 기회주의자라고 비난하는 것이었다.

그날 밤 나는 그의 말을 곰곰히 생각해 보지 않을 수 없었다. 그들은 우리를 의붓자식으로 취급하고 있었으며, 다 차려놓은 밥상에 숟가락만 들고 나타난 자들이라고 비난하는 것이 분명하였다. 그리고 실제적으로 독맹 본부와 화중분맹은 아무 연락이 없었음도 확실히 알게 되었다. 그는 화중에서 김웅이 인솔하여 네 명의 학병 출신들이 태행산에 왔다고 하니, 도대체 어떤 놈들인가 보고자 우리를 찾은 것이었다. 우리를 보는 다른 대원들의 눈초리도 차가웠으니, 자기들이 각고(刻苦) 끝에 이룩한 조선의용군에, 우리들이 아무런 훈련도 없이 막판에 끼어들어 실과만 따먹으려는 심사가 아니냐 는 눈초리였다.

나는 이곳에서 처음으로 정권이라는 것을 생각하게 되었다. 나는 그때까지 일본 식민지 통치하에서 우리는 양심껏 독립의 길, 혁명의 길을 걸어갔으면 그것으로 민족에 대한 의무를 다하는 것이지, 정권을 잡는다는 것은 꿈에서라도 생각해 본 적이 없었다. 그런데 이곳에 있는 대원들은 누구나 할 것 없이 이제 정권은 무정의 것이라고 확신하며, 자기들도 한 자리를 차지할 것이라고 날 뛰는 데는 구역질이 날 지경이었다. 도대체 '정권을 잡는다는 것이 무엇인가?' 정권이라는 것은 백성들의 의사에 의하여 자연스럽게 이룩되는 것이지, 어떤 특정인이 힘으로 잡는다는 것은 이해할 수 없는 일이었다.

발진을 앞둔 의용군들 중에는 학병 출신도 있었고 민간인도 있었다. 그들의 무정(武亭)에 대한 존경심은 개인 숭배사상에 다다랐으니 그를 "위대한 지도자 무정동무" 라고 불렀으며, 그들이 매일 부르는 의용군 군가의 첫머리는 "한 마음 한 뜻 굳게 뭉치어 조국 위해 싸우는 광영 ... 무정동무 가르치는 길은 조국 해방, 독립의 길 ... "로 시작되었다. 그들은 또한 누구나 할 것 없이 지독한 영양실조로 시달리고 있음을 알 수 있었으니, 모두 굶주림에 지쳐 보였고 얼굴빛은 누렇게 들떠 있었다.

군정학교에서는 군사지식, 정치교육도 실시하였다고 하지만 당시 가장 주력한 것은 생산활동이었다고 하였다. 1943 년 화북(華北)지방을 휩쓴 대 한발은 중공지역의 생산력을 크게 감소시키었기에 팔로군도 증강되는 전투력을 보급하기에 큰 어려움을 겪게 되었다. 그러므로 조선군정학교에서도 무조건 중공으로부터 식량을 공급받는 것은 도리가 아니라고 생각하여, 독맹에서는 자체적으로 식량문제를 해결하기 위하여 대대적인 생산운동을 착수하게 되었던 것이었다.

이 지침은 물론 중공 사정을 잘 아는 무정이 결정하였다. 더욱이 독맹이 생산운동에 주력한 데는 대원들의 당성(黨性)을 기르기 위함에도 있었으니, 일본군과 정면으로 전투를 벌일 상황이 아닌 환경에서 자연과의 투쟁에서 승리를 거둔다는 것은 당성을 기르는 데 절대적으로 필요하다고 생각하였기 때문이었다. 즉 당성이 굳세지 못하면 생산활동을 이겨내지 못 한다고 생각하였다. 그리하여 독맹에서는 "노동영웅"이란 구호를 내걸고 조선군정학교 뒷산, 오지산의 개간을 착수하였던 것이었다.

사진 67: 무정장군, 비운의 조선인 혁명가.

오지산은 중국 서북지방에서 흔히 볼 수 있는 산으로, 표고 800-1,000 미터의 돌짝산이었다. 이 산을 조선의용군들은 일본군을 무찌르는 기개로 원시적인 농기구로 개간하여 감자와 옥수수를 심어 충당하였으니, 팔로군으로부터 한 톨의 보리도 보급받지 않고 거뜬히 식량을 자급하였던 것이었다. 이 일은 끓어오르는 혁명의 의욕이 없이는 절대로 불가능한 일이었다. 이 일을 해냄으로써 대원들은 혁명의 길이 얼마나 험난한 길인가를 몸소 체험하게 되는 것이었고, 또 이 싸움에서 승리하여서만 혁명을 이룰 수 있다는 확신을 갖게 하는 것이었다. 나는 곧 독맹원들이 혁명에 대하여 굳은 소망을 갖게 된 것은, 무정에 대한 절대적인 신뢰와 아울러 생산 투쟁에서의 승리가 가져다 준 결과임을 깨닫게 되었다.

이렇듯 그들은 과격한 근로에 지치고 지쳤으며 필요한 영양 보충을 받지 못한 것이 분명하였다. 그런데 우리는 화중분맹에서 신사군에서 주는 대로 먹고, 적게 주면 더 달라고 아우성치지 않았던가! 나는 그들과 우리와는 혁명을 이룩하는 자세에 있어서 근본적으로 차이가 있다는 것을 알았다. 그러했기에 그들은 우리를 백안시하였고, 막판에 영광된 자기들의 대열에 끼어든 염치없는 애송이 취급을 하는 것이었다. 그들은 "오지산 개간의 승리"를 중공이 "2 만 5 천리 장정"을 자랑하듯 자신들의 업적으로 여기고 있었다.

나는 하나의 소망을 갖고 태행산의 조선군정학교에 왔지만, 내가 지닌 계급성과 태행산 동무들의 분위기로 보아 이곳은 내가 있을 곳이 아니라고 느끼게 되었다. 혁명이라는 것이 개인숭배, 정권탈취, 상호비방, 상호감시와 불신 나아가 사상개조를 위한 극단의 고난의 길임을 깨닫게 되니, '나는 혁명가는 될 수 없다.'고 새삼스레 느끼게 되었다. 나는 이들과 함께 어물어물 끌려 다니다가는 언젠가는 나도 모르게 숙청당하는 운명에 놓이게 될 것이라는 생각이 들기도 하였다. 실제로 무정이 정권을 잡는 것과 나와는 아무 관계가 없는 일이었다. 그러나 이곳에 있는 자들은 하나같이 무정의 지시대로 따르다가 무정이 정권을 쥐면 한 자리씩 차지하여 군림하고자 하는 기회주의자들이었던 것이었다.

지도 68: 태행산맥, 중국 하북성 평원 북부에서 시작해 산서성 고원을 거쳐 하남성까지 네 개의 성을 걸쳐 있음.

　　나는 이런 태행산의 분위기가 역겨웠다. 그러나 나는 달리 설 곳을 찾을 수 없었다. 이미 나의 운명은 혁명의 길로 접어 들었으니, 민족과 양심에 부끄럽지 않는 행동을 하고자 할 뿐이었다. 그리고 민족을 배반하지 않고 조선사람의 영광을 위하는 길이 오직 공산주의의 길이라면, 공산주의를 배반하고 싶지 않았다. 그러나 나는 아무리 생각하여도 그 길이 공산주의의 길 같지가 않았다.

제 9 장
태행산에서 봉천까지

만주로 향하여

조선 의용군은 1945 년 9 월 29 일 조국을 향하여 태행산을 출발하였다. 의용군은 두개 중대로 편제되었다. 제 1 중대장은 이익성(李益成)이었고 정치 지도위원은 박일우(朴一禹: 6·25 때 북조선 내무상) 이었다. 제 2 중대의 편제는 알 수 없었다. 제 1 중대는 세 개의 소대로 편성되었고 소대는 세 개의 분대로 나뉘어졌는 데 중대의 병력은 약 80 명 정도였다. 나와 심영순은 제 1 중대 제 3 소대 제 3 분대에 소속되었다. 분대에는 경기관총 한 대와 소총으로 무장되었다. 태행산을 출발할 때 소위 노간부와 나이든 민간인도 참가하였기에 총 인원수는 약 200 명에

가까웠다. 그리고 또한 각 분맹에서도 각기 만주로 발진한다고
하였다.

　나의 분대장은 학병 출신 황모(黃某)라는 자로 나의 모교인
와세다대학 예과를 다녔다는 데 나보다는 4 년 어렸다. 그가
인텔리로서 분대장까지 올랐으니 그의 당성이 어느 정도
강하였는지 족히 짐작이 갈 수 있었다. 그런데 그는 나를 어떻게
보았는지 처음부터 유독 나에 대한 감시의 눈초리가 차가웠고
사사건건 나를 괴롭히면서 가시처럼 못마땅하게 대하는 것이었는
데, 도대체 나는 그 이유를 알 수 없었다. 분대에는 한 자루의
기관총이 있었는 데, 그 기관총은 거이 심영순과 내가 메고 고달픈
행군을 하여야 하였다.

사진 69: 이익성.

사진 70: 박일우.

이때 발진 조선 의용군의 총지휘관은 김웅인 것 같았다. 김웅은 행군 도중 나와 심영순을 보고는 종종 비웃는 웃음을 띄웠는 데, 그것은 '이곳은 화중과는 다르니 고생 좀 해보라.' 는 뜻이 분명하였다. 김웅의 말이 만주는 이미 소련군이 점령하였고, 팔로군 총사령관 주덕(朱德)은 임표(林彪)가 지휘하는 부대를 만주로 발진시켰으며, 모든 의용군은 만주 봉천에서 집결한다는 것이었다. 나는 '봉천과 조선 땅과는 가까우니 무슨 일이 있어도 이겨내어 봉천까지는 가야 한다.' 고 스스로 격려하였다.

의용군은 북경과 천진을 아직 일본군이 장악하고 있기에 일본군과의 충돌을 피하여, 장가구(張家口)와 북경을 연결하는 철도를 넘어 승덕(承德)을 거쳐 만주로 들어가는 길을 택한다고 하였다. 그러나 막상 의용군이 그 철도를 넘기 위하여 선화(宣化) 부근의 촌락에 도달하였을 때에는 장가구의 일본군 사단병력이 그 철도를 이용하여 북경으로 이동하고 있었기에 넘을 수가 없었다. 이에 의용군은 약 십여 일을 그곳에 머무르면서 철도를 넘을 수 있는 기회를 엿보았으나 워낙 일본군의 철도 경비가 엄중하여 기회를 포착할 수 없었다. 우리는 더 이상 오래 지체할 수 없기에 하북성(河北省) 남쪽으로 길을 잡아 남하하였다.

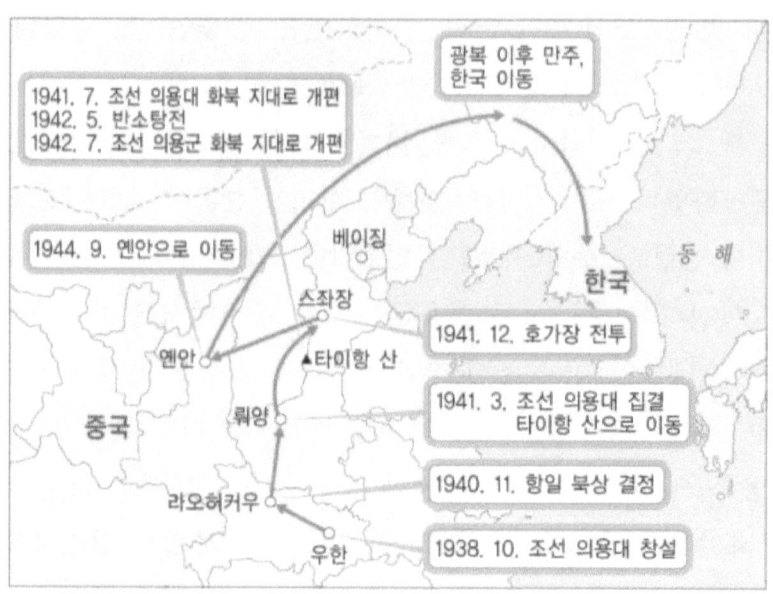

지도 71: 조선 의용대 결성, 이동, 항일전 활동과 광복 이후 만주와 한국으로 이동 경로.

　　우리는 선화 부근의 촌락에서 십여 일 체류하는 동안 모택동의 "신민주주의" 또는 "연합정부론(聯合政府論)"과 혁명이론을 학습하며 기다렸다. 우리는 이곳에서 일본 군국주의 육군대신인 아난(阿南, 아나미 고레치카) 대장이 자결(自決)했다는 소식과 조선은 카이로 선언에 의하여 독립되기로 국제간에 협정이 맺어졌으며, 소련군은 이미 조선 땅에 진군했다는 뉴스를 들었다. 조국의 정세가 변혁되는 시기에 패망한 일본군의 이동으로 행동의 자유를 잃고, 십여 일을 농촌 구석에 쳐 박혀있어야 하는 의용군들은 몹시 초조할 뿐이었다.

사진 72: 아난 (아나미 고레치카) 대장.

더구나 이곳은 중국에서 가장 낙후한 곳이어서 식사는 모래와 흙이 범벅이 된 좁쌀이었다. 진흙을 다져 만든 마당에서 조 이삭을 도리깨로 두들기고 키로 쳐서 흙을 골랐기에 좁쌀에는 흙과 모래가 절반이나 섞여 있었다. 그것을 죽으로 만들어 먹었으니 죽을 먹는지 흙을 먹는지 모를 지경이었다. 이때에 밀가루가 얼마나 그리웠던지 ... 밀가루에는 그래도 모래만은 없지 않았던가!

의용군은 내몽고를 거쳐 만주로 진입하려던 행로를 바꾸어 남하하였다. 그런데 의용군이 염려하였던 일본군은 모두 철수하여 토치카들은 텅 비어 있었고 한 놈도 찾아 볼 수 없었다. 물론 그 중에는 그곳에 주둔해 있던 팔로군에게 투항한 일본군도 있었다 한다. 의용군은 무인지대를 하루 100 리 이상 걸으면서 부경, 천진 사이를 뚫고 산해관을 거쳐 만주로의 진입을 재촉하였다.

때로는 팔로군의 호의로 돼지를 잡아 먹기도 하였으니, 비로소 해방의 기쁨을 맛보았던 것이었다. 어떤 날에는 첸멘(영국제 최고급 담배)을 배급해 주기도 하였다. 하북성 남부는 그래도 중국에서 부유한 생산 지대이고 오랜 동안 공산당 통치 지역이었기 때문인지 의용군에 대해 후한 배급이 있었다. 우리는 팔로군 군복을 비롯하여 치약 등 생활용품을 배급 받았으며, 일본군이 피우던 욱광(旭光)이란 담배도 한 보루 배급 받았다.

우리처럼 많은 팔로군들도 만주로 진입하고자 산해관으로 향하고 있었다. 어느날 나는 분대장의 부름을 받았다. 그날 밤 일본군이 수비하는 토치카에 함화(喊話) 공작을 수행하라는 지시였다. 나는 의용군 대원들의 엄호를 받으면서 토치카 50미터 까지 접근했다. 고요한 밤중이기에 달빛에 비친 토치카를 볼 수 있었다. 나는 참호를 파서 몸을 숨겼다. 호위하는 의용군은 20미터 후방에 있었다. 나는 일본군 토치카를 향하여 큰 목소리로 외쳤다. 물론 일본말로였다.

"친애하는 일본군 병사들이여! 그대들의 나라인 일본은 항복하였으니 그대들이 살아서 고향으로 돌아가고 싶으면 총을 버리고 우리에게 나오시오. 이곳은 팔로군 산하에 있는 일본인 해방연맹이요. 우리는 당신네들을 동포로서 따뜻하게 대할 것이오. 그곳에 있다가는 팔로군의 공격을 받을 것이니 하루 빨리 투항해올 것을 기대하오."

그러나 일본군 토치카에서는 아무 대답이 없었다. 다음날 밤 황분대장은 제 3 분대의 분대회의를 소집하였다. 분대장은 자아비판을 하자는 것이었다. 자아비판이란 앞에서 말하였듯이 자기의 사상과 행동이 대중의 이익과 합치되어 있는지 아닌지를 자신이 반성하고, 그 반성이 객관성이 있는지 허위인지 또는 반혁명적인지를 동무들로부터 비판을 받는 것이었다.

대원들은 촛불 아래 둘러 앉아있는 데, 모두들 나에게 예리한 눈초리를 집중시키고 있음을 느낄 수 있었다. 그러자 분대장이 나에게 자아비판을 하라고 지시하는 것이었다. 나는 비판할 만한 일이 없다고 대답하였다. 이때 한 동무가 나를 보고 내가 차고 있는 탄창을 열어 보라는 것이었다. 탄창을 열어보니 그곳에 꼭 있어야 할 탄환 50 발은 없고 탄창은 텅 비워 있지 않은가! 나는 하도 의외의 일이어서 당황할 수 밖에 없었다. 혁명대우 (革命待遇) 특히 의용군의 목숨보다 더 귀중한 탄환을 모두 분실한 셈이니, 면목이 없을 뿐만 아니라 반혁명 죄목으로 처형될 것이 뻔하였다. 나는 '탄환을 버린 적이 없으며, 언제 없어졌는지도 모른겠다.'고 사실대로 말하였다.

그러자 동무들은 차가운 눈초리로 나를 쏘아 보면서, 나를 반혁명분자요, 전형적인 지식분자이고, 의용군의 전력을 감소시킨 자라며 비판의 화살을 쏘아대는 것이었다. 나는 부주의로 인한 과오이며, 다시는 이런 실수를 범하지 않을 것이니 관대한 처분을 바란다고 말할 뿐이었다. 그런데 평소 나에게 까다롭게 굴며 괴롭히던 황분대장이 웬일인지 이때 만은 나를 너그러운 얼굴로 쳐다보면서, 본인도 깨달은 바가 있을 것이니 용서하자고 말하는 것이 아니겠는가? 그리고 상부에도 보고하지 않겠다고 하는 것이었다.

탄환 분실사건은 이것으로 끝났다. 그런데 나는 이 사건에 대하여 곰곰이 생각하지 않을 수 없었다. 내가 탄환을 분실했다는 것이 도저히 믿어지지 않았기 때문이었다. 꼭 채워져 있던 탄창이 저절로 열릴 수도 없거니와 또한 만일 열려서 탄환이 모두 떨어졌다면 어떻게 그것을 내가 모를 리가 있었겠는가? 50발이나 되는 총알이었으니 탄창의 무게가 갑자기 가벼워졌을 터인 데 어찌 그것을 못 느낄 수 있단 말인가? 더욱이 내가 잃어버린 것을 어떻게 분대장이 나보다 먼저 알고 있었을까? 게다가 그 전날밤 일본말을 할 줄 아는 대원들이 많은 데도 불구하고 나로 하여금 함화공작을 하라고 지시한 것과 맞물려 생각하니 불쾌하기 짝이 없었다.

나는 조선 의용군에서 태행산 정통파는 아니었다. 그렇다고 자기들이 함정을 만들어 나를 집어 넣고 볶아대는 것은 사술(邪術)이지, 동지에 대한 혁명의 길이 아니지 않는가? 공산당에서는 자기들이 못 마땅하게 생각되는 사람을 함정을 만들어 걸려 들게 한 후 숙청해 버리는 예가 많았다. 스탈린 독재시대에 얼마나 많은 초기의 혁명동지들을 이런 식으로 숙청하였던 가를 생각할 때, 몸서리가 쳐지는 것이었다.

214

또 한편 나는 이 사건을 이렇게 자위하기도 하였다. 나의 당성을 시험해 보기위한 조작극이었을 것이라고 .... 나를 하나의 당당한 의용군으로 만들기 위한 고육지책(苦肉之策)에서 빚어진 것이었다고 생각하고 싶었다. 우리는 지금 조국으로의 진군 도상에 있는 데, 그들 말대로 무정이 정권을 잡으면 공산주의 국가를 세우는 것은 의심할 바가 없었다. 내가 지금 이런 상황에서 수모를 이기며 묵묵히 나의 할 바를 해나가면, 그만큼 공산주의 사회에 이바지하는 것이고 적응하는 셈이 된다고 생각하고저 하였다.

그러나 나는 학병으로 강제 징집되기 전에는 나의 조국이 공산주의 국가가 된다는 것은 상상도 해본 적이 없었다. 조선 독립동맹은 민주공화국을 건설한다고 내세우고 있지만 그것은 진정한 의미의 민주공화국이 아니고, 공산주의 국가를 건설하는 데 과도기로서의 무산계급이 영도권을 쥔 공화국을 말하는 것이었다. 민주공화국을 건설한다는 정강(政綱)에 현혹되어 의용군에서 일하다가는 결국 나 자신이 스스로 내 무덤을 파는 격이 된다고 생각하면서, 참참한 마음으로 다시금 무거운 기관총을 메고 고국을 향하여 발걸음을 옮겨갔다.

산해관을 지나며

조선의용군은 북경 천진의 중간지점의 길을 택하여 통과하여 하북성 옥전(玉田)에 도착하였다. 하북지방에서는 어디를 가나 동포들이 이룩한 부락을 볼 수 있었다. 동포들은 화북(華北),

만주로 이민와서는 각고 끝에 수전(水田)을 개간하여 벼농사를 지었기에 조선인이 사는 곳에는 반드시 논이 있고, 논이 있으면 반드시 동포를 볼 수 있었다. 조선인 부락에는 추수철이라 볏가리가 높이 쌓여 있었는 데 보아하니 풍년이 든 것이 분명하였다. 그들이 이렇게 수로(水路)를 만들어 건답(乾畓)에 물을 대기 까지는 얼마나 고생이 심했겠는가!

나는 어렸을때 경의선 철도 연변에서 살았었는 데, 가난에 쪼들린 농민들이 남부여대(男負女戴) 일본놈들의 착취로 땅을 빼앗기고 조상의 무덤이 있는 고향을 등지고 바구니를 차고 기차를 타고 만주나 화북지방으로 이민가는 처참한 광경을 수없이 보았다. 이제 그들이 피 땀 흘린 보람이 있어 흰 쌀밥을 배불리 먹게 되었구나고 생각하니 흐뭇한 마음을 금할 길이 없었다.

의용군은 옥전 부근의 조선인 마을에 머물면서 그들로부터 흰 쌀밥에 김치로 환대를 받았다. 나는 확실히 피는 물보다 짙다는 것을 피부로 느낄 수 있었다. 팔로군은 옥전에서 의용군에게 큰 선물을 주었는 데, 우리가 만주에 들어가면 사용할 수 있는 팔로군 군표이었다. 상당한 액수의 군표이었다. 그 당시 중국에서 통용되는 화폐와 군표의 고정환율은 10 대 1 이었는 데, 중국인은 군표를 10 배로 바꾸어 주고자 하지 않을 뿐더러 사실상 통용되지도 않았다. 국민당에서 통용되는 화폐로는 무엇이든 살 수 있었는 데 팔로군의 뻘건 군표는 백성들이 기피하였던 것이었다. 그것은 지금은 팔로군이 장악하고 있지만 머지않아 국민당 군대가 들어올 것이라고 믿기 때문이었다.

그러나 운이 좋으면 국민정부의 화폐와 바꾸기도 하였고, 또는 총을 들이대고 협박하여 국민당 지폐로 바꾸기도 하였다. 여하간 팔로군 군표는 만주에 들어가기만 하면 사용할 수 있을 것이라고 생각하니 매우 기뻤다. 이렇듯 우리에게 팔로군 군표를 배급해준 것은 만주에서 군표를 유통시키고저 한 팔로군 경제정책의 한 방편이었음이 분명하였다.

옥전에서 산해관까지는 그리 먼 길은 아니었다. 행군하면서 동포들의 얼굴을 보니 기뻤고, 가는 곳마다 볏가래가 쌓여 있는 것을 보니 또한 흐뭇하였다. 간부들은 입을 모아 산해관만 넘으면 규율이 엄격한 소련의 붉은 군대를 만날 것이라고 기대하고 있었다. 일본의 관동군을 섬멸하고 피압박 민족을 해방시킨 붉은 군대는 외모도 단정하고 용맹하며 모범적인 군대일 것이라고 입을 모아 자랑하는 것이었다. 이제 의용군들은 말로만 듣던 붉은 군대를 만나면 그들로부터 배우라는 말까지 들어야 하였다.

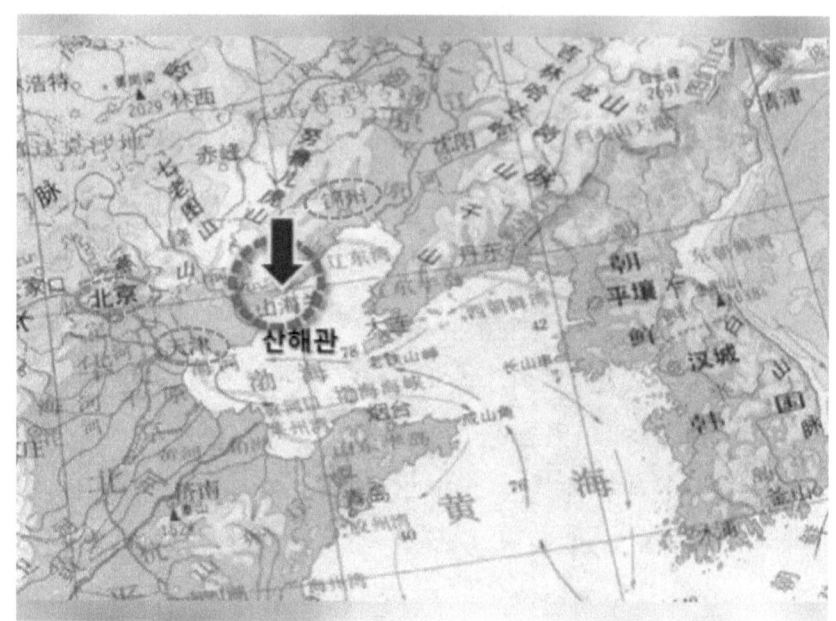

지도 73: 산해관.

그런데 산해관을 넘자 우리가 만난 소련군은 세상에서 찾아보기 드문 또 하나의 열악하고 침략적인 군대임을 알게 되었다. 각 지에서 소련군의 만행이 속속히 노출되자 간부들의 입은 다물어질 수 밖에 없었다. 붉은 군대도 일본군과 같이 독재국가의 군대이기에 그 흉악한 살인, 약탈, 강간 행위에서는 조금도 다를 바가 없다는 것을 그들은 미쳐 생각하지 못했던 것이었다.

나는 산해관에서 나의 와세다대학 사학과 동기 동창인 허갑(許鉀)을 만났다. 그는 상지대학(上智大學) 예과를 졸업하고 학부로 편입한 동창이었다. 우연히 만난 허갑은 팔로군 군복을 입고 총을 메고 조선 의용군이 된 나의 모습을 보고는 놀램과

동시에 선망의 눈으로 바라보는 것이었다. 그는 만주 길림
(吉林)에서 살았는 데 용하게 학도병으로 징집되는 것을 피하고
숨어 지냈다고 하였다. 그는 해방을 앞두고 연안으로 가서
독립독맹에 가입하고자 부모님의 간곡한 만류도 뿌리치고
숨어가며 길을 떠나 왔다고 하였다.

그러던 중 산해관을 지나고자 할 때 의외로 일본이 빨리
항복하였기에 해방을 맞아, 이곳에서 독립독맹에 가입하고
산해관 판사처(辦事處)에서 동포들의 뒷바라지를 해주는 직책을
맞고 있다고 하였다. 그는 힘주어 말하기를

"지금 나라의 정세는 얄타협정에 의하여 38 도 선을
경계로 소련군과 미군이 진주하여 각각 군정을 실시하고
있으며, 남조선은 좌·우로 갈라져서 정세는 극도로
불투명한 형편이기에, 양심있는 조선의 인텔리들은
독립독맹에서 힘을 길러 조국으로 쳐 들어가야만 새
조선을 건설할 수 있다. 힘만이 민족의 영광을 가져다 줄
것이므로 나는 의용군에 가입하여 봉사하며 기다리고
있다." 는 것이었다.

그는 또 나는 이미 조선의용군에 가입하였으니 앞으로 높은
직책을 맡게 될 것이고 앞날에 영달이 있을 것이라고 말하며
부러워하는 것이었다. 나는 그가 원래 소 영웅주의적 성향을 갖고
있음을 알고 있었다. 그런 그에게 독립독맹이란 조직과 지금 내가

겪고 있는 고민을 어떻게 솔직히 털어 놓을 수 있었겠는가? 다만 마음 속으로 그를 기회주의자라고 경멸할 뿐이었다.

"네가 참으로 근로대중의 계급적 이익과 공산주의 사회를 건설하는 데 몸을 받칠 수 있단 말이냐?
혁명의 길은 길고 고달프고 결국 자기가 스스로 자기 무덤을 파는 것임을 알기나 하는가?"

이렇게 속으로 반문하면서 역사의 격변기에 서로 몸조심하자며 헤어지고자 하였다. 그러자 그는 돌아서는 나를 붙잡으며 길림에 가면 자기 부모님을 만나 산해관에서 자기 만난 것을 전해달라고 신신당부하며 길림에 계시는 부모님의 집 주소를 적어 주는 것이었다.

허갑과 헤어져 혼자 길을 걸으며 나는 상념에 잠기었다. 해방을 맞이하는 현 시점에서 조국의 영광된 길은 허갑의 말대로 독립독맹의 노선인지도 모른다고 생각하였다. 그런데 도대체 허갑은 부친이 기독교 장로라고 하면서 자신은 언제부터 공산주의자가 되었을까? 독립독맹이 부르짖는 통일전선이란 정책에 현혹된 것이나 아닐까? 나는 인텔리가 공산주의를 받아 들이는 것은 일시적인 환상(幻想)일 뿐이라고 생각하고 있었다.

이렇듯 상념에서 벗어나 눈을 드니 갑자기 나의 앞에는 웅장한 만리장성(萬里長城)이 드러났다. 이 장성을 구축하는 데는 또 얼마나 많은 노고가 있었을 것인가! 사람의 노고에는 한도 끝도 없다고 생각되었다. 또 얼마나 많은 가난한 서민들이 죽어 갔겠는가! 그것은 맹강녀(孟姜女)의 애화(哀話)에서 잘 말해 주고 있잖은가? 산해관을 기점으로 한 장성은 명왕조(明王朝)때 구축한 것이었는 데, 큰 관문이 있는 것이 아니라 장성 바로 옆을 지나는 길로 만주 땅에 들어 갈 수 있었다. 구불구불 쌓아 올린 장성을 바라 보면서 산해관을 넘으니 감개가 무량하였다.

사진 74: 만리장성(萬里長城).

진(秦)왕조 말기, 진승(陣勝)과 오광(吳廣)이 장성을 구축하라는 명령을 받고 정한 장소로 가는 중 우기(雨期)를 만나 예정된 날짜에 도착하지 못하게 되었다 한다. 진의 군율에 의하면 예정된 날짜를 어기면 사형에 처해지게 되어있었기에, 이왕 막다른 골목에 다다른 그들은 죽을 바에는 반란을 일으키게 되었고, 이것이 결국 진왕조를 망하게 하였던 것이었다. 진왕조는 장성 구축이란 대 토목공사가 계기가 되어 망하고 말았지만, 만리장성(萬里長城)은 중국이 아니면 이룩할 수 없는 세계적인 유적으로 남게 되었으니, 이 또한 인간사의 아이러니라고 아니 볼 수 없겠다.

신팡즈(新坊子)의 이모저모

날씨는 겨울을 재촉하며 추워졌다. 산해관을 지나 금주(錦州)까지 행군은 계속되었고, 도처에서 소련군의 만행을 듣고 또 보았다. 길가는 사람을 일본놈이라고 막 쏘아대는 것도 보았고, 일본 여자들이 길가에 쓰러져 죽어가는 것도 보았다. 의용군은 금주에 이르러 처음으로 마차를 탔다. 내가 중국 땅에서 수송수단을 이용한 것은 앞서 신사군의 포로가 되어 근거지로 후송될 때 탄 당나귀를 제외하고는 이것이 처음이었다.

만주 땅에서는 마차가 대중 교통수단이었다. 원래 마차의 바퀴는 나무로 만들기에 삐걱삐걱 소리가 나는 것인 데, 그 마차 바퀴가 모두 자동차 타이어로 바뀐 것을 발견하였다. 마부들은 그들의 유일한 생활수단인 마차의 바퀴를 고무 타이어로 바꾸는 것이 평생의 소원이었는 데, 해방이 되자 그들은 무엇보다 먼저 일본놈들이 사용하던 각종 자동차를 약탈하여 타이어만 뽑아서 바꿔 끼웠던 것이었다. 그러했기에 그들은 마차의 타이어 바퀴를 쳐다볼 때마다 해방이 가져다 준 선물이라며 기뻐하였다.

의용군은 몇 대의 마차에 갈라 타고 기분도 가볍게 말발굽 소리를 들으면서 봉천으로 향해 떠났다. 그런데 봉천에 다다르니 봉천의 소련군 사령부에서 의용군의 봉천 입성을 허락치 않는 것이었다. 의용군은 하는 수 없이 봉천 부근의 신팡즈 (新坊子)라는 조선인 부락에 머무르게 되었다. 당시 경봉선 (京奉線) 철도는 신팡즈가 종착역이었다. 신팡즈에 기차가 도착하기만 하면 많은 조선인 피난민들이 내리었기에 역 앞 광장에는 음식물을 파는 간이식당이 줄을 지어 있었고, 또한 일본군 창고를 턴 온갖 물자들을 사고 파는 시장을 이루고 있었다.

지도 75: 1945 년 8 월 만주지역 철도노선들.

여기서 우리는 처음으로 떡도 사먹고 삶은 돼지고기도 사먹었다. 우리는 이곳에서 3 일 동안 체류하였는 데, 나는 팔로군이 준 팔로군 군표를 싸게 만주 화폐로 바꾸어서 관동군의 군수물자인 털로 짠 속옷을 한 벌 사 입었다. 이것을 사 입었었기에 나는 그 해의 혹한을 이겨낼 수 있었던 것이었다.

신팡즈의 거리는 매우 평온하였다. 그것은 이곳 자치위원회가 소련군의 약탈과 강간 등의 만행을 방지하기 위하여 미리 부락민들로부터 돈을 거두어 왜놈의 여인들을 사서 위안부로 소련 경비병에게 받쳤기 때문이었다. 나는 역사는 반복되는 것임을 다시금 절감하였다. 일본군이 만주, 중국을 쳐들어 가면서 천인이 공노(共怒)할 강간 등 온갖 행패를 자행하더니, 이제 소련군한테서 그 보복을 받고 있구나고 생각되었다.

가날픈 왜인 부녀자들이 굶주린 야수 같은 소련군에게 만행를 당할 때, 조상들이 저지른 죄의 댓가를 자기들이 보상하고 있다고 생각할 것인가? 여하간 전쟁을 하면 이겨야 할 뿐, 절대로 져서는 아니 된다고 생각하였다. 길가에서 추위에 떨며 소련군을 상대하는 여인들을 볼 때마다, 나는 한 때는 적이었지만 측은함을 느끼지 않을 수 없었다.

신팡즈 부락은 각지의 피난민들이 모여드는 곳이라 경기가 좋았다. 조선의 아가씨들을 고용하여 술장사를 하는 카페라는 곳도 있었다. 독립동맹의 간부들이 카페에서 여인들을 상대하면서 술을 마시는 것을 보았을 때, 나는 돌덩이처럼 차가운 노간부들에게도 낭만이란 것이 있었구나고 놀라지 않을 수 없었다. 몇 해를 중국의 외진 곳만 헤매이면서 굶주리고 쌓인 노고를 한 잔의 술로 푸는 것은 당연한 일이라고 생각하면서, 이 모든 것이 해방이 가져다 준 선물이 아니겠느냐고 새삼스레 감격하였다.

심영순은 어떻게 군표를 바꾸었는지 나더러 불고기를 먹자고 하였다. 그는 돈의 출처는 묻지 말라고 하는 데, 아마 중국인 상점에 들어가 총을 들이대고 강제로 바꾼 것이 분명하였다. 나는 그와 함께 조선인이 경영하는 판자집 안방에서 처음으로 소고기 불고기와 술을 잔뜩 마셨다. 오랜만에 제대로 술을 마시니 기분이 좋았다. 더욱이나 이곳에서 안동(安東)은 먼 거리가 아니었다. 안동에서는 압록강만 건너면 고향 땅이 아니겠는가? 이제 얼마 안 있으면 고향 땅을 밟을 수 있을 것을 생각하니 날아갈 것 같은 기분이었다.

1945 년 11 월 6 일 이날은 소련이 10 월 혁명을 완성한 사회주의 혁명기념일의 하루 전 날이었다. 이날 의용군과 독립동맹 대원들은 모두 신팡즈의 넓은 광장에 집합하였다. 그곳에는 간이 무대가 설치되어 있었고 무대 뒤에는 [조선 독립동맹 제 3 차 대표대회] 라는 큰 글씨로 쓴 현수막이 걸려 있었다. 모인 군중은 어떠한 경로를 통해서라도 독맹과 인연을 맺은 사람들로써 그 수는 대략 500 여명을 헤아릴 수 있었다. 대표대회라고 하였지만 이전에 선출된 대표들을 위한 것이라기 보다는 일종의 군중대회였다.

이 대회에서 해방을 맞은 독맹으로써 앞으로 나아갈 방향을 결정한다고 하였지만, 결정은 이미 간부들 사이에서 이루어졌고 다만 기세를 올리고 행동을 지시하는 것이었다. 무정과 김두봉의 얼굴은 보이지 않았으니 그들의 말대로 이미 입국한 것 같았다. 최창익, 한빈, 김창만, 허정숙 등이 가설 연단에 올라 일장의 연설을 함으로써 혁명적 분위기는 고창되어 갔다. 입국을 앞두고 간부들은 모두 흥분해 있는 듯 보였으며, 연설하는 간부들은 이제부터가 혁명을 완수하는 험난한 투쟁기라고 입을 모아 외쳤다.

이 대회에서의 지시사항은 조선의용군을 세 지대(支隊)로 나눈다는 것이었다. 제 1 지대는 나이가 많은 노간부들로 편성되는 데 즉시 입국하여 혁명공작을 수행한다는 것이었고, 제 3 지대는 북만(北滿)으로 이동하여 그곳에 자리잡고 있는 독립군과 연계하여 의용군의 병력을 확대시킨다는 것이었다. 그리고 제 5 지대가 9 개 중대 약 900 여명으로 편성되는 데, 우수한 간부이면서 또한 홀륭한 전사들이었다. 이 5 지대는 태행산을 떠날 때의 제 1 중대를 주축으로 하여 학병 출신자들을 합세시킨 조선의용군의 기간부대였고, 나도 여기에 포함되었다. 또한 제 5 지대는 우선 간도(間島)로 가서 혁명세력을 확장한 후, 본국으로 쳐들어 가는 핵심부대라고 덧 붙였다.

다시 말하면 제 1, 제 3 지대는 정치공작을 주로 하고 제 5 지대는 군사공작을 주로 하는 의용군 중에서 가장 정예한 혁명적인 조선의용군이라는 것이었다. 제 5 지대장은 이익성(李益星)이었고, 정치지도원은 박일우이었다. 이익성은 앞서 태행산 출동시 제 1 중대장이었고, 박일우는 한때 소련에 유학한 바 있고 김일성의 항일 연합군과도 관련을 갖고 있어서인지, 제 5 지대의 실질적인 지도자 역할을 하였다.

소련 혁명기념 경축식

나는 제 5 지대에 배속되었다. 항명(抗命)은 곧 반동이기에 간도로 가야만 했으나 나의 마음은 편안치 않았다. 봉천(奉天)에서 조국으로 들어갈 줄 알았는 데 또 다시 방향을 돌려 간도까지 긴 여정을 떠나야 했으니, 어떻게 마음이 편할 수 있었겠는가? 그러나 간도는 함경도와 지척지간이고 조선인들이 많이 살고 있는 곳이기도 하다고 스스로 위로하였다. 대회가 끝나기에 앞서 독맹에서는 다음날 11 월 7 일(소련의 10 월혁명 기념일) 해가 뜨기 전에 다시 광장으로 집합하라는 명령이 하달되었다.

다음날 조선의용군은 완전무장을 하고 모든 소지품을 챙겨 가지고 광장에 집합하였다. 이제 의용군은 캄캄한 야밤에 출동하여 새벽 길을 깨우고 아침 햇살을 받으면서 봉천에 입성하게 되었다. 나는 일본군을 도망친 이후, 처음으로 대도시에 발을 디디게 되었던 것이었다. 봉천에서도 조선인이 많이 산다는 서탑(西塔)거리에 접어들어 동포들의 얼굴을 대하니 반갑기 그지 없었다.

그런데 봉천에서는 일본군-소련군 간의 전투도 없었는 데 거리들이 스산하였다. 거리의 상점들은 굳게 닫쳐 있었고 집들은 거이 주인 없는 집처럼 창문들이 떨어져 있었다. 길 가에서 떡과

엿, 담배 등을 파는 장사꾼들이 추위에 떨며 앉아있는 것을 보니 마음이 안스러웠다. 이렇게 서탑 거리를 걸으면서 나는 비로서 우리가 이곳에 온 이유를 알게 되었으니, 이날이 바로 소련 사회주의 혁명기념일이었기 때문이었다. 전쟁에 승리한 소련군이 이날을 경축하기 위하여 봉천역 광장에서 큰 기념 행사를 거행하는 데, 우리 조선 의용군이 동참하여야 할 뿐더러 소련 사령관에게 열병 분열식을 하기 위한 것이었다.

사진 76: 심양의 유명한 서탑(西塔)과 서탑 코리아타운.
이국적인 탑과 경사가 심한 서탑의 기와지붕.

열병대 위에는 스티코프장군을 비롯한 많은 소련군 장성들이 늘어 서있었다. 열병이 끝난 후 봉천역 광장에 세워져 있는 전승기념탑의 제막이 있었다. 기념탑에 씌워진 커버가 내려지자 40-50 미터나 되어 보이는 대리석 탑이 나타나고 우뢰와 같은 박수가 터져 나왔다. 나는 그 탑을 바라보고 놀라지 않을 수 없었으니, 그 탑 꼭대기에는 육중한 탱크가 긴 포신을 일본을 향하고 놓여 있었기 때문이었다. 나는 그 탱크가 바로 소련의 극동정책을 의미한다고 생각하였다. 소련의 만주를 점류하고저한 야욕은 제정(帝政) 러시아 때부터 시작되어 온 것이었다. 이제 그들은 그 야욕을 채우고, 나아가 저 탱크로 일본을 점유함으로써 아시아의 적화를 실현하고자 한다고 생각되었다.

사진 77: 스티코프장군 (Shtykov)

사진 78: 선양역 광장에 서있는 전승기념탑과 일본을 향하고 있는 탱크.

(**편집자 주**: 스티코프장군, 프리모리예 군관구 군사위원회 위원으로 재임하면서 해방 후 북한의 실권자로서 소련군정을 총지휘했다. 그의 유고 "시티코프 일기"는 해방 직후 남북한 역사 연구의 중요한 자료로 활용되고 있다.)

나는 대학생시절 일본 요요기 연병장에서 히로히도(裕仁) 천왕에게 열병분열을 한 적이 있었다. 그때 나는 조선사람으로 수치심을 느꼈었는 데, 이제 소련군 사령관들에게 또다시 열병분열을 해야 했기에 이런 운명에 놓인 내 자신에 대해 자학심(自虐心)을 가지지 않을 수 없었다. 우리나라 국왕이나 통치자에게는 한번도 열병분열을 못한 내가 왜놈의 천왕이나 소련군 점령군 사령관과 무슨 관계가 있기에 그들에게 최대의 존경을 표해야 하는가? 고 생각하니 부끄러움은 고사하고 울분이 치솟아 오름을 느꼈었다.

사진 79: 일본 요요기 연병장에서 거행되고 있는 천장절(천황 탄신일) 열병분열식 (1932 년).

나는 조직의 명령이니 경축식에 참가했다고는 하지만, 조선 독립동맹이 야만적인 소련군에게 최대의 경의를 표시할 이유는 무엇이란 말인가? 고 분개하지 않을 수 없었다.   그것은 독립동맹이 조국독립을 내세우고 있지만 공산주의적인 독립이요, 소련을 모국으로 삼고 아시아의 적화를 도모하는 일익을 담당하고 있음을 의미하는 것이었다.   그날 밤을 우리는 봉천의 여관에서 지내고, 다음날 아침 일찍 간도를 향해 출발하였다.

제 10 장

간도(間島)로 가는 길

길림성(吉林省)의 도시들

봉천(奉天)이란 말은 날로 날로 커진다는 뜻이다. 청(淸) 태조 누루하치(奴雨哈赤)가 심양(瀋陽)을 점령하고 여진(女眞)족의 세력이 날로 강대해지고 있다고 그곳을 봉천이라고 이름 지었던 것이었다. 간도로 향하는 조선 의용군 제 5 지대(지대장 이익성)는 아침 일찍 봉천을 출발하여 그날 저녁에 약 45km 떨어져 있는 랴오닝성에 위치한 무순(撫順)에 도착하였다. 무순은 유명한 석탄 산지로써 특히 노천굴(露天堀)로 이름이 높았다. 눈에 보이는 것은 모두 석탄이었다. 그러기에 오고 가는 사람의 옷과 코 끝은 모두 검은 빛깔이었고, 석탄가루로 하늘을 뒤덮고 있었다. 나는 저런 광산이 우리나라에도 있었으면 얼마나 좋을까고 부러워하지 않을 수 없었다.

무순에서 처음으로 기차를 탔다. 창문은 떨어져 나갔고 의자는 망가졌지만 기차를 탄다는 것은 큰 대접이었다. 아마도 우리가 봉천에서 전승기념일날 열병식에 참가한 데 대한 소련군의 배려가 있었을 것이라고 짐작되었다. 기차를 타고 가면서 우리는 소련군이 기계 등의 전쟁물자를 만재하여 본국을 반출하는 화물차를 많이 볼 수 있었다. 우리를 태운 기차가 길림성(吉林省)으로 접어 들어 매화구(梅花口)에 도착하였을 때는 추운 아침이었다.

의용군은 하차하여 역 앞에 집결해 서있는 데 우리를 환영한다고 나온 그곳 조선인 자치위원회 간부 중에 내가 동경에서 가깝게 지내던 가네야마(金山)가 끼어 있는 것이었다. 나는 혼자 속으로 아하! 그의 고향이 매화구였구나고 생각했을 뿐이었다. 뛰어가서 손을 잡고 싶었지만 조직에 매달려 있는 나에게는 그럴 자유가 없었던 것이었다. 그도 나를 보고 반가운 표정이었지만 먼 눈빛으로 바라다만 볼 뿐 가까이 다가오지 못하였다. 그는 동경에서는 일본인 행세를 하면서 호구지책을 마련하던 극단의 자유주의자이었는데 언제 공산주의자가 되었는가? 확실히 그는 머리 회전이 빠른 자 임에 틀림없다고 생각하였다.

그 또한 의용군이 되어 총을 메고 나타난 나를 보고 무엇을 느끼었겠는가? 나를 공산주의자라고 낙인 찍었을 것이 분명하였다. 아마도 나를 기회주의자로 매도하였을 지도 모를 일이었다. 그와 세상 돌아가는 정세를 이야기 하며 내가 지나온 일들을 알려주고 싶었으나, 나는 대오를 떠날 수 없는 몸이었고, 또 기차가 출발한다기에 그와는 그렇게 멀리서 바라보며 혼자 중얼거리다가 헤어질 수 밖에 없었다. 그런데 그들은 우리를 대접하려고 많은 음식을 준비해 왔던 것이었다. 우리가 기차 출발 관계로 빨리 떠나게 되니, 그들은 불야 불야 서둘러 주먹밥을 만들어 배급해 주었다.

목재를 만재한 화물차는 저녁에 반석(盤石)에 도착하였다. 우리는 이곳에서 하차하여 민가에 분산되어 하루 밤을 지나게 되었다. 내가 머물게 된 민가는 그곳 소학교 선생님 집이었다. 40 세를 바라보는 선생님은 우리를 부러워하면서 따뜻하게 맞이해 주었다. 그는 고향이 경기도 죽산(竹山)이라고 하면서 그곳에 온지는 십년이 되었다고 하였다. 대부분 농사짓는 동포들의 자제들을 가르치고 있다고 하며, 중국 땅에서 민족의 독립을 쟁취하기 위하여 노심초사하는 의용군을 대접하게 되어 더 없는 영광으로 생각한다고 하였다.

그는 또한 일제 때에는 이곳이 만주 땅이어서 그런대로 양심적으로 동포들에게 조선말을 가르치며 민족적 자부심을 갖고 살았다고 하면서, 이제 조국이 해방되었으니 귀국하겠노라고 말하기도 하였다. 그는 덧붙여 조국의 북반부는 소련군의 진주로 적화되겠지만, 자신은 미군이 진주한 고향에 가서 공산주의 운동에 몸을 바치겠다고 자랑삼아 이야기 하는 것이었다. 원래 간도 땅은 사회주의 운동의 세찬 바람이 몰아친 곳이었는지라 그의 환경으로 보아 공산주의자가 된 것은 너무도 당연한 일이라고 생각되었기에 나는 그저 아무 말없이 잠자코 듣기만 하였다.

나는 그날 밤 처음으로 따뜻한 온돌 방에서 이불을 덮고 발을 펴고 깊은 잠에 빠져 노고를 풀었다. 아침에 두부국으로 정성스럽게 마련한 식탁을 앞에 놓고 나는 혼자 속으로나마, 마음씨 착하고 성분도 좋은 이 사람들이 앞으로 자기들이 원하는 일에 크게 이바지할 수 있기를 기원하지 않을 수 없었다.

나의 부친과 허갑의 부친

길림(吉林)으로 가는 각종 기계류를 운반하는 화차 지붕 꼭대기에 앉아 끝없이 넓은 평원을 바라보면서 나는 고향에 계시는 부친을 생각하였다. 부친께서는 3·1 운동 당시 고향인 오산(五山)에서 독립만세를 부르시다가 일본 헌병들의 추적을 받게 되어 피해온 곳이 통화(通化)라고 말씀하셨다. 바로 그 통화가 내가 엊저녁을 지낸 반석(盤石)에서 그리 멀리 떨어지지 않은 곳에 있었다. 나는 아버님께서 이 통화에서 잠시 소학교 선생을 하시면서 독립운동을 펼치셨다는 이야기를 들으면서 자라났기에, 부친께서 젊음을 불 태우시면서 이 일대의 산하를 질주하셨을 모습이 눈앞에 떠오르는 것이었다.

"3·1 운동이 지난지 25 년이란 세월이 흐른 지금, 아들인 내가 해방된 간도의 통화, 반석을 지나면서,
바로 이 산하가 부친께서 달리시던 산하이며,
이 공기가 부친께서 마시던 공기가 아니었겠는가고 생각하게 되니, 참으로 벅찬 감격을 느끼지 않을 수 없었다."

조선 의용군 제 5 지대가 탄 화물차가 길림에 도착하기는 다음 날 오후였다. 길림은 길림성 한가운데 자리잡고 있는 대도시이기에 역전에는 많은 사람이 붐비고 있었다. 그들 속에 있던 어느 백발 노인이 우리 의용군을 보고 정중히 고개 숙여 큰 절을 하면서 "혁명운동을 하시기에 얼마나 수고가 많으시오." 라고 말하는 것이었다. 나는 그의 말이 조금도 거짓이 없고 진실에서 나온 말이라고 느낄 수 있었다. 나는 그 노인의 과거는 묻지 않았으나 그의 겸손하고 진지한 태도를 보아 자신이 못다한 독립을 우리가 계승하여 싸우는 데 대하여 감사하는 것임을 알 수 있었다.

길림의 시가지는 혼란하고 질서가 잡히지 않았다. 멀리 교외에서 간간히 포성 소리가 들려오는 것으로 보아 폭풍 전야의 혼란같이 보이었다. 지금은 소련군이 점령하고 있지만 소련군이 철수하면 팔로군이 쳐 들어와 장악할 것이라고들 말하였다. 국민당 군대는 도착하지 않았지만 그 계열의 군대가 외곽 지대를 장악하고 있는 것이 분명하였다. 길림 시내에는 이미 팔로군 공작원들이 대량으로 잠입되어 중요 기관들을 장악하고 있다고

하니, 국·공의 뿌리깊은 알력을 생각할 때 이곳에서 국·공(國共)간의 대 접전이 벌어지는 것은 시간 문제임을 알 수 있었다.

길림에서 의용군은 일본 사람이 경영하던 큰 여관에 머물었다. 지난 날 이 여관에서 선남 선녀들이 샹데리아 밑에서 술 마시고 춤 추면서 호화스럽게 즐겼을 터인 데, 지금은 대부분의 문짝은 떨어져 나갔고 유리창은 깨져 있어 음산하기 짝이 없었다. 의용군은 이곳 다다미 방에서 이틀을 묵었는 데, 나는 산해관 판사처(辦事處)에서 만난 허갑(許鉀) 동무의 부탁이 생각나서 그가 적어준 주소를 수소문해 여관의 심부름꾼을 시켜 허갑의 부친께 편지를 써서 보냈다. 허갑의 부친께서는 곧 여관으로 찾아 와서 아들을 만나는 기쁨으로 나를 대해 주셨으니, 나도 내 아버지를 뵙는 기쁨으로 그에게 인사를 드렸다.

허갑의 부친께서는 당신은 이곳 큰 교회의 장로직을 맡고 있다고 하시면서 아들이 되먹지 않았다고 욕하는 것이었다. 아들이 학병을 기피하여 숨어 지내다가는 연안으로 간다고 하여 당신은 한사코 반대하며 만류했다고 말씀하셨다. 자신은 연안의 독립동맹은 공산주의 집단이라는 것을 잘 알고 있었다고 하시면서, 아들이 불효자식이라고 매도하시는 것이었다. 나는 내 자신이 조선 의용군이 된 연유를 간단히 말씀드리고, 나의 가정도 대대로 내려온 기독교 가정이라는 것도 이야기하였다.

길림의 정세를 물어보니, 곧 팔로군이 쳐들어 올 것이라고 대답하시면서, 나에게 저녁을 대접하고 싶으시다고 제의하시는 것이었다. 나는 조직을 떠날 수 없었기에 사양하였고, 그분은 하나님의 가호가 있기를 바란다는 말씀을 남기고 여관을 떠나가셨다.   내가 생각하였던대로 허갑은 분명히 소영웅주의자요, 자유주의자였으며, 그는 부모님의 반대를 무릅쓰고 자신을 공산주의자로 착각하고 연안을 동경하며 떠나가 독맹에 가입하였으니, 아무쪼록 그의 앞날에 영달이 있기만을 바랄 뿐이었다.

그런데 뒷날 들리는 말에 의하면 그는 귀국하여 북조선 공산당 선전과장의 직책을 맡았었는 데 무슨 연고인지 자결하였다는 것이었다.   나는 이 말을 들었을 때 역시 허갑은 그가 지닌 소영웅주의와 감투욕으로 스스로 자신의 무덤을 팠구나 고 생각하였다.   실제로 자신의 계급성을 극복하지 못한 인텔리가 무산자들을 위해 싸운다는 것은 자기기만일 뿐이었다. 공산주의자가 되는 길은 자신과 싸워 이겨야 하고, 동료를 고발하고, 남을 이유 없이 죽여야 하는 냉혹성을 갖어야 한다는 것을 나는 허갑의 죽음을 통해 다시금 통감하였다.

허갑의 부친을 배웅한 후 나는 세탁물을 들고 세면장으로 갔다. 기대하지 않았던 수도물이 나와 수월하게 세탁을 끝내고 돌아서니, 한 여인이 아무런 표정없이 서 있는 것이었다. 보기에도 처참해 보이는 30 대를 넘은 일본 여인임을 알 수 있었다. 아마 여관에서 청소나 밥 심부름을 하면서 기거하는듯 보였다. 나는 그 동안 만주 땅에서 유린 당하고 죽어가는 가련한 일본여자들을 많이 보았기에, 그녀를 본 순간 민족적인 적개심보다 불운한 여인에 대한 연민이 느껴졌다.

나는 그냥 지나칠 수 없어 고국에는 돌아가지 않느냐고 일본말로 물었다. 그녀는 짐짓 놀라 당신은 조선 의용군이 아닌가고 반문하며, 자기에게 말을 거는 저의가 무엇인가고 의아해하는 눈치였다. 그리고는 서글픈 표정으로 때가 오면 고국에 갈 것이라고 대답하는 것이었다. 나는 묵묵히 불쌍한 네가 지금 네 동족들이 저지른 죄의 댓가를 치루고 있구나고 생각하며, 그 곳을 떠나왔다.

그 당시는 소련군은 주민들이 야폰스키(일본놈)라고 손가락질 만해도 어디서든지 총을 난사하였던 실정이었다. 어느덧 어두움이 깔리기 시작하자 외곽지대에서는 다시금 국·공 간의 치열한 총격전이 벌어지는지 총성이 요란해져 갔으며, 야광탄이 차가운 밤 하늘에 수를 놓는 것이었다.

소련군에 의한 무장해제

길림(吉林)에서도 조선 의용군 5 지대는 소련군의 전리품인 원목을 잔뜩 실은 도리꼬 기차(지붕 없는 개방형 화물차)를 타고 간도(間島)의 연길(延吉)을 향하여 떠났다. 1 월 달의 간도의 추위는 진정 매서웠다. 내린 눈은 쌓이고 쌓여 온 산하를 뒤덮었고, 마스크를 하고 숨을 쉬면 고드름 서리로 앞을 가름할 수 없었다. 기온은 영하 30-40 도를 오르내리는 추위였건만 우리는 방한복도 제대로 입지 못한 채, 방풍시설도 없는 달리는

화물차의 쌓인 원목 위에 앉아 있어야 했으니, 매서운 맞바람을
맞아 동상(凍傷)자들이 속출하였다.   게다가 눈까지 부슬부슬
내려 과연 이 밤을 무사히 지낼 수 있을지가 의문이었다.

　　화물차는 한 밤중에 돈화(敦化)역으로 들어가 머물렀다. 이때
갑자기 무장한 소련 병사들이 무리로 달려와 의용군을 포위하고
전투태세를 갖추는 것이었다.   금시라도 총을 쏠 것 같은 험악한
분위기였다.   그들은 우리에게 무장을 해제하라고 요구하였다.
의용군은 예기치 못한 일대 위기에 처하게 되었으므로 제 5 지대
정치위원인 박일우는 우선 소련군의 요구대로 우리에게 무장을
해제할 것을 명하였다.

지도 80: 연변 조선족 자치구 지도 (2024 년).

소련 병사들은 우리들이 사서 입은 하잘 것 없는 외투도 무기이니 벗으라고 야단이었다. 의용군은 무기와 의류들을 한 곳에 모아 놓았다. 이렇듯 우리가 순복하니 소련병사들은 소리지르며 기뻐 떠들어 대는 것이었다. 박일우를 비롯한 간부들도 영문을 모른 채 난감한 표정을 지을 뿐이었다. 다행스럽게도 소련에 유학한 경력이 있는 박일우가 소련말을 할 수 있었기에 소련 지휘관과 대화할 기회를 가졌다. 소련군은 상부로부터 의용군은 국민당 군대이니 무장을 해제시키라는 명령을 받았다고 하였다.

그리하여 박일우는 명령을 하달한 소련군 상관을 만나 의용군은 절대로 국민당 군대가 아니고 조선의 해방군이라는 것을 납득시켜야 했다. 제5지대 정치지도원 박일우 등이 소련군 장교를 만나 납득시키는 데 많은 시간이 소요되었으므로, 그동안 조선의용군은 그곳에서 추위와 싸우면서 기다려야 했었다. 하마터면 우리 조선의용군은 국·공 내전의 희생물이 될 뻔 했던 것이었다.

그 후 알아본 즉 국민당 정보원이 의용군을 몰살시키기 위하여 의도적으로 돈화로 들어가는 화차에 국민당 군대가 탑승해 있다는 허위 정보를 소련군 상관에게 흘려 보내, 소련군으로 하여금 우리를 공격케 한 것임이 판명되었다. 물론 그 정보원은 소련군 장교를 매수하기 위하여 여인과 뇌물을 바쳤다고 하였다. 실제로 소련군은 만주에서 국민당군을 적대시하였고 팔로군에게는 일본 관동군으로부터 빼앗은 무기를 대주면서 그들의 활동 반경을 보장해 주었던 것이었다.

이렇듯 한바탕 소동을 치루고 나니 밤은 깊었고, 우리는 또다시 도리꼬 기차에 올라 타고 출발하였다. 허술한 외투까지 빼앗긴 우리는 추위를 견뎌 내기가 더욱 힘들어졌다. 눈이 내려 미끄러운 원목(原木) 사이에 앉아 밤을 새워야 했으니, 잠이 들면 동상을 입기에 절대로 자서는 안되었던 것이었다. 우리는 계속 발을 굴리며 서로 껴안으며 몸의 체온으로 동상을 이겨 내고자 안간 힘을 썼다. 화물차가 그럭저럭 달려 조양천(朝陽川) 역에 내리니, 어느덧 아침 해가 떠올라 햇살이 눈부시게 비추이는 것이었다. 새삼 태양의 고마움을 절실히 느꼈다. 무기는 다시 환수되었으나 방한 외투는 간 곳을 알 수 없었다. 소련군 병사들이 팔아 그 돈으로 여자들을 샀다는 이야기가 들려왔다.

조양천 역 다음 역이 바로 연길(延吉)이었는 데 소련군 사령부는 조선 의용군의 연길 입성을 허락할 수 없다고 하였다. 그것은 앞서 봉천 입성이 허락되지 않은 것과 같은 규칙이라고 하는 것이었다. 그리하여 우리는 조양천 역 앞의 철도 관사에 머무르게 되었다. 철도 관사는 일본인의 철도 공무원들의 숙소로 지어졌던 건물로서 페치카가 설치되어 있고 수도물도 나와서 그런대로 지낼 만 하였다. 나는 선발대로 뽑혀 이곳에 먼저 왔으니, 본대가 도착하면 새로운 공작 임무가 주어질 것이었다.

나는 허름한 이발관을 찾아 오랜만에 머리를 깎았다. 그곳에서 신문을 보게 되었는 데, 대문짝만한 큰 활자로 남조선

인민공화국의 개각 명단이 나와 있는 것이었다. 대통령에
이승만이었고, 김구, 여운형, 김일성, 허헌, 무정 등이 장관으로
임명되어 있었다. 그리고 마침 라디오에서는 이승만이 개인
자격으로 남한에 입국하였다는 보도를 하는 것이었다. 나는
조국이 공화국 건설을 위하여 활발히 움직이고 있음을 알게 되니
그 현장에 가고 싶은 마음이 간절하였다. 해외의 망명 인사들은
속속히 귀국하는 데 나는 언제나 그리운 고국에 갈 수 있단 말인가?
지금의 나의 상황으로서는 예측할 길이 없으니, 더욱 서글퍼질
뿐이었다.

국민당 토비(土匪) 토벌 작전

의용군의 조양천(朝陽川) 공작임무가 하달되었는 데,
간도에서 새로이 의용군들을 모집하고 훈련시켜서 세력을
확장하는 것이라고 하였다. 그렇다면 정말로 언제 귀국할 지
모르는 일로써, 만주가 국·공의 전쟁판이 되면 우리는 자연
팔로군으로서 국민당군과 싸워야 될 것이니, 고향으로 돌아갈
길은 더욱 암담해 지는 것이었다.

조양천에서 나는 그 지방 자치위원회의 요청으로 때때로
차출되어 조양천 외곽지대에서 보초 임무를 맡았다.
외곽지대에는 국민당 계열의 토비(土匪)들이 요새지를 만들고
준동하여 주민들이 곤욕을 치루기 때문이었다. 이도구(二道溝)
지방이라고 하였다. 눈이 펄펄 내리는 스산한 날씨에 산 마루에서
총대를 메고 보초 임무를 서고 있는 내 자신을 발견하고, 나는 내

신세가 참으로 한심하다고 생각하지 않을 수 없었다. 도대체 이 임무가 나와 그리고 내 조국과 무슨 연관이 있단 말인가?

지금 해방된 조국은 미소 양군이 진주하여 힘을 겨누면서 남한에서는 이승만이 단결을 부르짖고 있으며, 북한에서는 조선 공산당 지도자인 현준혁(玄俊赫)이 백주에 노상에서 암살을 당하는 산고(産苦)를 겪고 있었다. 이 진통이 끝나면 과연 통일된 공화국이 탄생할 것인가? 그렇다면 때는 언제가 될 것인가? 고 상념의 꼬리를 이어가고 있는 데, 갑자기 눈 앞에서 노루 한 마리가 치달려 가는 것이었다.

조양천에서 본대의 도착을 기다리는 동안 나는 또다시 지방자치위원회의 요청으로 국민당 계열의 토비 토벌에 나섰다. 부대는 중대 병력이었고 중대장은 지방 유지인 공산당원이었다. 그는 스스로 이립삼(李立三) 노선때 혁명의 기수였기에 십 여년을 옥 중에서 지냈다고 자랑하였다. 명월구(明月溝)까지 기차를 타고 갔으니, 명월구는 장백산(長白山) 기슭에 자리 잡고 있어 지난날 우리 독립군의 활동 요지였던 곳이었다. 명월구 역에 내린 우리는 발이 푹푹 빠지는 눈길을 헤치면서 밤이 새도록 걸어야 했다.

새벽이 되어 동이 터오는 데 맑은 달은 아직 서산에 걸쳐 있었다. 약 500 미터 앞에 부락이 보이는 데 부락은 돌담으로 둘러 싸여 있고 높은 망루가 세워져 있었다. 우리는 바로 그 마을을 공격한다는 것이었다. 우리는 산병(散兵)하여 조심조심 부락으로 접근해 갔다. 부락에서는 아무런 인기척도 없었고 고요하기만 하였다. 부락 앞 50 미터까지 포복으로 접근하여 전투태세를 갖추고 총을 쏘아 댔는 데 웬일인지 총이 격발되지 않는 것이었다.

그러자 적이 대응하여 망루에서 담 구멍으로 난사해 오는 데 우리편에서는 총알이 발사되지 않으니, 영하 40 도가 넘는 추위로 총이 얼어붙어 총알이 나가지 않는 것이었다. 반면에 적은 불을 피워 총을 녹여가면서 쏘아 대고 있었다. 사실 전투에서 총알이 명중되기란 쉽지 않은 일이었다. 50 미터 이상 쌓인 눈 위에 엎드려 총을 쏘는 데 총알은 나가지 않았고 적이 쏜 총알만 윙윙 소리를 내며 스쳐갈 뿐이었다. 그런데 갑자기 옆에 있던 동무가 총탄에 맞아 빨간 피가 눈 위로 몰드는 것이 보였다. 어디서 외치는지 후퇴하라는 명령이 들려왔다. 우리는 앞서 공격했던 지점까지 물러나왔다.

아침 해는 이미 떠올랐고 부락의 적들은 우리가 후퇴하는 것을 알아차리고 담 밖으로 나와 우리에게 소리치며 쏘아대는 것이었다. 우리는 다시 접전하지 않고 왔던 길을 되돌아 명월구로 향하였다. 나는 눈길을 걸으면서 생각하였다. 소위 혁명군이란 군대가 도적떼들을 무찌르지 못하고 되돌아 오는 우리들도 한심하지만, 치안을 확보하지 못하여 토비들에게 시달림을 당하는 백성들의 고통은 또한 얼마나 심할 것인가! 만일 우리가 토비들을 소탕하고 부락을 점령하였으면 그 토비들은 다른 지방으로 옮겨갈 것이 아닌가? 그러면 그곳이 또다시 토비들의 근거지가 되고 약탈을 당할 것이 아닌가? 이렇듯 만주의 땅은

넓고 넓어서 종전 후에는 많은 토비들이 활개를 치며 곳곳에서
주민들을 못살게 괴롭혔던 것이었다.

조양천 숙소로 돌아오니 자치위원회에서는 토비 소탕전에서
승리하였다고 하면서 많은 유지들이 모여 축하연을 열어 나를
초청하는 것이었다. 나는 그 곳에서 큰 멧돼지를 잡아 바베큐로
만든 음식을 맛있게 먹었다. 그런데 그곳에 모인 유지들은
누구나가 1930 년대의 이립삼 노선을 찬양하며 자신들이
붉은기를 높이 들었다고 자랑하는 것이었다. 나는 다시금
간도(間島)란 곳은 역시 공산주의 사상이 드센 곳임을 깨달았다.

의용군의 새로운 임무

조선 의용군 제 5 지대 본대가 돌아왔다. 그들도 우리와 같이
조양천 철도 관사를 숙소로 정하였기에 관사는 매우 붐볐다.
우리는 조선 의용군으로써 또한 독립동맹의 맹원으로써 새로운
임무를 맡게 되는 데, 들리는 말에 의하면 간도성 일대에 흩어져
조직공작을 전개하며 세(勢) 확장에 이바지하게 될 것이라는
것이었다. 또 다른 정보에 의하면 제 5 지대는 의용군
기간부대이기에 일제 때 독립군의 근거지인 장백산 기슭의
안도(安圖) 지방으로 이동하여, 그곳에 군정학교를 세워 혁명
세력을 키울 것이라고도 하였다.

제 5 지대는 주로 학병 출신들로 조직되었으니 지금 혼탁한
조국으로 들어가는 것보다 더욱 실력을 양성하면서 기다리다가
결정적인 시기에 조국으로 쳐들어가서 혁명을 완수시킨다는

것이었다. 혁명은 총구로부터 나온다는 말대로 조선의 혁명은
역시 총으로 해결될 것이며, 제 5 지대가 바로 그 임무를 감당해
내야할 정예부대라고 하였다.

나는 이와 같은 정보를 듣고 당황하지 않을 수 없었다. 나는
원래 봉천(奉天)에서 독맹을 이탈하고저 하는 마음이 있었으나
우리 부대가 고향과 지리적으로 가까운 간도(間島)로 간다고
하기에 이곳까지 왔던 것이었다. 그런데 부대가 해방된 조국으로
입국하지 않고 공산주의 혁명을 실현시킨다는 명분을 내세워
또다시 만주 땅에서 활동하게 된다면, 나는 내 자신의 무덤 파는
일에 더 한층 깊숙히 빠져드는 셈이었다. 나는 이제 다시금 나의
현 상황을 심각하게 재 검토해 보아야만 하였다. 나는 스스로에게
묻고 다짐하였다.

"동맹은 분명히 공산주의 집단이다. 내가 이 집단에서
지금은 공산주의 전위대(前衛隊)로서 싸운다고 하지만,
어느 시점에 가서는 내 계급성으로 보아 숙청당할 것이
명백하다. 다시 말하면 지금은 독맹에서 나를 그런대로
이용 가치가 있다고 보고 있지만 내가 지닌 계급성을
완전히 탈피하지 못하는 한, 공산주의로의 과도기인
프로레타리아 독재 때에는 반드시 숙청(肅淸)을 면할 수
없을 것이 아닌가?

나는 이제 갈림길에 서 있다. 새로운 공작임무를 맡고
이들과 같이 행동하려면 내 자신이 완전한 공산주의자로

탈바꿈하여야 했다. 반면에 공산주의자로 조국에 이바지 못 할 바에는 새로운 공작임무가 하달되기 전에 이 소굴에서 도망쳐야 하였다. 남한 땅에는 미군이 진주하였다고 하니 그곳에는 진정한 인간의 기본권인 자유가 보장되어 있을 것이다. 이곳에는 프로레타리아들에게는 그들 나름대로의 자유와 영광이 있을지 모르나 나에게는 의심과 감시만이 있을 것이다.

아마도 앞날에 조그마한 감투가 씌워질 지도 모르지만, 그것은 나를 이용하기 위한 일시적인 것일 뿐이지 혁명동지로서는 절대로 보지 않을 것이었다. 나는 이 집단에 오래 있으면 있을수록 내가 묻힐 내 무덤만을 깊게 파고 있는 것이라고 확신하기에, 새로운 임무가 떨어지기 전에 도망칠 것을 결심해야겠다."

동맹 탈출 동지

나는 일본군에서 같이 도망한 정근석을 만났다. 그도 기독교 신자이고 성격상 공산주의자는 될 수 없는 친구이었다. 그는 나의 도망해야 한다는 의견에 선득 찬성하고 나섰다. 그도 여지껏 나와 같은 생각을 해왔기 때문이었다. 그는 더욱 적극적이어서 혼자서라도 도망칠 마음의 준비를 하고 있었노라고 털어 놓는 것이었다.

그러자 우리는 심영순을 만났다. 그는 앞에서 이야기한 것처럼 과격한 성격으로 화중분맹에서 죽기를 각오하고 중경으로 가야 한다고 주장했던 동무이었다. 그 후 줄곧 조선의용군으로서 나와 행동을 같이 해왔던 그는 우리가 도망한다는 말을 듣고는 한술 더 떠서 당장 내일이라도 도망쳐야 한다고 나서는 것이었다. 그도 역시 말은 하지 않았지만 생각은 나와 같았고 절대로 공산주의자는 될 수 없는 자로, 그 동안 당성이 약하고 자유분방하다고 무던히도 감시와 멸시를 받아왔던 것이었다.

이리하여 우리 세 사람은 곧 독맹을 탈출하기로 합의를 보았다. 우리는 점점 감시의 눈초리가 좁혀 오는 것을 느끼었으므로 두어번 인기척이 드문 변소에서 의사를 확인하고, 다음날 아침 식사 후 뒤숭숭한 틈을 이용하여 각기 조양천 관사를 빠져나와 영문을 통과하기로 결정하였다. 그런데 몸이 쇠약해져서 누워있던 학병친구 안국주(安國柱)가 우리들의 거동을 눈치채고 자기도 같이 도망치겠다고 나서는 것이었다. 그는 기독교 가정에서 자랐고, 그의 부친은 영락교회의 한경직(韓景職) 목사님이 신의주 제 2 교회에서 재직하고 있을 때 제 1 교회 장로로서 한목사님의 사역에 많은 도움을 주었던 양심적인 민족주의자이요 또한 재산가이었다. 나는 선량하기만한 그가 남아서 내키지 않는 생활을 해야 할 것을 불쌍하게 생각하였던 터이었는데, 그가 우리의 뒤를 따르겠다고 나서서 쾌히 동행하기로 하였다.

그러자 신상초가 남아 있었다. 그에게 우리의 계획을 이야기하니 그 역시 적극 찬성하고 나서면서 자기도 도망칠 마음의 준비는 벌써부터 정해져 있으니 우리가 먼저 결행을 하라고 하였다. 그러면 자기도 기회를 보아 곧 우리의 뒤를 따르겠다는 것이었다. 그가 우리와의 동행을 보류하는 것에 대한 자세한 이유는 알 수 없었지만, 금명간 독맹에서 새 공작임무가 하달된다고 하니 자기에게 감투라도 씌워주지 않나고 은근히 기대하면서 관망하는 눈치 같았다.

우리들이 동맹을 배반하는 날짜는 내일로 박두하였다. 나는 새삼스레 뒤를 돌아보아서는 안된다고 자신에게 타일렀다. 이 말은 바로 내가 일본군을 도망칠 때도 내 자신에게 강조한 말이었으니, 중대한 행동을 앞에 두고 뒤를 돌아본다는 것은 마음을 약하게 하여 일을 그르치게 할 뿐이기 때문이었다.

제 11 장
두만강을 건너다

조선독맹 (朝鮮獨盟) 탈출

　일본 군영을 탈출할 때는 일본군은 악독한 침략군이기에 나의 행동에 대한 명분과 확신을 가졌으며, 또한 부모, 친지 및 이웃들의 성원과 공감을 받을 것이라는 떳떳한 마음가짐이었다. 그런데 이제 사상이야 어떻든 조국의 독립군에서 탈출한다는 것은 정당한 행동이라고 스스로 합리화하기도 힘들었을 뿐더러, 뚜렷한 명분이 서지 않는 행동이었기에, 한편 마음이 무겁게 느껴졌다.　만일 조선의용군에서 화중분맹에서처럼 간부들이 우리를 조금만 너그럽게 수용해 주었더라도 도망친다는 극단적 배반 행동까지는 취하지 않았을 것이라고 생각하였다.　또한 화중분맹에 그대로 잔류하였더라면 그들과 같이 무사히 귀국할 수 있었을 것이라는 안타까운 마음도 들었다. 그러나 무엇보다 께름칙한 것은 조선의용군에서 탈출한다는 이 행동이 나의 앞길에 분명히 불행을 가져올 것이라는 불길한 예감이 뇌리에서 사라지지 않는 것이었다.

이들의 말대로 이들이 조선에서 주권을 잡게 되면 탈출한 우리는 가혹한 보복을 받을 것이 명백하지 않은가? 공산주의자들은 조직을 이탈하는 자를 가장 미워하는 데, 그것은 자기들의 조직 비밀이 누설될 것을 우려하기 때문이었다.

"나는 이곳에서 더 이상 스스로 내 무덤을 파고 있을 수 없다고 단정하였다.
훗날의 일은 그때 닥쳐서 해결해 나가기로 미루고, 우선은 현시점에서의 최선의 길을 택해야 한다고 내 자신에게 타일렀다."

1946 년 1 월 15 일 마침내 우리 넷은 조선 독립독맹에서 탈출을 감행하였다. 네 명은 아침에 각각 위병소를 빠져나왔는 데, 나는 마음의 허전함과 서글픔을 떨쳐버릴 수 없었다. 이는 우리들의 행동에 대하여 이곳 주민들조차 우리를 적으로 간주하게 될 지도 모른다는 생각에서였다. 네 명 가운데 정근석은 혼자서라도 탈출할 것을 마음 먹었었기에 조양천에 머무르는 동안 이미 주민과 접선을 대고 있었다. 그는 독실한 기독교

신자이었으므로 그 곳 어느 한 교회를 찾아가 목사에게 자기의
의사를 말하고 협조를 요청하였었다고 하였다.

그리하여 우리는 정근석의 안내를 받아 그 목사님을 찾아갔다.
처음 우리 넷을 본 목사는 매우 당황해 하는 눈치였다. 그도 그럴
것이 간도지방은 일제(日帝) 때부터 공산주의 운동이 깊게 뿌리
내린 곳인지라 해방이 되어 어느덧 4 개월이 지난 이때에는 이미
자치위원회가 생겼고, 공산당 세포조직이 거미줄처럼 깔려있었던
것이었다. 이런 시점에서 교회는 당국의 감시의 표적이 되어 있는
힘든 실정이었는 데, 면식없는 탈출병 네 사나이가 불쑥 달려드니
목사가 당황하는 것은 무리가 아니었다.

그는 마음을 가라 앉히고 우리를 방으로 인도하였다. 그는
말하기를 해방이 되면서 교회는 무언의 압박을 받아 교인들은
줄어들었고 남은 교인들조차 보살피기 어려워졌기에 이곳을
떠나야 할 형편이라고 하면서 공산당을 저주하는 것이었다.
목사는 또한 우리가 입은 군복을 보고 깜짝 놀라면서 민간 옷으로
갈아입도록 내놓으며, 처음 정근석이 찾아와 의논하는 말을
들었을 때 청년을 무사히 고향으로 보내는 것이 하나님의
뜻이라고 생각되어 신자들로부터 옷을 미리 준비해 놓았다고
하였다. 나는 역시 기독교인은 무언가 다르다고 감격하지 않을
수 없었다.

그는 우리에게 용정(龍井)으로 가라고 권하며 삼상봉
(三上峰)에 가면 그곳에서 두만강을 건너 회령(會寧)으로 갈 수
있다고 하였다. 우리는 그곳에 더 이상 지체하는 것이 목사에게

루(累)를 끼칠 것 같아 즉시 그곳을 떠나고저 하였으나, 목사는 용정에 가게 되면 문목사님의 집을 찾으라고 하면서 그 집의 약도를 그려주며 눈길을 헤치고 용정가는 길목까지 데려다 주는 것이었다. 쫓기는 우리는 쉬지 않고 걸어 그 저녁에 용정에 도착하여 문목사님의 집을 쉽게 찾을 수 있었다.

용정에서 문목사는 교계(教界)를 대표하는 덕망있는 목사이었기에 소련군이 진주하자 우익 반동분자로 지목받아 이미 소련군 감옥소에 잡혀갔다고 하였다. 그의 아들인 문동환(文東煥)목사는 문익환(文益煥)목사의 동생으로 정근석과 동경 유학시절 Y.M.C.A. 에서 믿음의 교제를 나누었던 친구이었기에 우리를 반갑게 맞아 주었다. 부친께서 소련군에게 잡혀갔으니 집안의 공기가 싸늘하였다.

그런 어려운 중에서도 문동환 목사는 우리들이 조양천에서 독립동맹을 도망해 나왔다는 이야기를 듣고는 놀라면서 저녁식사와 잠자리를 거두어 주는 것이었다. 간소한 식탁이었는데 밥통에 담긴 밥이 매우 적은 양이었다. 문목사가 한 공기씩 밥을 담아 주고는 밥통을 박박 긁어대지만 밥은 이미 동이 나 있었다. 문목사가 민망해 하면서 집에 있는 쌀 전부로 밥을 지었다는 것이었다. 나는 또다시 기독교인의 선한 마음에 접하였으며, 사랑의 빚을 지고 있다고 생각하니 가슴이 뭉클하였다.

아침 일찍 용정을 떠나 지신(智新)이란 곳으로 향하였다. 영하 30 도를 오르내리는 추위에 눈이 쌓이고 쌓여 무릎까지 잠기었기에, 길을 걸어가는 것이 무척 힘들었다. 고생은 젊은 기백으로 이겨낼 수 있으나, 갈 길이 까마득하니 점점 기운이 빠져드는 것을 느꼈다. 의용군을 이탈하였기에 잡히기만 하면 조직으로부터 엄중한 처벌을 받는 것은 말할 것도 없는 데, 주머니에는 한 푼의 돈도 없고 주민들로부터도 감시를 받는 신세이니, 세상이 좁아 우리가 설 땅이 없다고 생각되었다.

매서운 눈 보라가 사정없이 휘몰아 쳐 오는 만주 벌판에서 우리는 지금 어디를 향해 가고 있는 것인가? 결국 자유의 땅을 찾고자 이렇게 헤매고 있는 것이 아니겠는가? 그런데 조국은 명분 없이 도망친 자를 받아줄 것이겠는가? 남조선에는 미군이 진주하였다고 하는 데 정말 그곳에는 자유가 있을까?

지도 81: 연변조선족자치구 지도 (2024 년).

진퇴유곡(進退維谷)이란 말이 생각났다. 가면 갈수록 공산당원들의 감시망에 걸려들어 반역죄로 처형될 것만 같은 두려움이 앞서는 데, 그렇다고 이제와서 뒤로 물러설 수도 없는 상황이니, 우리는 묵묵히 눈길을 헤쳐가며 걸음을 옮길 뿐이었다. 태양은 서쪽 지평선으로 이미 넘어 갔는 데 오늘 밤은 어디서 지새우며 추위를 이겨낼 것인가? 절체절명(絶体絶命)이란 상황이 이를 두고 말한다고 생각하였다.

이때 또다시 머리에 떠 오르는 것은 사랑이신 하나님의 존재였다. 하나님은 이번에도 나를 버리시지는 않을 것이라고 생각하였다. 음침한 죽음의 골짜기를 헤메일지라도 하나님이 같이 해 주시니 두려울 것이 없다고 하지 않았는가? 나는 그 순간 일본군영을 탈출하여 도망하던 지난 날을 상기하며 그때에 함께 하시며 구원의 손길로 덮어 주신 하나님께서 지금도 우리와 동행하신다고 확신하였기에 머리 숙여 기도하였다.

"하나님이시여 우리를 버리지 마시옵소서.
불기둥과 구름기둥으로 우리를 인도하여 주옵소서!"

우리는 지신 거리로는 들어가지 않고 외진 곳에 자리 잡은 초가집으로 다가갔다. 젊은 장정의 모습은 보이지 않고 중 늙은 부부가 있었다. 우리를 본 그들의 얼굴은 귀찮은 손님을 또 만났다는 표정이었다. 우리는 그 부부에게 길림에서 살다가 해방을 맞아 귀국하는 길이니 하루 밤만 재워 달라고 간청하였다.

부부는 다시 우리를 쳐다 보면서 하도 많은 피난민 무리들이 이곳을 지나면서 머물러 갔기에 이제는 먹을 것도 없고 진저리가 날 뿐이라고 하면서, 날씨도 춥고 저물었으니 윗방에서 묵고 가라는 것이었다. 그러나 쌀은 한 톨도 없어 식사는 대접할 수 없노라고 하였다.

냉기 찬 방에 넷이 나란히 누워 천정만 바라보니 우리들의 신세가 다시금 처량하게 느껴졌다. 그래도 오늘 밤은 눈보라를 피하여 집 안에서 잘 수 있는 것 만으로도 감사할 뿐이었다. 게다가 이런 혹한(酷寒) 밤중이니 부부가 우리를 인민위원회에 밀고하러 나가지도 못 할 것이 아니겠는가? 그러자 부엌에서 아궁이에 불을 지피는 소리가 나더니 주인이 호박죽을 한 사발씩 들고 들어와서는 오히려 미안해 하는 것이었다. 참으로 어려운 세상 중에 선한 사람들도 많다고 생각하였다. 호박죽은 꿀 맛이었다. 나는 지금도 그때의 맛을 잊지 못하여 기회있을 때마다 호박죽을 먹으며 그 맛을 회상해 보곤 한다.

두만강을 건너다

아침에 지신(智新)의 거리를 지나 도문(圖們)으로 이어지는 길로 들어섰다. 어디를 보나 하얀 장막으로 덮여 있었다. 보이는 것은 쌓이고 쌓인 흰 눈 뿐이었다. 산에도 눈이요, 들에도 눈이었다. 길과 들판을 구별할 수 없었다. 마차꾼이 달구지를 끌고 지나 가기에 삼상봉은 얼마를 더 가야 하느냐고 물으니, 얼마 안 가서 도착할 것이라고 하였다. 삼상봉은 하나의 언덕이었다.

봉에 오르니 주위가 환히 내려다 보이는 데 앞에는 두만강이 흐르고 있었다. 겨울철이라 굽이치는 물결은 볼 수 없었고 얼어 붙은 빙판만이 하얗게 펼쳐져 있었다.

강 건너편이 회령(會寧)이었다. 많은 굴뚝이 솟아 있는 것으로 보아 큰 도시같이 보이였다. 일제 때 일본놈에게 농토를 빼앗기고 남부여대(南負女戴)하여 많은 동포가 저 강을 건너 간도 땅에 이르렀을 것이라고 생각하니, 묵묵히 흐르는 두만강은 많은 민족의 애환을 간직하고 있으리라 싶었다. 이제 저 강을 건너면 조국 땅이고 고향이 있다고 생각하니 마음을 진정시킬 수 없었다. 굽이쳐 흐르는 두만강을 볼 수 없는 것이 한스러웠지만, 얼어 붙었기에 걸어서 건널 수 있으니 얼마나 다행스러운 일인가! 만일 여름철이어서 나룻배로 건너야 했다면 국경선을 넘는 일이 수월치 않았을 것이었다.

그런데 자세히 두만강을 내려다보니 회령으로 통하는 길목에 경비원 한 사람이 총을 메고 빙판 위를 서성거리고 있지 않은가? 다행스럽게도 보초병 주위에 초소 건물이 있는 것은 아니고, 단 한 사람이 동초 근무를 하고 있는 것 같았다. 우리는 이제 저 보초선을 통과해야만 하였다. 과연 저 보초가 우리를 무사히 통과시켜줄 것인가? 보초는 분명히 우리에게 신분증 제시를 요구할 것인 데, 우리는 가진 것이라고는 아무 것도 없지 않은가? 그렇다면 피난민으로 가장하는 길 밖에 없는 데, 그가 순순히 믿어줄 지가 의문이었다.

우리 넷은 이모저모로 상의하였다. 귀국하는 피난민이 가장 수월하겠지만 많은 피난민의 몰골들을 보아왔을 경비병이 짐보따리도 들지 않고 아이들도 거느리지 않은 단출한 장정 넷을 피난민으로 속아 넘어가 줄 것 같지 않았다. 그래서 우리는 정공법(正攻法)으로 나가기로 하였다. 넷 중 가장 담력이 있고 항상 선두에 섰던 심영순에게 모든 것을 맡기고 우리는 잠자코 따라 가기로 하였다. 심영순은 대담히 경비원에게 접근하더니 "동무, 추운 데 수고가 많소. 우리는 기관원으로 공작 임무를 띄고 귀국하는 길인 데 이곳을 지나 회령 인민위원회에 들리겠소." 라고 말하는 것이었다. 경비원은 두 말도 없이 공손히 우리를 통과시켜 주었다.

우리는 빠른 걸음으로 그곳을 지나 회령 시내는 거치지 않고 곧장 고무산(古茂山) 산줄기를 타고 청진(淸津)으로 가는 길로 접어 들었다. 2년 전에 우리는 왜놈의 군인이 되어 울분의 가슴을 안고 압록강을 건너 조국을 등지었는데, 이제 해방된 민족으로 꿈에도 그리던 고향에 돌아오면서 쫓기며 굶주림에 지쳐가며 속임수까지 써서야 겨우 두만강을 건너왔다고 생각하니 씁쓰레한 기분을 숨길 길이 없었다. 그러나 마침내 무사히 조국 땅에 들어섰으니 안도의 한숨과 더불어 감사의 기도가 절로 터져 나왔다.

우리 넷 중 경제학을 전공한 정근석은 항상 구두쇠라고 동무들로부터 놀리움을 받아왔었다. 그런데 그가 허리춤에 꼬기꼬기 간직하고 있던 일원 짜리 지폐 한 장을 내놓으면서 어디

가서 요기나 좀 하고 가자는 것이 아닌가? 그때 일원 짜리 지폐는
참으로 요긴하고 큰 돈이었다. 냉면 한 그릇이 십전이었으니
말이다. 우리는 길 섶의 간이 음식점에 들어가 그 일원으로
국밥을 사먹고, 그 집에서 하루 밤을 자고, 그리고 다음날 아침
식사까지 할 수 있었다. 식당 주인 아주머니는 우리에게 도리어
감사하다고 하니, 대부분의 귀국 피난민들이 공짜로 식사와
잠자리를 강요하는 데 반해, 우리의 태도가 너무도 점잖다는
것이었다.

지도 82: 회령시와 청진시.

우리는 고무산 산길에 접어들었다. 회령과 청진을 연결하는 국도이기에 자동차가 다닐 수 있는 넓은 길이었지만, 눈을 헤쳐가며 걸어야 했기에 기운이 빠졌다. 고무산은 높고 험준한 산은 아니었다. 하루 밤을 산 중 오막살이 집에서 지내고 아침에 청진에 도착하였다. 청진(淸津)항은 문자 그대로 맑고 아름다웠다. 항구의 백사장은 궁형(弓形)으로 이루워졌는 데, 이날은 파도 치는 동해 바다도 잔잔하였다. 일제 때 일본 니히가다와 정기 항로가 통해 있었던 관계에서 인지 일본 집들이 눈에 많이 띄었다. 소련군들의 모습이 가끔 보이는 것으로 보아 저들이 청진에 상륙하여 얼마나 끔찍한 만행을 저질렀겠는가를 생각하니 마음이 아팠다. 소련군이 청진에 상륙한 것은 8 월 6 일 밤중이었다고 하였다.

사진 83: 청진항 (2024 년).

극진한 대접

청진을 지나 나남(羅南)으로의 길을 재촉하였다. 나남에는 심영순의 촌수는 멀지만 삼촌 뻘 되는 친척이 살고 있다고 하니 그 집을 찾기만 하면 하룻밤은 편히 잘 수 있으리라 싶었다. 나남에는 일제 때 관동군 예하 사단이 주둔하고 있었던 관계인지 군 소속 관사들이 줄지어 있었다. 지금 이 집들에는 소련군 장교들이 살고 있음이 분명하였다. 막강을 자랑하던 일본군 나남 사단의 장병들이 싸우지도 못하고 포로가 되어 소련 시베리아로 끌려갔을 것을 생각하니 한편 마음이 후련하였다. 여기서도 나약한 일본 부녀자들이 무지막대한 소련군에게 갖은 모욕을 당하고 구두창에 짓밟혔을 것이니, 여하튼 전쟁이라는 것이 지구상에서 사라져야 한다고 절감하였다.

북한 땅에서는 어디서나 이제는 소련군이 주인 행세를 하고 있었다. 우리는 다시 그들의 노예와 진배없는 신세가 되었으니, 힘없는 민족의 비애를 다시금 뼈저리게 느꼈다. 소련군을 피압박 민족의 해방군이라고 환대하건만, 과연 저들이 우리민족에게 자유를 줄 것인가 생각하니, 믿어지기보다 이 민족의 운명이 한스러울 뿐이었다. 한편 저들이 만주 땅에서는 일본 아녀자들을 닥치는대로 겁탈하여 상처 입히고 피 흘리게 하였었지만, 우리의 부녀자들은 맹수처럼 달려드는 소련군에게 빨래 방망이로 대들며 물리쳤다고 들으니, 가슴 후련한 일이 아닐 수 없었다.

우리는 나남의 심영순의 삼촌으로부터 따뜻한 대접을 받았다. 그는 우리가 일본군에서 도망치고 무정이 인솔하는 조선의용군에서 활약하였다는 말만 듣고는, 우리를 굉장히 높이 평가하면서 앞날이 밝을 것이라고 부러워하는 눈치였다. 나남은 무정의 출생지인 퇴조(退潮)에서 그리 멀지 않은 곳이기에 그는 무정에 대해서 정확한 지식을 갖고 있었으며, 무정이 정권을 잡을 것이라고 생각하고 있었다. 그는 소련군이 진주한 후 일시 혼란하였지만 지금은 인민위원회가 생기어 그런대로 질서가 잡혀가고 있다며, 반면에 물가가 많이 올라 살기는 더욱 힘들어졌다고 덧붙였다.

저녁 식상에는 명태찌개가 올라 왔는 데 그 담백한 맛이란 이루 형언할 수 없었다. 명태의 맛은 함경도 그 고장이 아니고서는 그 진미를 알 수 없다고들 하였는 데, 과연 이 명태 맛이야 말로 바로 조선의 맛이 아니냐! 는 감탄이 절로 나오는 일품(逸品)이었다. 삼촌은 또한 그곳까지 왔으니 유명한 주을(朱乙) 온천장에서 목욕이나 하고 가라고 권하시기에, 이튿날 우리 일행은 주을로 향하였다.

우리가 주을 온천장에 이르러 탕 안에 들어가니, 그 온천물은 계란을 익힐 정도로 뜨거운 데 놀라지 않을 수 없었다. 그때는 냉수돗물이 공급되지 않았으므로 탕 속에는 들어가지 못하고 물을 떠서 간신히 몸을 씻을 뿐이었다. 이 얼마만의 목욕이란 말인가! 이렇듯 고국 땅을 밟고 목욕도 하고 배불리 먹기도 하였으나 도망자의 신세인지라 마음은 찜찜하기만 하였다. 도망치지 않고 자유인으로 자연스럽게 귀국할 수 있는 형편이었더라면 얼마나 좋겠느냐고 다시금 한스럽게 생각하였다.

실제로 조직을 이탈한 우리들의 허탈한 마음과 쫓기는 심정을 어느 누가 이해할 수 있겠으며, 또한 어느 누구에게 말할 수 있었겠는가? 과연 몇 사람이나 우리의 생각에 동조해 줄 것인가? 오히려 모두가 우리들의 자제 없는 행동을 매도할 것이라고 생각하니, 앞일이 까마득하게 느껴질 뿐이었다.

사진 84: 주을온천, 함경북도 경성군 온보리 (1945 년 모습).

산천 수려(山川秀麗)한 동해안을 따라

나남을 떠나 해안선을 따라 고원(高原)으로 가는 길에 접어 들었다. 동해바다를 바라보니 겨울 바다가 그렇게 파랄 수가 없었다. 하늘도 파랬다. 하늘과 바다가 파란 빛깔로 하나가 되어있는 데, 거기에 길 섶을 따라 자란 소나무까지 푸르청청 조화를 이루고 있지않은가! 눈을 들어 바른 쪽 산을 바라보니 산은 하얀 눈으로 덮여 있었다. 길가의 기암괴석(奇岩怪石), 물위를 나르는 갈매기 등 모두가 서로 어울려져 대자연의 장관을 이루고 있었다.

오고 가는 사람은 하나도 없어 고요하다 못해 적막한 해안 국도를 걸으면서, 사방에 펼쳐진 하나님이 우리 민족에게 주신 수려한 산천을 감격 어린 눈으로 바라보니, 무겁고 답답하던 마음이 탁 트이었다. 그리고는 우리의 앞날도 이렇게 아름다운 자연을 창조하신 하나님께서 선도해 주실 것이라고 믿고자하니, 발걸음도 한결 가볍게 느껴지는 것이었다.

어느덧 경성(鏡城)을 지나 퇴조(退潮)에 다달았다. 이곳은 조선 의용군 총사령관인 무정의 고향이라 하였다. 역전 거리를 지나는 데 많은 현수막들이 시가지를 온통 뒤덮고 있었다.

"무정 장군 귀환 만세"
"이 고장의 자랑 무정 동무 만세"
"조선 공산당 만세"

어느 것 하나 우리를 깜짝 놀라게 하지 않는 것이 없었다. 이것들은 무정이 이미 귀국하여 활동을 개시하였음을 추론케 하였다. 그렇다면 이들에 의하여 각지에 세포망(細胞罔)이 거미줄처럼 처져 있을 것이고, 또 이미 자치위원회가 조직되어 행정도 장악하고 있으리라고 생각되니, 우리들의 마음은 다시 암담해지고 발길조차 무겁게 느껴져 왔다. 우리는 무겁고 초조한 마음으로 속히 퇴조(退潮)를 빠져 나왔다.

길주(吉州)에서는 기차를 탈 수 있었다. 객차가 아니고 석탄을 싣는 무개 화물차를 간신히 얻어 탄 것이었다. 굴을 지나갈 때에는 기관차에서 뿜어대는 연기로 숨이 막혔다. 그래도 화물차는 느리기는 했으나 고원을 향해 꾸준히 달려주었다. 도리꼬 화차 위에 앉아 다시 동해 바다를 바라다보니 해안선에는 줄지어 명태 건조하는 것이 보이었다. 산천이 수려하고, 사계절이 뚜렷하고, 바다에는 많은 어족들이 서식하고 있으니, 이 나라는 정녕 하나님의 축복의 땅이 아닌가! 고 새삼스레 감격하였다. 이제 해방된 조국이 진정으로 백성을 위한 자유로운 민주정치만 이룩한다면, 어느 나라 못지 않은 지상 낙원이 될 것이라고 생각하였다.

흥남(興南)을 지나면서 많은 공장의 굴뚝들이 눈에 들어왔다. 굴뚝들은 싸늘하게 서 있을 뿐, 연기를 내뿜는 굴뚝이 하나도 보이지 않는 것을 미루어 보아, 공장의 기계를 소련군이 모두 뜯어 반출해 내간 것이 분명하였다. 흥남 일대는 일본이 중화학 공장지대로 만들어 중국으로 진출하는 기지로 사용하였었는 데, 해방을 맞은 이제부터는 우리가 우리들의 손으로 이 공장들을 잘 가동하여 유복한 나라로 키워갈 수 있어야 할 것이라고 생각하였다.

귀향(歸鄕)

화차는 고원에서 우회하여 순안(順安)으로 향하였다. 평양-원산선(平元線)으로 접어든 것이었다. 화차는 계속 험준한 산악지대를 가로질러 달리는 데 이미 해가 져서 보이는 것은 어두움 밖에 없었다. 화차는 이윽고 순안에 닿았다. 순안에서 평양은 그리 멀지 않은 거리였다. 평양에 가보고 싶은 마음이 굴뚝같았지만 그곳에는 이미 독립독맹 맹원들이 입국하여 중요한 자리를 차지하고 활동을 시작하였을 것이었기에, 혹시라도 노상에서 만나는 일이 생길까 두려워 평양에는 들리지 않기로 하였다.

경의선(京義線)은 그래도 제대로 운행되고 있었기에 우리는 순안에서 곧바로 신의주(新義州)로 가는 기차로 바꾸어 탈 수 있었다. 순안에서 나의 고향 역 고읍(古邑)까지는 두시간 거리였다. 차창 밖을 바라보니 추수를 끝낸 들판과 히끗 히끗 눈에 덮인 산들이 스쳐 지나갔다. 이제 드디어 고향으로 다가가고 있구나 하고 생각하니 만감(萬感)이 교차되었다. 그런데 그렇게도 그리던 고향 집이 가까워 오는데 도무지 실감이 나지 않는 것이었다.

"과연 부모 친지들이 이러한 내 존재를 따뜻하게 맞아 줄 것인가?
바로 2 년 전, 몸에 일장기를 감고 고향역을 떠날 때에는 많은 고향 사람들이 나를 가엽게 여기면서 살아서 돌아오기를 바라지 않았던가? "

나는 살기 위하여 일본군을 탈출하였고, 팔로군의 군복을 입고 독립운동을 하면서 급기야는 생각지도 않았던 조선 의용군 대열에 섰다가, 긴 장정(長征) 끝에 살아서 고향역으로 다가가고 있건만, 나의 마음은 조금도 기쁘지가 않고 심란할 뿐이었다. "너는 민족을 배반하고 근로 대중을 기만한 이기주의자이요, 자유주의자이다! " 라고 매도할 것이 분명하였으니, 내가 설 땅이 없는 것같이 느껴졌다.

　　기차는 어느덧 청천강(淸川江) 철교를 지나고 있었으며 어두움은 더욱 짙어 가고 있었다.　나는 밤중에 나 혼자서 고향 고읍(古邑)역에 내리게 된 것을 다행이라고 생각하였다.

　　"내가 지금 집으로 가는 것은 정령 올바른 길인가?
　　순안에서 고향 길로 접어드는 것이 아니고, 곧바로 남조선 서울로 향했어야 할 것이 아니었던가?
　　혁명을 거부한 비겁한 내가 무슨 얼굴로 부모님과 고향 사람들을 만난다는 말인가?

이러한 생각들이 꼬리를 물고 떠오르니 내 마음은 다시 답답해지기 시작하였다.

　　우리 넷은 서로 약속하였다.　아무래도 북조선에서는 살 수 없을 것이니 고향 집에 잠시 들렀다가 서로 연락하여 서울로 떠나자는 것이었다.　심영순은 곽산(郭山), 정근석과 안국주는 신의주가 고향이었기에, 내가 제일 먼저 고읍 역에서 내렸다.

고읍역에서 나의 고장 오산(五山)까지는 약 2 키로 정도 떨어진 거리였으며, 우리 집은 바로 오산학교 옆이었다. 나는 기차 철로를 달려, 달빛이 비춰주는 길을 따라 걸어, 어느덧 집 앞에 다다랐다. 집은 내가 2 년 전에 떠날 때의 모습 그대로였다. 대문을 두드리며 뜰 안에 들어서니, 자정을 알리는 괘종 소리가 들려왔다. 그 날이 바로 1946 년 1 월 20 일 이었으니, 내가 일본군에 강제 징집되어 집을 떠난 지 에누리 없는 만 이 년이 지난 날이었다. 2 년동안 아무 소식 없다가, 이렇게 살아서 갑자기 대문을 열고 들어오는 나를 마지하는 아내의 심정은 어떠했으리야!

사진 85: 아내 김덕연 (1954 년 경)

제 12 장
고향은 달라졌다.

해방 후의 오산의 모습

나의 고향 오산(五山)이란 마을은 망국을 앞둔 1907 년에 선각자(先覺者)이신 남강 이승훈(南岡 李昇薰) 선생께서 1905 년 평양에서 열렸던 도산 안창호(島山 安昌浩) 선생의 우국애가 넘치는 강연을 들으시고, 나라를 구하는 길은 교육 밖에 없다고 믿고 사재를 털어 세운 오산학교가 중심을 이루는 마을이었다. 이러했기에 오산학교는 당시 뜻이 있는 선생과 학생들이 모여들어 민족의 사명을 다한 명문 사립학교이었다고 볼 수 있겠다. 실제로 3·1 운동 때에는 '오산학교는 민족의 학교' 이라고 일본 헌병들이 불을 질러 잿더미로 만들어 버렸었다.

이러한 초창기의 오산학교 선생으로는 독립 운동가이신 여준(呂準), 조만식(曺晩植), 신채호(申采浩), 이광수(李光洙) 등의 쟁쟁한 독립 투사들이 있었고, 초기 졸업생들로는 김도태(金道泰 : 1 회 졸업생), 소월(素月), 함석헌(咸錫憲), 화가인 이중섭(李仲燮) 등을 꼽을 수 있겠다.

사진 86: 남강 이승훈(南岡 李昇薰).

사진 87: 도산 안창호(島山 安昌浩).

사진 88: 오산학교, 평북 정주에 1907년 설립됨.

　오산이란 마을은 이렇듯 학교가 세워졌기에 생긴 학교 중심의 마을이라고 볼 수 있겠다. 마을은 약 500여명의 학생을 상대로 문화 시설이 마련되어 있어 살기 좋은 곳이라고 근방에 소문이 자자했기에, 각지에서 많은 사람들이 모여들었다. 나의 부친은 학교 옆에서 상점을 경영하고 계셨다.

　해방이 되면서 평화스럽기만 하던 오산에도 스산한 바람이 스쳐갔다. 나의 외삼촌인 김용하(金龍河)는 오산학교를 3학년에 중퇴하고 동경으로 건너가 미술을 공부한다고 하면서 극단의 자유주의 사상에 젖었었고, 또한 사회주의 운동에도 발을 들여놓고 있었다. 그러던 차에 해방을 맞자, 그는 곧 귀국하여 때를 만났다 싶게 공산주의자로 변신한 후, 앞장 서서 일인(日人)교장 이도(伊藤)란 자를 상대로 오산학교 교정에서 인민 재판을 개최하였던 것이었다. 여기서 교장의 딸은 소련군에게 받쳐지고, 이도란 자는 똥통을 메는 청소원으로 처형되었다고 하였다.

이를 지켜본 일인 교관 고바야시(小林)란 소위는 집에 돌아가 부인을 먼저 칼로 찔러 죽이고 자신도 할복(割腹) 자결하므로서, 망국인(亡國人)의 비극적인 최후를 마치었다고 하였다. 패전한 일인들의 비극은 당연히 받을 것을 받은 것이라고 볼 수 있었겠지만, 고향에 돌아와 이런 이야기를 들었을 때 나는 내 자신이 공산당 군대를 도망쳐 왔기 때문에서인지 몹시 씁쓰름하였다.

나는 꿈에서도 오고 싶었던 고향에 돌아 왔건만 기쁘지가 않았다. 오산에서도 좌와 우의 대립은 첨예화 하여 있었기 때문이었다. 오산에서의 실질적인 지도자는 오산학교의 교장이라 할 수 있었다. 일인들이 물러간 뒤 오산학교의 교장은 주기용(朱基瑢)이었는데, 그는 남강의 사위로 동경 고등사범학교를 졸업하고 오산에 돌아와서 교편을 잡았었다. 그 후 일인이 학교를 접수할 때까지 교장 직을 맡아 학교를 크게 발전시켰었는데, 해방된 후 그가 다시 오산학교의 교장에 취임한 것은 당연한 일이었다. 그는 정치적으로도 큰 꿈이 있어 서울의 한국민주당 평안북도 도당 위원장이란 직책을 맡았기에, 오산을 우익의 총 본산지로 삼고 맹활약을 하고 있었다. 이러했기에 해방 초기에는 오산에서 우익의 세력이 단연 절대적이었다.

이에 맞선 자가 급조된 공산당원인 김준상(金俊相)이었는 데, 그는 오산학교를 다니다가 중퇴한 자였다. 그는 오산을 떠나 광산업에 손을 대어 한동안 재미를 본 후 다시 오산에 돌아와서 살고 있었다. 그는 자기가 오산을 중퇴한 이유가 바로 자신이 공산주의자였기 때문이라고 강조하면서, 시류를 타고 세력을 쥐고는 이제 막 출세가도를 달리기 위하여 공산당 당수가 되어 주기용과 맞서고 있었다. 이 당시 나의 부친은 조만식 선생이 조직한 우익 정치단체인 조선민주당의 지역 책임자로서 주기용과 손을 잡고 민주주의를 실현해야 한다고 밤 낮을 가리지 않고 뛰고 있으셨다.

칩거(蟄居)

나는 집에 돌아온 후 식구 중 어느 누구에게도 내가 조선독맹을 탈출해 왔다는 말을 할 수 없었다. 그 당시 정세로 보아 혁명군을 뛰쳐 나온 것은 결코 자랑이 되지 않을 뿐더러, 오히려 내가 운신하는 데 방해가 될 것이 뻔하기 때문이었다. 2월에 접어들자 오산학교 교무주임인 고한권(高漢權: 월남하여 경희대학 교무처장)이 나를 찾아와 주기용 교장이 3월 새 학기부터 학교에 나와 교편을 잡으라는 지시가 있었다고 전하였다. 나는 고선생에게 개인 사정이 있어 학교에는 나갈 수 없다고 거절하였으나, 고선생은 아랑곳하지 않고 교장의 지시이며 자기는 전하는 임무를 다할 뿐이라고 하면서, 교장의 의향을 받아들이라고 간곡히 권하는 것이었다. 나는 거절할 만한 뚜렷한 이유를 말할 수 없는 처지였기에 더 이상 교장의 제안을 거부할 수 없었다.

사실 나는 대학을 졸업할 때까지만 해도 오산학교의 교사가 되기를 희망해 왔었다. 우리 고장에서는 오산학교의 선생이 된다는 것은 큰 자랑거리로써 흠모하는 자리였던 것이었다. 그러했기에 부모님을 비롯한 친척과 이웃사람들은 내가 오산학교에 나가게 된 것을 기뻐하셨다. 더구나 어머니는 전통적인 조선의 여인으로 일생 밥 짓고 빨래하는 살림살이에서, 기쁨이라야 주일 날 옷 갈아입고 교회에 나가는 것 밖에 없으신데, 내가 그 고장 학교의 선생이 된다는 것은 더할 바 없는 기쁨이었다. 이런 상황에서 이유를 말씀드리지 못 하면서 어머님의 갸륵한 소원을 저버린다는 것은 나로서는 견디기 힘든 고통이었다. 나는 3 월이 되어 학교가 시작되면 그때의 형편을 보아 결정하기로 미룰 수 밖에 없었다.

이렇게 월남(越南)을 감행하지 못하고 집 안에서 은둔하고 있는 동안, 나는 내가 설 자리가 점점 좁혀드는 것을 느꼈다. 공산당들이 이미 행정기관을 모두 장악하고 있었기에 감시의 눈초리가 거미줄처럼 나를 둘러치고 있음을 감지할 수 있었다. 그런데 날이 갈수록 점점 내가 다시 고향을 등지고 남한 땅으로 탈출하는 것이 어렵게 느껴질 뿐만 아니라, 도저히 불가능한 일로 생각되는 것이었다.

여기서 뛰쳐 도망하는 것은 일본군 병영이나 조선 의용군에서 도망했던 것과는 전혀 다른 상황이었으니, 이제 와서 또 죽음을 각오하고 집과 가족을 등지고 뛰쳐 나가는 모험은 생각하기조차 싫었던 것이었다. 그때의 솔직한 심정은 조용히 집에 눌러 있으면서 오산학교 선생으로 평범하게 살고 싶을 뿐이었다.

그리고 이것이 가능할 수도 있다고 스스로 안위하고자 하였던 것이었다.

　나는 내 자신에게 자문하였다. 1946 년 3 월에는 서울에서 미소공동위원회가 개최되어 통일을 논의한다고 하니, 만일 통일정부가 서게 된다면 내가 꼭 월남할 이유가 없지 않은가? 통일된 조국은 좌와 우가 합작을 할 것이니, 이렇게 되면 월남하는 것이 오히려 나의 정치적 행동 반경을 좁아지게 할 뿐이라고 생각하기도 하였다.

사진 89: 미소공동위원, (1946 년 3 월 서울), 소련측 대표 스티코프 중장이 연설하고 있고, 남한측 대표 미군정 사령관 하지 중장이 옆에서 듣고 있다.

　이렇듯 혼자서 궁리에 궁리를 거듭하다가 용기를 내어 나는 정주 보안서(保安署: 警察署)를 찾아 나섰다. 그때 보안서장은 엄미승(嚴美昇)으로 나의 삼촌 뻘이었다. 그는 젊어서 가정이 빈곤하여 만주 반석(盤石)으로 이주하여 그곳에서 소학교 교장으로 있으며 독립운동을 하였었는 데, 이제 해방이 되자 귀국하여 정주(定州) 공산당 결성의 발기인의 한 사람으로 활약하다가 지금 보안서장이 되어 있었던 터 이었다. 그는 나를 반가이 맞아 주었다. 나는 그에게 내가 독립독맹을 탈출하였기에 이곳에서는 죄를 지은 몸이 되었으니 서장으로서 내가 월남하는 편의를 보아달라고 단도직입적으로 요청하였다.

이에 대하여 서장은 단호히 말하기를 "내가 서장으로 있으면서 조카를 체포하겠는가? 이제 곧 신민당(新民黨)이 발족하니 지난 날의 경험을 살려 신민당에서 힘써 일해주오." 라는 것이었다. 나는 이러한 서장의 솔직한 말에 신뢰를 갖고 월남해야 한다는 생각을 접어두고 신민당 창당에 참여하였다. 물론 공산사회에서 서장이란 행정 책임을 맡은 자로 실권을 쥔 공산당으로부터 받은 지령을 집행할 뿐이라는 것을 내 자신이 모르는 바는 아니었다. 문제는 여하간 도망하고 싶지 않았기에 서장의 말을 믿고 안심하고자 했던 것이었다.

그러나 그 당시 이미 많은 독립독맹의 관련자들이 북조선 공산당이란 이름 하에 무정을 받들고 각 분야에서 실권을 쥐고 맹활약을 하고 있던 실정이었다. 공산당 군당부(郡黨部)를 출입하는 외삼춘 김용하는 나에게 군당부에서는 이미 내가 고향에 나와 있는 것을 알고 있을 뿐더러, 내가 독립독맹에서 도망쳐 나왔다는 것도 알고 있더라고 전하여 주었다. 이러한 형편이니 실질적으로 때가 되면 체포될 것이고, 그 다음에는 내가 어찌될 지 아무도 추측할 수 없는 위태한 상황에 놓여 있었다.
이제 내가 정령 사는 길은 월남하는 것 밖에 없다고 머리 속으로
판단되건만, 정령 발이 떨어지지 않는 번민의 나날이었다.

사실 나의 솔직한 심정은 또다시 도망하므로서 공산당을
배반하고 싶지 않았다. 다시 고향을 떠나 월남한다 하여도
그곳에서 자유를 누릴 수 있을 것이라는 확신을 갖을 수도
없었기에, 그럭저럭 공산당에게 적당히 비위를 맞추면서 고향에
눌러 살고 싶었던 것이었다.

양분(兩分)된 오산학교

그러던 어느날 신상초가 집으로 찾아왔다. 내가 간도의
조양천(朝陽川)에서 의용군을 탈출할 때 그는 우리에게 먼저
가라고 하면서 자기도 뒤따라 곧 가겠다고 말했던 신상초가
갑자기 나타난 것이었다. 그는 말대로 우리가 떠난 후 곧 그곳을
탈출하여 고향 집으로 왔다고 하였다. 그를 대하는 기쁨은 형용할
길이 없었으니 구세주를 만난 기쁨이었다. 형편이 같은 신세이니
함께 상의할 수도 있고, 또한 그는 상황 판단이 빠른 사람이니
앞으로의 행동에 결정적인 영향을 미칠 동지를 만난 것이 아닌가?
그는 고향에 오니 늙으신 부모가 결혼을 하라고 간절히 권한다고
하며 내 아내에게 결혼할 여자를 소개해 달라고 부탁하는
것이었다.

신상초의 결혼은 쉽게 이루어졌다. 여자의 가문은 선천
(宣川)에서 손꼽히는 명문이었고 또한 소문난 갑부 집안이었다.

신상초가 동경제국대학 출신이라는 것이 그녀로서는 바라 마지 않던 상대이었으리라. 나는 그가 결혼하여 당분간이라도 고향에서 살림을 차릴 것을 기쁘게 생각하였으니, 앞으로 닥쳐올 운명이 비슷하였기 때문이었다. 나는 그에게 말하였다.

"당신은 정세 판단이 빠르니 월남할 때가 오면 주저없이 내게 말하시오.
그러면 무조건 따르겠소.
아무래도 공산당들이 우리를 용서하여 이대로 두지는 않을 것이오."

그 역시 나의 말에 수긍하였다.

1946 년 3 월이 되어 나는 오산학교에 출근하였다. 바라 마지않던 첫 직장이건만 기쁘지가 않았다. 그러나 나는 성의를 다하여 가르치는 데 임하였다. 그런데 교직원실의 공기는 싸늘하기만 하였으니, 교직원들이 좌(左)와 우(右)로 완전히 갈라져 있음을 직각적으로 느낄 수 있었다. 교장 주기용은 정치에 뜻을 두고 서울에 가서 한민당 당수 김성수(金性洙)를 만난다든지, 또는 평양에 나가서 최용건(崔庸鍵 : 오산학교 8 회 졸업)을 만나는 일로 분주해 보였다. 체육선생 김명복(金明福 : 월남 후 경희대 부총장)도 천재적인 수완을 발휘하여 우익의 거두 주기용의 가방을 들고 좌익의 거물 최용건과 연락하기 위하여 바쁘게 평양을 들락거리고 있었다.

좌익 계통의 선생들은 당의 지시를 선생과 학생들에게 강요하는 반면에, 우익 계열의 선생들은 정면으로 반대하지는 못하고 뒷전에서 비판만 거듭하는 실정이었다. 그것은 아침 수업을 시작하기에 앞서 열리는 독보회(讀報會)때 잘 나타나곤 하였다. 독보회에서는 그 날의 신문에서 다룬 정치문제에 관하여 공산당 세포 책임자의 해설을 주제로 토론을 하였는 데, 우익 선생들은 도무지 관심을 나타내지 않는 것이었다. 더욱 우익 선생들은 어떻게 하면 월남할 것인가 만을 모색하는 실정이었다.

갈산면(葛山面) 면당 위원장인 김준상(金俊相)이 나를 집으로 부르더니 은밀히 말하는 것이었다. 오산의 반동 소굴인 오산학교를 잡아야 하는 데 그러기 위해서는 교장 주기용을 잡아야 한다고 하면서, 나 더러 학교 내에서의 교장의 반동적인 언행을 자기에게 밀고해 달라는 것이었다. 나는 경악하였다. 내 처지가 공산당에게 발목이 잡혀 있는 형편이기는 하지만, 나는 평소 양심을 속여가며 남을 고자질하는 것은 악덕 중 악덕이라고 생각해 왔었는 데, 이제 내게 살아 남기 위하여 남을 딛고 서는 일을 하라고 하니 기가 막힐 뿐이었다.

실제로 주교장이 한국민주당 평안북도 책임자로서 이 고장 우익의 우두머리이었지만, 그의 언행에서는 반 공산주의적인 것은 찾아 볼 수 없었을 뿐더러, 그의 신조는 해방된 조국은 좌와 우가 힘을 합하여 민주주의를 실현해야 한다고 믿고 있었던 것이었다. 나는 김준상의 말을 한 귀로 듣고 한 귀로 흘려 버렸다. 나는 내가 어떤 처지에 놓일지 몰라도, 은사이신 주기용교장을

감시하고 고자질하라는 김준상의 정보원만은 될 수 없노라고
생각하였다.

그럭저럭 얼마간의 세월이 지나는 동안 우익 색채를 띠었던
선생들이 하나 둘씩 보이지 않기 시작하였다. 그들은 각기
자신들이 모색한 방법으로 월남 길에 올랐으며, 남아있는
선생들은 더욱 말조심, 몸조심에 신경쓰는 듯 하였다. 그것은
김준상이 새로 정보원을 학교 안에 박아 놓는 데 성공하여, 학교의
동태가 김준상에게 낱낱이 보고되고 있었기 때문이었다. 그가
심어 놓은 정보원은 김동호(金東湖)라는 자로, 나와는 오산학교
동기 동창이었다.

사진 90: 주기용.

김동호는 나를 처음 만났을 때에 공산당이 날뛰는 세상이
되었으니 꼴이 보기 싫어 머리를 박고 죽고 싶을 뿐이라고 말하던
자였다. 열등의식에 쌓인 소 영웅주의자로 어떤 연유로인지
공산당으로 변신한 뒤로는 앞 뒤를 가리지 않고 날뛰었기에,
선생들은 그를 고삐 풀린 망아지 새끼라고 부를 지경이었으니

좌충우돌 도대체 보이는 것이 없이 놀고 있었다. 근래에 와서 사는 형편이 매우 좋아졌다는 말이 있는 것으로 보아 김준상의 정보원으로 많은 공작금이 그에게 흘러 들어간 것이 분명하였다. 이렇듯 그가 날뛰기 시작하면서 학교 안의 좌우의 대립은 더욱 심화되어 갔다.

갈등(葛藤)

1946 년 어느날 아침 나는 주기용교장이 체포되어 신의주 도보안부로 압송되었다는 소식을 들었다. 나는 이제 공산당이 드디어 '칼을 뽑았구나'고 생각하였다. 물론 죄명은 반동이라 하였다. 이때 내 머리로 스쳐 가는 생각이 교장의 반동과 나와는 아무 관계가 없지만, 미구에 나도 반동이라는 이름아래 체포될 것이라는 직감이었다. 새로 교장으로 임명된 자는 공산당의 입김으로 교사로 있던 전의원(全義遠)이란 자였다. 그는 일본 물리학교를 졸업하였는데, 학생들은 그가 삐뚤어진 성격을 가졌다고 하여 와이 자(Y 字)라는 별명을 붙여 주었다.

그는 호주가였고 방만한 성격의 소유자였다. 교장이 되자마자 자신은 동경 유학 시절부터 공산당 지하운동을 하였다고 방언(放言)하면서 때는 바야흐로 공산주의 시대이니 시류를 거스릴 수는 없는 일이라 하였다. 그리고 만일 남강이승훈 선생이 살아 있었다면 그는 선각자이니 반드시 공산주의에 동조하였을 것이라고 호언장담을 하면서, 김동호 등과 손을 맞잡고 우익 선생들을 몰아 부치는 것이었다. 이를 지켜보며 나는 마음 속으로 다시 한번 자문하지 않을 수 없었다.

"공산주의를 감정적으로 수용할 수 있을까?
인텔리로서 공산주의자가 된다는 것은 자신의 모든 것을 저버리고, 새로이 무산대중(無産大衆)으로 탈바꿈하여 무산자들의 계급의식을 완전히 소화하여야 할 뿐 만 아니라, 그 이후에도 끝임없이 피눈물나는 자기와의 투쟁을 벌여야 만 가능한 게 아닌가?"

나는 지난 날 '나 자신이 스스로 내 무덤을 팔 수는 없다.'는 신념으로 독립독맹을 뛰쳐나왔는 데, 저들 좌익 선생들은 '지금 자기 자신을 제대로 알지 못하고 화를 자초하고 있다.'고 생각하니 한편 안타깝기 그지 없었다.

실제로 공산당에서는 계급성을 가장 중요시한다. 초창기에는 인텔리에게도 감투를 주어 이용하지만 사회의 저변에서 노동자, 농민들이 차츰 자라서 계급의식을 갖게 되면 이왕의 인텔리들은 숙청 당하는 것이 당연한 귀결인 것이다. 오산학교는 전의원(全義遠)교장과 김동호가 몰아치는 바람에 공산화는 진척을 보이는 듯 하였으나, 모순 또한 심화되더니 1947 년에 학생들에 의하여 대규모 반공의거(反共義擧)가 일어나 이들은 학교에서 쫓겨나는 사태가 벌어졌다.

내가 독립독맹을 뛰쳐 나왔다는 것이 타인들에게는 예사로운 일로 보일 수 있으나, 사실상 조직을 갖고 싸우는 공산당으로서는 조직을 아는 자가 당을 배반했기에 반동(反動)이라고 하며 가장 악질적인 죄과로 단정하고 있다는 것을 나는 잘 알고 있었다. 학교에서 이처럼 세월을 보내다가 체포되는 것보다 '결단을 내리고 남한으로 내려가야 한다.'고 생각하면서도 발이 떨어지지 않는 것은 왜 그런가? 자문하지 않을 수 없었다.

"고향에 대한 애착 때문일까?

새 삶에 대한 두려움에서 일까?

서울로 도망간다 하여도 서울에는 내가 의지할 수 있는 아무런 친지나 생활 근거도 없지 않나?"

이러한 가운데 어느날 나는 학교에서 일과를 마친 후 곽산(郭山)에 가서 같이 탈출해 온 심영순의 동태를 살피기로 하였다. 심영순의 본가에 이르니 그의 동생이 나를 맞으며 형님은 이미 월남하였다는 것이었다. 자초지종을 말하기를 심영순이 귀향하자 가족들이 모여 경사가 났다고 마을 잔치를 베풀었다고 하였다. 심영순은 이때 부모님의 권유에 따라 자기로서는 부모님께 효도한답시고 마을 여자와 약혼까지 하기로 결정하였다고 하였다.

그런데 약혼 날짜가 다가와 집에서는 잔치를 마련하는 북새통에, 바로 그날 정주 보안서에서 체포하러 달려든다는 소식을 듣고는 뒷문을 박차고 산으로 도망쳤는데, 아마도 그 길로 월남

길에 올랐으리라고 생각한다는 것이었다. 얼마나 급했으면 내게
연락도 못하고 월남하였겠는가고 동감이 가면서도 심영순이 혼자
떠났음이 원망스러웠다. 그는 월남한 후 김구를 추종하면서 서북
청년회에 참가하여 공산당을 때려 잡는 데 눈부신 활약을 하였다고
한다.

　몇 일 후에 나는 신의주(新義州)에 나갔다. 역시 같이 도망쳐
오고, 함께 월남하기로 약속한 정근석과 안국주를 만나기
위해서였다. 정근석의 집안은 당시 신의주에서 유수한 공신상회
(共信商會)를 경영하고 있었는 데 그곳을 찾기는 늦은 저녁 때
였다. 문을 한참 두드린 후에야 나이가 지극한 어른이 나타났는
데, 나는 직감으로 정근석의 부친임을 알 수 있었다. 근석이를
만나러 정주에서 왔다고 말하니, 부친은 얼굴 빛 하나 바꾸지 않고
"나는 모르오." 라고 대꾸하는 것이었다.

　처음 찾아온 내가 어떤 신분을 가진 사람인지 몰라서,
모른다고 말씀하시지 않나고 생각되어, 나는 학병이었고
아드님하고 같이 일본군영을 탈출하였으며 고향에 나오는 데
까지도 행동을 같이한 동지라고 누누이 설명하였다. 그래도
부친은 '모르오'로 일관하는 것이었다. 나를 공산당원으로
경계하는 것보다, 이미 월남한 아들에 대해서는 모른다고
잡아떼는 것이 여하간 아들을 위하는 것이라고 생각하였을
것이었다.

　나는 정근석의 부친에게 안국상회(安國商會)의 아들인
안국주의 안부를 물어 보았다. 여전히 부친은 "모르오."라는 말로

일관하시는 것이었다. 나는 정근석과 안국주가 이미 월남하였음을 확신하고 더 이상 묻지 않고 발길을 돌렸다. 그 허전한 마음을 어찌 표현할 수 있었으랴! 집으로 돌아오면서 나는 정(鄭)과 안(安)은 정세가 생각했던 이상으로 공산당이 날뛰는 세상이 된 것을 보고 잠시도 견디어 낼 수 없는 분위기이기에 즉시 월남하였으리라고 추측하였다. 실제로 그 당시 독립독맹 간부들이 줄지어 입국하였는데, 신의주는 북한으로 입국하는 길목인지라 신의주 보안기관을 완전히 독립독맹의 간부들이 장악하고 있었던 터이었다.

보금자리

오산학교에서는 고맙게도 우리 부부에게 아담한 집을 마련해 주었다. 결혼 후 갑자기 학병으로 끌려 나갔다가 돌아와 처음으로 아내와 둘 만의 보금자리를 꾸미게 된 것이었다. 처음 내가 학병으로 일본군에 나갔을 당시 일본인 오산학교 교장은 우리 본가 집 문패 위에 '출정한 영광된 집'이란 팻말을 붙이고, 아내에게는 그곳 오산 국민학교 교사로 특채하여 극진한 대접을 해주었다고 하였다. 아내는 이화고녀를 나오고 이화여전에 적을 두었었기에 교사로서의 임무를 잘 해내면서 세월 가는 줄 모르게 열심히 학생들을 가르치며 지냈다고 하였다.

그런데 내가 일본군에서 도망친 사실이 그곳 경찰서에 알려지자 일인 교장의 태도는 표변하여 아내를 교직에서 면직시킬 뿐더러, 그 후 아내를 여러 가지로 괴롭히면서 감시의 눈초리가 떨어지지 않았었다는 것이었다. 이제 만 2 년 만에 내가 살아서 고향에 돌아와 직장에서 마련해 준 집에서 우리만의 가정을 꾸민다는 것은 더할 나위 없는 축복이며 기쁨이었다.

아내는 또한 아기를 가졌다 하며 출산 예정일은 12 월경 (1946 년)이라고 하였다. 이러니 쫓기는 몸으로 임신한 아내를 끌고 월남 길에 오른다는 것은 더욱 어렵게 느껴졌다. 일본군 병영을 탈출할 때와 조양천에서 의용군을 도망칠 때는 "뒤를 돌아보지 말라." 고 마음을 독하게 먹었었는 데, 이제는 그때와 모든 형편이 달랐다.

사진 91: 해방직후 신촌캠퍼스 본관 앞 이화여전의 학생들

아내를 이곳에 두고 혼자 월남하는 것은 아내에게 또 다시 큰 죄를 짓는 일 같았고, 또 그럴 수도 없는 상황이었으니 그때까지 나는 아내나 부모님에게 내가 조선의용군을 도망쳐 왔다는 것을

말하지 않았는 데, 그 이유는 그들에게 더이상 나로 인한 근심을 끼치고 싶지 않은 심정이었기 때문이었다.

　나는 마음을 단단히 먹고 은사이신 김기석(金基錫: 월남하여 서울사범대학장, 대한교련회장) 선생을 찾아갔다. 그에게 내가 조선의용군에서 빠져 도망쳐 왔다는 사실을 고백하고 월남해야 할 처지임을 말씀 드렸다. 선생은 원만한 인품의 소유자이었기에 그의 형편으로서는 계급투쟁이라는 것과 공산당의 냉혹성에 대해서 알 길이 없었을 것이었다. 그리고 그때만 해도 공산당은 초창기이었기에 그를 이용하고저 잘 대우해 주었으므로 선생은 공산당 본부를 들락거리고 있으시던 상황이었다.

사진 92: 김기석.

　선생은 나의 말을 듣고는 걱정할 것이 하나도 없다는 것이었다. 그 당시 태동 중인 신민당(新民黨)은 인텔리를 수용하기 위한 정당이며 자기도 관계하고 있으니, 자기와 같이 행동하면 별 일 없을 것이라고 가볍게 생각하시는 것이었다. 나는 나의 일은 내가 판단하고 내가 해결해야 한다는 것을 잘 알면서도 이렇게 마음이

약해져 타인에게 나의 과거를 털어놓고 조언을 구한 것을 곧 후회하였다.

칸트의 관념철학을 찬양하는 그가 어떻게 맑스의 공산당 선언을 알 것이며, 레닌의 프롤레타리아 전정(專政)을 이해할 수 있었겠는가? 죽이고 고자질하여야만 살아 남을 수 있는 공산당 세포조직을 어찌 체험할 수 있었겠는가? 그가 걱정할 것 없다고 하는 말은 그의 원만한 인격에서 비롯된 말이었음을 알 수 있었다. 그의 입장에서 어느 누가 선뜻 "월남하시오"라고 충고할 수 있었겠는가? 나의 일은 나만이 결정할 수 있으며, 나 혼자서 풀어나가야 한다고 다시 한번 절감하였을 뿐이었다.

갑산파(甲山派)와 토지 개혁(土地 改革)

제 2 차 미소공동회의는 결렬되었다. 소련은 북한 땅만이라도 적화(赤化)시키면 머지않아 조선반도를 세력권 안에 넣을 수 있다고 믿었기에 조선의 통일정부 수립이란 것은 생각지도 않았음이 분명하였다. 북한은 이승만, 김구 등은 미 제국주의의 주구(走狗)라고 악에 찬 선전을 격화하였으며, 도처에 이를 강조하는 현수막이 드리워져 있었다. 공산당은 무력 통일을 꿈꾸면서 각지에 소위 간부훈련소라는 것을 설치하고 무력배양을 착수하였다. 돌아가는 정세로 보아 중국 공산당에서 많은 혁명경험을 쌓은 조선동맹보다는, 점령군인 적군의 군정을 내세우는 김일성의 갑산파가 정계를 주도하고 있는 것 같았다.

팔로군에서 세력을 확대한 무정, 김두봉이 이끄는 독립동맹은 중국 공산당의 노선인 신 민주주의의 이론을 본 딴 이상적인 정치이념과 풍부한 혁명 경험을 갖고 있었지만, 소련군이 내세운 김일성을 두목으로 한 갑산파에게 점점 밀리고 있었으니, 김두봉이 독립동맹의 간부들에게 각 분야에서의 공작상의 일로 갑산파와의 무모한 마찰을 삼가하라고 지시하였다는 것으로서도 알 수 있겠다.

1946 년 3 월에는 김일성이 정주에 와서 군중대회를 개최한다고 하여 나도 부친과 같이 정주에 나가 군중대회를 구경하였다. 부친은 30 대 중반의 말로만 듣던 김일성과 관제(官製)이지만 군중들이 환호하는 모양을 보시고는, 시대는 바야흐로 공산당시대가 되었다고 탄식하시면서 이 나라의 민주주의는 어느 곳에서 찾을 것인가고 쓸쓸해 하시는 것이었다.

사진 93: 김일성, 1945 년 10 월 14 일 평양 모란봉 공설운동장에서 열린 평양시 군중대회에서 연설하는 모습.

나는 신민당 갈산면 당 결성에 성의를 다하여 도왔다. 신민당은 공산당 외곽단체인지라 대부분의 인텔리들은 이에 대하여 냉담하였다. 일부 사람들은 나의 태도를 보고 내가 공산당으로 탈바꿈하지 않았나고 의심의 눈초리로 바라보기도 하였을 것이다. 그러나 나는 독립동맹이나 신민당에서 당원증이라는 것을 받은 적이 없었다. 그리고 실제로 그와 같은 증명서들이 있는 줄도 몰랐다. 그들도 또한 나를 전혀 자기들과 한 속으로 인정하지 않았을 것이니, 나는 단순히 고향 정주를 떠나지 않고 살아 남기 위하여 그저 외곽에서 춤만 추었던 셈이었다.

1946 년 5 월이 되면서 북조선에서는 공산당에 의하여 일련의 변혁이 있었다. 그것은 토지개혁법과 산업국유화 법령이 공포되었기 때문이었다. 토지개혁법은 5 정보 이상의 토지 소유자를 지주로 규정하여 토지를 몰수한 후 100 리 밖으로 추출한다는 것이었다. 하루는 황장노(黃長老)란 분이 부친을 찾아와 하소연을 하였다. 자기가 소유한 땅은 먹지 않고 입지 않고 절약해서 마련한 것인 데 공산군에게 고스란히 빼앗길 수는 없노라고 울먹이는 것이었다. 이 말을 듣고 나는 황장노는 세월이 변하여 도덕성도 변한 것을 아직도 인식 못하고 있구나! 지금은 혁명의 시대인 데 .... 라고 생각하니, 연민의 정마저 느끼어 지는 것이었다.

사실 5 정보 이상의 땅을 소유한다는 것은 죄가 될 수 없잖은가! 나는 이렇듯 5 정보 이상의 땅을 소유하였다고 하여 소작인으로부터 수모를 당하며 쫓겨나는 것을 보았다.
소작인들이 기고만장하여 어제까지 섬기던 지주들의 가재 도구를
불 태우는 것을 보며, 사람의 본성이 참으로 악하기도 하다고
생각했었다.   어느 소작인은 술에 취하여 길가에서 "아이고
씨원해라! 야박한 고놈의 지주를 내쫓고 그 땅을 갖게 되었으니
공산당을 받들어야지." 라고 말하는 것을 듣기도 하였다.

(**편집자 주**: 1 정보는 2,934 m^2 로서, 약 890 평 정도이며 10
마지기 임)

　기뻐하는 농민들은 길목을 지키면서 공산당에 반대하는
반동분자들의 책동을 분쇄해야 한다고 야단을 떨었다.　나는
사람을 만나기 위해 어느날 농민조합을 찾은 일이 있었다.　어떤
한 농민은 놀라면서 "저 자는 이곳에 올 자가 아닌 데 … " 라는
의아한 눈초리로 쳐다 보기도하고, 또 어느 농민은 "저 자도 우리
편이 되었는가?" 하면서 반가이 대하기도 하는 것이었다.　그때
나는 심히 부끄러움을 느끼었다. 사실상 나는 무슨 일이었던 간에
그곳에 갈 자격이 없는 사람이었던 것이었다.
　농민들은 당장 땅을 얻었다는 사실에 기뻐하고 있었으나,
머지않아 그 땅에서 추수한 곡식을 몽땅 공산당에게 받쳐야
한다는 것은 아직 모르고 있는 것 같았다.　이렇듯 권력이란
참으로 무서운 힘을 가진 것이었으니, 북조선은 해방의 자유도
맛보기 전에 온통 공산당 쇠사슬에 억메이게 되었던 것이었다.

여러 모양의 월남(越南) 길

학교에서는 연령이 지긋한 선생들은 거의 다 우익(右翼)이었고, 젊고 새로 부임해 온 선생들은 격변기에 공산당에 줄을 대느라고 야단이었다. 백낙민 (白樂敏:와세다대학 출신으로 영어교사)는 그 지방에서 약 100 석 정도의 땅을 갖고 있던 소지주이었는 데, 조심스런 성격이었기에 공산당에 확 뛰어 들어가지는 못 하고 눈치를 보면서 공산주의에 동조하는 선생이었다.

그는 일삼아 "이제 우리는 낡아 빠진 봉건의식을 버려야한다. 소련군이 주둔한 이상 결코 옛 사회로는 돌아가지 못할 것이다. 학교에는 반동 세력이 도사리고 있으니, 나는 평양으로 나가 김일성 대학에서 가르치고 싶다." 는 등등의 말을 하였다. 나는 이러한 그의 말을 들으면서 인텔리의 나약성을 그대로 드러내는 전형적인 소자본가의 계급성을 탈피하지 못한 자라고 생각하지 않을 수 없었다.

(**편집자 주**: 조선시대에는 곡물 1 석이 나는 논을 "1 석지(一石地)"라고 하여 농지의 생산력을 기준으로 면적을 간접적으로 표시하였다. 즉, '석' 단위는 땅의 넓이보다는 수확량(생산력)을 기준으로 정해진 과세 단위였다. 예를 들어: 좋은 땅에서는 1 정보에서 15~20 석이 나올 수 있고, 척박한 땅에서는 1 정보에서 5~10 석 밖에 안 나올 수도 있다.)

어느날 학교에 나가니 우익 경향이 뚜렷했던 이근칠(李根七: 월남하여 문교부 대학교육국장, 경희대 부총장)이 월남하는 데 성공하였다는 말이 들려왔 다.   그는 평양에 있는 친구에게 부탁하여 "김일성 대학으로 결정되었으니 빨리 평양으로 나오시오" 라는 전보를 치게 한 후, 그 전보를 교장에게 제시하여 교장으로부터 참 잘 되었다는 흠모의 찬사를 들으면서 평양으로 떠났다고 하였다.   그리고 평양에서는 폐가 악화되어 해주(海州)로 가야 한다는 의사의 허위 진단서를 받아내어, 검색할 때마다 이 진단서를 제시하며 해주까지 무사히 갔으며, 그곳에서도 미리 연락해 두었던 안내자의 안내를 받아 무사히 월남하였다는 것이었다.

학교에서는 이근칠이 월남하는데 성공하였다는 것이 큰 파문을 일으키는 충격적인 사건이었다.   김동호는 이근칠의 제자일 뿐만 아니라 누구보다도 사랑을 받았는 데, 자신이 해주까지 가서 선생을 잡아오겠다고 공언(公言)하면서 앞으로는 반동분자들을 색출하여 처벌하겠노라고 떠들어대는 것이었다. 우익 선생들은 이근칠의 기발한 발상에 탐복하면서 제각기 월남 길을 모색하는 듯 하였다.

이 일로써 공산당에서는 부모도 고발해야 할 뿐더러 은사도 죽여야만 살 수 있다는 것이 김동호의 언행으로 명백해졌다. 이 후로부터 학교에서는 선생과 학생이 한 사람 한 사람씩 자취를 감추어 갔으니, 나타나지 않으면 월남했다는 것을 누구나 짐작하게 되었다.   이렇듯 월남 길에 들어선다는 것은 체포될 위험성도 있었지만, 사실상 생활 터전을 바꾸는 것이었기에 여간한 용기와 결단이 없어서는 감행하기 힘든 것이었다.

제 13 장

고생 좀 하시오

신의주 도보안부(道保安部)로 압송

사람이 평범하게 산다는 것은 극히 행복된 일이다. 나는 보통 사람들이 사는 것과 같은 지극히 평범한 삶도 이어 갈 수 없는 운명이란 말인가! 사람이 비밀을 간직하고 쫓기면서 산다는 것만큼 괴롭고 불행한 일은 없을 것이다. 나의 지극한 소망은 자유가 있다고 하는 한반도 남쪽에 가서 사는 것이라고 생각하면서도, 대담하게 이곳을 떠나지 못하는 것이 나의 우유부단한 성격 때문이라고 내 자신을 저주할 때도 있었다.

1946년 6월 어느날 오후 나는 방안에 누워 있었다. 인기척이 있어 일어나 보니 나의 오산학교 동기동창인 김우한(金佑漢)이 옆에 와 있었다. 어찌된 영문인가고 물으니 대단히 난처한 얼굴로

신의주까지 같이 좀 가자고 하였다. 신의주 도보안부
(道保安部)에 같이 가야한다는 것이었다. 나는 그의 말을 듣는
순간, 올 것이 드디어 왔구나! 고 느끼었다.

　　그는 일전에 나와 만났을 때 공산당의 세상이 되었으니 죽는
한이 있어도 공산당과 싸워야 한다고 기염을 토하였었는 데,
어느새 공산당의 앞잡이가 되었단 말인가! 그는 그때 공산당
권력기관인 정주 보안소에 근무하고 있다고 하였는 데, 지금은
나를 신의주 도보안부로 압송하기 위하여 찾아온 것이었다.

　　집에는 아무도 없었다. 　그것이 오히려 다행스럽게
생각되었다. 만일 아내가 집에 있었더라면 아무런 영문도 모르는
아내를 안심시키고자 내가 얼마나 당혹하였겠는가? 　나는
홀가분한 마음으로 쪽지를 한 장 써 놓고 그와 함께 집을 나섰다.
쪽지에는 "신의주에 나가오. 당분간 나를 찾지 마시오." 라고
적어 두었다. 고읍(古邑)역에서 기차를 탔다. 기차에 오르자
김우한이 말하기 시작하였다. 다른 동료 순경들이 수갑을 갖고
가야한다고들 하였는 데, 상급자가 엄영식 그 사람에게는 수갑을
갖고 가지 않아도 된다고 말하더라는 것이었다. 나는 다행스런
일이라고 생각하였다. 남들이 내가 수갑을 차고 압송되는 꼴을
보았으면 회색분자인 나를 얼마나 매도하였겠는가!

　　내가 풀이 죽어 동행하는 것을 본 김우한은 나를 위로하기
위하여 여러가지 말을 하였다. '정주 보안소의 분위기로 보아
나를 꼭 잡아넣기 위한 것 같지 않더라. 단지 도보안부에서
부르니 어쩌면 나에게 직책을 주기 위해서인지도 모르겠다.'는

등등의 말을 하는 것이었다. 사실상 그가 보기에는 나는 아무 죄도 없었으리라. 그는 상급자의 명령에 따라 연행할 뿐이지, 내가 독립동맹을 탈출한 사실을 모르고 있었을 것이었다. 그의 말로 미루어 나를 압송하라는 명령은 도보안부에서 하달된 것이지, 정주 보안소에서 상신한 것이 아니였음을 알 수 있었다. 그때 이미 정주 보안소장은 나의 친척인 엄미승(嚴美昇)이 아니었다.

나를 신의주로 압송하는 동안 김우한의 나의 대한 경비는 허술한 것 같았지만 실제로는 위장이었으니, 나는 나의 뒷좌석에서 나와 김우한을 감시하는 또 하나의 감시원의 싸늘한 눈초리를 느낄 수 있었다. 나는 심상치 않음을 직감하면서 한밤중에 신의주에 도착하였고, 그 밤을 김우한과 함께 여관에서 보내야 했었다.

아침이 되자 김우한은 나를 평안북도 도보안부로 인도하였다. 그는 이리저리 수소문하여 나를 감찰과로 데리고 갔다. 감찰과장 박치례(민간인)는 나를 째려보면서 "네가 엄영식이란 자이냐? 고생 좀 해 보시오." 라고 매우 윽박지르는 말소리로 쏘아 부치며 감방문을 열고 나를 발로 차 넣는 것이었다. 나는 '이제 드디어 올 것이 왔구나.' 고 생각하니 불안한 마음은 사라지고 오히려 평정함을 느낄 수 있었다.

내가 수감된 감방은 101 호 이었다. 101 호 감방은 도보안부의 12 개 감방 중에서 제일 큰 감방이었기에 수용된 인원은 십 여명이 넘었다. 감방 벽은 철창으로 되어 있었고 변기는 감방 낭하(廊下 - 감옥의 복도 끝) 구석진 곳에 마련되어 있었다. 그들의 말에 의하면 변기를 일제시대와 달리 감방 밖에 둔 것은 수감자의 인권을 존중하기 때문이라고 하였다. 나는 감방 한구석에 하루 종일 쭈그리고 앉아 있었다. 식사라고 하루 세 끼 똑같은 강냉이 떡 두 덩어리를 주었는 데 도저히 먹을 수가 없었다. 그러니 내가 먹지 않고 놓은 떡을 다른 수감인들이 낚아채 먹으면서 처음에는 못 먹지만 조금 있으면 다 먹게 된다고 하는 것이었다.

감방이란 자백을 강요하는 수사관과 지은 죄가 있다고 하면 그 죄를 숨기고저하는 수인과의 싸움터였다. 십 여명의 수인자(囚人者) 중에는 오산학교 제자인 차순학(車淳學)이란 학생이 있었다. 나는 그가 재학 중 동료들의 우두머리로서 갈산면 공산당 본부를 습격한 반공학생이었음을 알고 있었다. 나는 그가 애처로웠다. 향학에 전념해야 할 젊은 학생이 조국의 비극을 한 몸에 안고 고생하고 있는 모습을 보니 세상이 한스러웠다. 더욱이나 서성거리다가 감시원으로부터 호되게 기합을 받을 때에는 연민의 정이 끓어올라 괴롭기 그지 없었다. 그는 나에게 선생은 어떤 이유로 이곳에 들어왔는가 고 묻기도 하였다. 그는 무엇보다 소련군에게 이송되어 시베리아로 유형가게 되지 않을까 고 심히 근심하는 것이었다.

사람이란 어떠하든 살게 마련인 것이었다. 감방에는 많은 수인들이 갇혀서 모두 그럭저럭 잘 살고 있으니, 나도 살 수 있을 것이라고 생각되었다. 밤 10시에 점검과 아울러 소등이 되어 등을 맞대고 누웠으나 잠은 쉽사리 오지 않았다. 앞으로 당할 고문과 문초를 생각하니 신세가 처량하기 그지 없었다.

그러자 다음날 아침 철문이 열리더니 신상초가 몸을 구부리고 들어 오는 것이 아닌가? 나는 깜짝 놀랐다. 그도 나와 같이 잡혀왔구나고 생각하니 마음이 언짢았다. 도대체 우리가 무언가 잘못 생각했어도 크게 잘못 생각했었구나! 싶었다. 빨리 월남 길에 오르지 못한 것이 후회스러울 뿐이었다. 그러나 이제는 자초한 운명을 어쩌든 뚫고 나갈 수 있도록 견디며 기다릴 도리 밖에 없었다.

감방 생활(監房 生活)

이렇게 3 일이 지나니 감방장이 큰 목소리로 나의 이름을 부르면서 나오라는 것이었다. 나를 앞에 세우고 걸으면서

"나는 동무가 이곳에 들어 올 줄을 이미 알고 있었오. 한명삼이 한달 동안 이곳에 있다가 몇일 전에 석방되었는 데, 그로부터 동무에 대한 말을 들었오. 동무가 들어 오면 식사를 운반하는 잡역을 시켜주라는 부탁이 있었오."

라고 말하면서 그날부터 수감자들에게 취사장에서 식사를 운반해서 분배해 주라는 것이었다. 나는 또다시 깜짝 놀랄 수 밖에 없었다. 한명삼은 내가 화중분맹에서 연안으로 떠날 때 잔류부대로 그곳에 남아 있었는 데, 그가 나의 앞서 이곳에

한달동안 갇혀 있었다는 것을 들으니 어찌 놀라지 않을 수 있었겠는가?

훗날에 그로부터 들은 바에 의하면 그는 해방이 되자 그곳에서 팔로군의 간부직을 맡아 일하고 있었는 데, 하루 빨리 해방된 조국에 돌아오고 싶은 일념에서 그곳을 탈출하여 천진에서 배를 타고 서울로 입국하였다가 고향인 선천에서 체포되었다고 하였다. 그가 신의주 도보안부에 수감되자 홀로 지내던 장모가 뇌물로 감방장을 매수하여 식사를 운반하는 특혜를 받았는 데, 내가 조만간 들어올 줄 알고 감방장에게 간절히 부탁하여 놓았었다는 것이었다.

사실상 감방에서 식사를 운반하는 잡역은 매우 큰 특혜였다. 식사를 운반하기 위하여 하루 세 번 감방 밖에 나올 수 있으니, 그동안에는 몸도 움직일 수 있을 뿐만 아니라, 식사도 수감자의 두 배를 주니 굶주림에서도 어느정도 벗어날 수 있었다. 나는 한명삼에게 감사하였다. 내가 화중분맹을 떠날 때 나에게 총알 한 알을 선물로 주면서 무슨 일이 있어도 참고 견뎌내어 고향에서 만나자며 울먹이던 그가 아니었던가! 그도 나같이 꿈에도 그리던 고향 땅을 밟고 반동죄로 체포되는 신세가 되었었구나 고 생각하니, 우리들 학병, 특히 일본군 병영을 탈출하여 독립독맹측으로 들어갔던 우리들의 운명이 너무나도 야속함을 느끼었다.

일본군영을 탈출하여 운 좋게 임시정부 쪽으로 가게 된 학병들은 모두 독립투사가 되어 영광된 귀국을 하였건만, 우리는 오히려 고향에 돌아와 모두 철창 신세를 지고 있으니, 우리의 운명을 통탄할 뿐이었다. 그러나 한명삼이 석방되어 나가고 그가 감방에서 하던 일을 이제 내가 맡게 되었으니, 나도 조만간 석방될 것이라고 확신할 수 있어 다소 마음이 안정되기도 하였다.

나는 하루 세 번 감방 밖으로 나와 감방 옆에 있는 취사장까지 감시병 없이 걸어가서 바구니에 강냉이로 만든 떡을 받아 갖고 와 수인들에게 나누어 주었다. 그런데 취사장 아주머니는 내가 가면 나를 동정하여 반드시 강냉이가 섞인 밥을 한 공기 내놓는 것이었다. 그러면서 하는 말이 멀쑥하게 생긴 젊은이가 무슨 죄를 졌기에 이 고생을 하고 있느냐면서 매우 측은한 눈초리를 건네는 것이었다. 그리고 내가 부엌 한구석에서 강냉이 섞인 밥을 먹고 있으면 천천히 먹으라고 일러주며 반찬까지 마련해 주곤 하였다.

이렇듯 수인들에게 강냉이 떡을 나누어 주고 나면 내 몫으로 배급 되는 떡 두 덩어리가 남게 된다. 나는 그 떡을 신상초에게 건네주면서 참고 견디어 내자고 위로와 격려를 해주곤 하였는 데, 무엇보다도 그가 풀이 죽어 꾸부정하게 앉아 있는 모습을 보노라면 마음이 서글퍼지는 것이었다.

어느날 내가 식사를 타기 위하여 취사장으로 걸어가다가 오산학교 동기 동창이자 학교의 미술선생인 승동표(承東杓)와 맞부딪치게 되었다. 그는 땅에 발이 붙어 버린 듯 움직이지 못 한 채 깜짝 놀란 눈으로 나를 쳐다보는 것이었다. 나는 단지 묵례만 하고 헤어졌다. 그후 곧 그는 오산에 돌아가서 내가 도보안부에 수감되어 있다는 소식을 학교와 나의 아내에게 전하였다고 하였다. 그때까지 우리 집에서는 내가 어디에 갔는지 몰라 걱정을 하며 수소문하며 돌아 다녔던 것이었다.

이따금 감방장은 나에게 호의를 표하여 담배를 한 대씩 주면서 피우라고도 하였다. 그러면서 그는 "동무는 왜 독립독맹을 탈출하였오? 그곳에 있었으면 출세길이 보장되었을 것인 데 .... 지금 이곳 도보안부의 간부급은 죄다 독립독맹 맹원들이네." 라고 말하면서 나를 연민하며 동정해 마지 않는 것이었다. 더욱 그는 내가 도망치지만 않았더라면 지금쯤 자기의 상관이 되었을지도 모른다며, 무슨 짓을 해서라도 이곳에서는 출세를 해야 한다고 덧붙이는 것이었다.

공산당에서는 고문은 일제(日帝)의 잔재이라고 못박고, 절대로 고문을 하여 자백 받는 일은 없다고 하였다. 자기네 말로는 교화 시킨다고 하였는 데, 그 실재는 일제 때의 고문을 빰치는 가혹한 것이었다. 그것은 밥을 주지 않고 굶기면서 밤에는 잠을 재우지 않는 것이었다. 같은 101 호 감방에 강계(江界)의 군수품 공장에 방화를 하였다는 혐의로 구속된 사람이 있었다. 공산사회에서는 방화범은 국가의 재산을 손실시킨 죄인이라 하여 특별히 엄하게 다스렸는데, 수사관은 그에게 금식을 명하고 낮이건 밤이건 잠을 못 자게 하는 것이었다.

철창 옆에서 감시원이 지키고 있다가 그가 조금이라도 졸기만 하면 회초리로 후려치는 것이었다. 그는 눈물을 흘리면서 진범이 나타나기 전에는 혐의를 벗어날 길이 없다면서 하소연하였는데, 내가 보기에도 그의 용모나 말하는 태도로 보아 그저 공장의 노무자였지, 방화할 만한 그릇은 못 되는 것 같았다. 그는 이틀을 견디지 못하고 소리내어 울다가 픽 쓰러져 버렸다. 들것에 실려 나갔는 데 그 후의 소식은 알 길이 없었다.

감방에서는 태양욕이란 것이 있었다. 점심식사가 끝나면 30 분 동안 감방 앞 뜰 에서 햇빛을 쪼이게 하는 것이었다. 그동안에 감시인들은 감방을 수색하기도 하였다. 어느날 내가 햇빛을 받으며 쭈그리고 앉아 있는 데 그곳을 지나다가 나를 보고 멈추는 보안서 간부가 있었다. 그는 학병은 아니었으나 화중분맹에 나와 함께 있던 자로서, 더욱이 1944 년 봄에 서주(徐州) 근처 동산(銅山)에서 심영순과 같이 셋이 적전공작을 하였던 소위 혁명동지였다. 해방 후 독립독맹이 북한으로 입국할 때 동행하여 도보안부의 경비과장이 되었던 것이었다.

그는 큰 권총을 옆에 차고 긴 가죽 장화를 신고 당당한 위세를 풍기고 있었다. 제 세상 만난 듯 어깨에 힘을 주면서 대뜸 "심영순은 월남했다지요?"라고 묻는 것이었다. 나는 나의 초라한 모습을 그에게 보인 것은 어쩔 수 없는 일이었지만, 그에게 동정을 구하는 빛은 추호도 보이고 싶지 않았기에 냉담히 침묵으로 대하였다. 속으로 '너는 세월 잘 만나 거들먹거리고 있구나.' 고 생각하고 있는 데, 그도 내 속을 눈치 채었는지 "동무 좀 더 반성하시우." 라는 말을 남기고 사라지는 것이었다.

그래도 지난날 우리가 친근한 혁명동지였기에 그는 과거를 회상하여 좋은 말로 나를 대하고 저 하였다고 생각하였다. 심영순은 그를 아편 밀수꾼이었을 것이라고 하면서 멸시하였는

303

데, 만일 심영순이 월남하지 않고 체포되어 왔었더라면 큰 보복과 곤욕을 치루었을 것이라고 생각되었다. 어느덧 십 여 일을 감방에서 지내니 그런대로 생활의 리듬이 생기어 견디어 갈 수 있었다. 역시 사람이란 환경에 적응하는 본능이 있어, 감방에서라도 살아갈 수 있음을 다시금 절감하였다.

심문(審問)

내가 감옥에 들어온 지 19 일만에 나에 대한 심문이 시작되었다. 죄명은 반동이었다. 심문관은 자신도 지난날 독립독맹에 적을 두었으며 해방을 맞아 북한에 입국한 후 독맹을 이탈하여 서울로 갔었지만, 남한 정세에 환멸을 느끼고 굶주리다가 다시 북한으로 되돌아 왔다고 하였다. 그리고 그는 곧 북한에서 자수하여 준엄한 자기 반성을 거친 후 풀려 나와 그대로 보안기관에 채용되는 경력을 가진 자였다. 그의 말을 들으며 그도 나와 같은 처지에 있었던 자임을 알게되니 한결 마음이 놓이기도 하였다.

그러했기에 그도 나를 피의자로 심문하는 것보다 대화자로 대하는 듯하였다. 더 나아가 나는 기억에 없는 데 그는 내가 태행산에서 조선의용군으로 봉천까지 걸어 나오는 것을 보았다고도 말하는 것이었다. 이렇듯 그는 나의 처지를 자신의 지난날의 행동에 비추어 보아서인지 잘 이해하고 있는 것 같았다.

심문의 요점은 무슨 이유로 독립독맹에서 탈출하였는가에 있었다. 나는 해방이 되었기에 고향에 가고 싶은 일념 뿐이었으며 그 밖의 이유는 없었노라고 말하고, 그것은 내가 고향에 와서 자숙하면서 조용히 지낸 것을 보면 알 수 있을 것이라고 설명하였다. 그는 더 이상 심문하지 않았으며, 십 여일 있으면 석방될 것이라고 암시해 주기까지 하였다.

그러던 어느날 저녁에 감찰과장 박치레가 나를 부른다는 전갈을 받았다. 나는 떨지 않을 수 없었으니, 감옥에 들어오던 날의 그의 매서운 눈초리가 떠 올랐기 때문이었다. 그런데 나를 대하는 그의 얼굴이 의외로 웃음 띤 표정이었기에 나는 또다시 놀랄 수 밖에 없었다. 그는 나에게 다가와 다음과 같이 말하였다.

"알고 보니 네가 김종정(金宗丁)의 사위였더구나!
어제 내 집에 찾아온 너의 장인으로부터
'세상이 아무리 변했기로서니 내가 어떻게 자기 사위를 잡아 넣을 수 있느냐?' 는 호된 질책을 당하였다."

그와 나의 장인과는 같은 고향 어릴 때부터 극진한 사이였으며, 일제 때에는 중국 땅에서 같이 장사까지 하였던 둘도 없는 친구이라 하였다. 그는 또한 우리가 결혼할 때에는 누구보다도 값진 물건을 보내주며 축하해 주었던 분이었다. 그러했기에 장인은 그가 감찰과장이었지만 소꿉 친구로 마음 놓고 할 말을 다 하였을 것이었다. 그는 내가 죽마고우의 사위라는 것을 알고부터는 어찌됐든 나를 구해 주어야 한다고 생각하는 것이 분명하였다.

그는 나를 바보라고 하면서 일본군 병영을 탈출한 자가 독립독맹과 관계를 갖고 조선의용군으로 입국하였더라면 출세길이 보장되었을 터인 데, 이유를 막론하고 조선의용군을 탈출한 것은 경솔한 행동이었다고 안타까워하며 탄식하는 것이었다. 그는 또 나에게 박항구를 아느냐고도 물었다. 내가 잘 알고 있다고 대답하니, 그의 말이 박항구는 권총을 차고 고향 집에 돌아와 거들먹거리더니, 요즈음 공산당에서 높은 직책을 맡고 있는 것 같다는 것이었다.

박항구 역시 학도병으로 일본군영을 탈출하여 화중분맹에 있었는 데, 나와는 같은 분대 소속이었기에 친근하였다고 볼 수 있었다. 그는 자신은 지주의 자식이기에 공산사회에서는 용납되지 않을 것이라고 항시 비탄해 왔던 자였다. 열등의식에 빠진 그가 우리들의 불평을 간부들에게 고자질하는 일이 있어 우리들은 그를 배신자라고 비난하였었다.

역시 공산사회에서는 자기 양심을 속이고, 남을 딛고 서기 위해서 밀고하는 자들 만이 출세할 수 있었다. 이 박항구가 6.25 동난 때 인민군 부 연대장으로 서울에 온 것을 보았다는 이야기를 후에 들었는 데, 그때 그가 박치레로부터 내가 수감 중이라는 말을 듣고는 "엄영식 만은 너그럽게 처분해 주시오." 라고 말하더라는 것이었다. 박치레는 나에게 '좀 더 반성하면서 감방에서 기다리고 있으라.'며 말을 맺었다.

나는 그의 말을 들으며 그가 이 각박한 공산사회에서 나를 친구의 사위로 대우해 주는 것에 감사하였다. 그러나 그가 어떤 연줄로 감찰과장이 되었는지는 모르지만 정에 끌리는 것을 보아 공산당의 조직을 모르는 사람이며, 격변하는 북한 사회의 과도기적 대용품 밖에 될 수 없음을 직감할 수 있었다. 그도 역시 공명심으로 자신도 모르는 사이에 자신의 무덤을 파고 있을 뿐이라고 생각되었다.

석방

어느날 밤 자정이 넘어 나는 잠을 청하고 있는 데, 감방 문이 덜커덩 열리더니 키가 큰 한 사나이가 겁에 질린 표정으로 감방 안으로 들어오는 데 나는 깜짝 놀랄 수 밖에 없었다. 그는 나와 오산학교 동창인 학병 출신으로 나보다 먼저 일본군을 탈출하고 화중분맹에서 함께 있던 방휘제(方暉濟)가 아닌가? 그는 화중분맹에서 심영순과 짝하여 중경의 임시정부로 보내 달라고 야단을 치던 과격한 성격의 소유자였는 데, 이제 그를 다시 이곳 감방 안에서 만날 줄은 꿈에도 생각지 못 했던 것이었다. 나는 그를 내 옆으로 오라고 손짓하여 밤을 새며 이야기를 나누었다.

그는 내가 북상 길에 오른 후 화중분맹에 남아 있었는 데, 해방이 되자 화중분맹의 간부 입국문제로 대판 싸우고 그곳을 떠나 천진에서 간신히 배를 타고 서울로 왔다고 하였다. 서울에서 몇 날을 지내고 고향으로 돌아왔는 데 오자 마자 체포되어 도보안부까지 오게 되었다고 하는 것이었다. 나는 그가 서울에서 여러 날을 체류하였기에 도보안부에서는 그가 반드시 우익 정객들과 연결이 있었을 것이며, 무슨 사명을 띄고 북한에 들어왔을 것이라고 생각하고 있을 것 임을 직감하였다. 그렇다면 나와도 무슨 관련이 있을 것이라고 추론할 터이니, 그의 조사가 끝날 때까지는 나를 석방하지 않을 지도 모른다는 생각이 스쳐갔다.

실제로 그때까지 주위의 돌아가는 형편으로 보아 나는 조만간 곧 석방될 것이라고 자신하여 왔었는 데, 나의 염려대로 다음날 아침 그들은 나를 106 호 감방으로 이송시키는 것이었다. 도보안부는 방휘제와 나, 그리고 신상초를 동일범으로 취급하는 것이었다. 그 뿐만 아니라 내가 하던 식사 운반도 중단시키고 감시 또한 까다로워졌다. 그리고 이전에는 편안한 자세로 반성하라고 하였었는 데 이제부터는 정좌한 자세로 반성하라는 것이었다.

감방의 벽을 자세히 쳐다보니 낙서한 것이 보였다. 연필로 쓰여진 낙서는 "나는 시베리야로 떠나오. 나의 조국이여, 안녕!" 이었다. 이 감방은 국경지대 인지라 일제 때 많은 독립투사들이 체포되어 옥고(獄苦)를 치르던 곳이었는 데, 해방된 지금에는 사상적으로 반공 청년들을 수감하는 곳이 되었다고 생각하니 입맛이 씁쓰름하였다. 그런데 실제로 우리가 독립독맹을 뛰쳐 나온 것은 해방된 조국의 고향 땅이 그리워 돌아온 단순한 것이었을 뿐, 독립독맹과 싸우고자한 정치적인 의도는 조금도 없지 않은가?

또한 방휘제는 나의 집과 가까운 운전(雲田)에 살고 있었기에 단순히 집안적으로 잘 알고 있었을 뿐 아무런 연관이 없었건만,

그의 심사가 일단락 지어지기 전에는 나를 석방하지 않으리라는 것이 확실하였다. 박치레 과장은 106 호 감방 앞을 지나면서 석방시키려고 하였지만 사정이 있어 늦어지니, 조금만 더 기다리고 있으라는 매우 동정적인 말까지 건네 주는 것이었다.

나는 만 2 개월 만에 석방되었다. 뒷날 들은 바에 의하면 박치레 과장이 나를 석방시키자고 여러번 부장에게 품신했다고 하였다. 독립독맹의 간부이었던 부장 장지민(張志民)은 박과장의 제안에 동의하였지만, 학병출신인 감찰계장이 배신자를 관대히 처분할 수 없다고 매번 거절하였다고 하였다. 계장은 독립독맹 산동분맹 출신으로 나를 잘 알고 있었기에, 인텔리에 대해서는 철저한 교화가 필요하다며 고집부리더라는 것이었다. 박치레 과장은 계장이 출장가고 자리를 비운 틈을 타서 부장의 재가를 얻어내어 신상초와 나를 석방시켰다고 하였다.

아침에 감방장이 106 호 감방을 찾아와서 오후에 석방이 된다고 전하여 주었다. 나는 '앞을 가로막고 있는 높은 산을 드디어 넘었구나.'고 감사하였다. 오후에 그들의 말대로 신상초와 나는 감방문을 나설 수 있었다. 방휘제를 두고 나와야 하는 우리의 마음은 결코 기쁘지만은 않았다. 우리가 도보안부의 현관 앞에 나섰을 때 홀연히 도보안부의 부장인 장지민이 나타나서 우리 두 사람에게 악수를 청하는 것이었다. 그러면서 그가 말하기를, "동무들 수고가 많았오. 내 말을 잘 귀담아 들으시오. 동무들 절대로 월남하지 마시오. 월남하면 더 이상 도망칠 곳이 없지 않소? 우리는 반드시 남한으로 쳐들어 갑니다."
하고는 쏜살같이 사람들 속으로 자취를 감추는 것이었다.

나는 장지민의 마음을 읽을 수 있었다. 그는 우리가 연안으로
가던 길에 해방을 맞이하여 태행산 조선 의용군 군정학교에
들렸을 때, 우리를 반가이 맞이해 준 독립독맹 고급 간부였다.
입국하여 그는 평안북도 도보안부의 부장이 되었고, 그의 지시로
독립독맹에 몸을 담았던 우리들이 체포된 것이었으리라. 그의
내심은 신상초와 내가 지금은 동맹을 배반하였기에 반성시키는
의미에서 체포하기는 하였으나, 그래도 자기들이 어려울 때
혁명운동을 함께 하였던 동지들이기에 동지애를 발휘하여
석방시켜 주었으리라고 생각되었다.

그러나 그는 우리가 반드시 월남하리라는 것을 알았을
것이었다. 그러므로 우리가 여기서 월남을 하면 그와는 영원한
적이 되겠기에 북한에 남아서 공산당에 협조해 줄 것을 바라마지
않는 마음에서 월남하지 말라고, 그들이 남한까지 꼭
쳐들어간다고 일침을 놓았을 것이었다. 공산당 간부가 머지않아
남한으로 쳐들어간다고 말한 것은 우리를 월남하지 못하게
하고자 한 협박만이 아니었으며, 이때 이미 남침은 저들 공산당의
확고부동한 정책이었던 것이었다. 나는 2개월 동안의
감방생활을 무사히 끝낼 수 있었음을 하나님께 감사하면서
고향집으로 돌아왔다.

정주(定州)로 전근(轉勤)

집에 돌아와 마침내 치를 것을 치루었다고 생각하니 한결 마음이 편하였다. 지난 2개월 동안의 일들은 나의 뇌리 속에서조차 지워버리고자 하였기에 어느 누구에게도 내가 감방에 있었다는 말을 하지 않았다. 감옥이란 묘한 곳이어서 감방에서 나오면 더욱 꼿꼿해지는 사람도 있고, 반면에 풀이 죽어 후지끈해지는 사람이 있다고 하는데, 나는 예전 그대로인 것 같았다.

반면에 반년 전에 내가 고향에 돌아왔을 때에는 모두들 반기며 나에게 기대를 거는 것 같았었는 데, 이제는 반기는 것 같지 않을 뿐더러 '저 자는 어떤 자인가?' 고 이상한 눈초리로 경계하는 것 같았다. 그러기에 자연 나는 나의 행동 반경이 좁아져 감을 느꼈다. 그래도 부끄러움을 무릅쓰고 오산학교에 나가 보니 학교의 분위기도 싸늘하게 느껴질 뿐이었다.

오산학교는 완전히 좌익선생들이 거머쥐고 몰아 부치고 있었다. 새로 부임해온 선생들의 얼굴도 보였는 데 그들은 모두 나를 경계하는 것이 분명하였다. 나이든 선생들은 교무실 구석에 모여 소근거리지만 그들의 말소리는 매우 가늘었으며 모두 풀이 죽어 있었고, 그들 역시 이제는 나를 경계하는 것 같았다. 이 무렵 학교는 교육의 도장이 아니라 공산당 훈련소를 연상케 하였다.

어느날 전의원 교장이 나를 불렀다. 그는 공산당원이었지만 나를 좋아하였다. 교장은 정주 교육부로부터의 지시라고 하면서 나를 정주중학교로 전근 가라고 말하는 것이었다. 정주중학교는 정주공산당 군당부와 이웃하여 자리 잡고 있기에 나를 가까이 두고 감시하기 위함일 것이라고 짐작이 갔다. 교장은 "동무는 오산학교에 계셔도 좋은 데 섭섭하게 되었오." 라고 말하는 것이었다. 그런데 신상초도 정주중학교로 근무하라는 명령을 받았다는 것이었다. 나와 신상초는 이 일을 오히려 잘된 일로 생각하였다. 우리는 아무래도 월남 길에 올라야 할 처지인 데 고향 오산학교에서 떠나면 친지들에게 루(累)를 끼칠지 모르나, 정주중학교에서 떠나면 뒷일이 깨끗할 것 같았기 때문이었다.

그래도 어머니는 우리가 30 리 떨어진 정주로 가는 것을 섭섭히 여기셨다. 자식이란 옆에 두고 보면서 살아야 마음 뿌듯한 것이리라. 나 역시 여지껏 부모님께 효도 한번 못 하고 근심 걱정만 끼쳐드렸는 데, 이제 또 공산당의 명령으로 고향 오산 땅을 떠나니, 어쩐지 이 떠남이 영원히 고향을 등지는 것 같은 느낌이 들어 서운하였다. 나는 오산학교 선생과 학생들에게 인사말도 제대로 하지 못하고 쫓기는 마음으로 정주로 떠나왔다.

제 14 장

월남(越南)길에 오르다.

정주 중학교

오산학교는 정주군의 한 면(面)인 오산이란 궁항(窮巷)에 자리잡고 있지만 관서(關西)지방에서는 조선 민족으로서의 할 바를 다한 전통 있는 교육기관이었다. 반면에 정주 고을은 일제 시대 때 평안북도의 교통의 요지일 뿐만 아니라 물산의 집산지로서 요충지를 이루었지만, 중등 교육기관이 없었다. 그러했기에 정주의 인사들은 모두 오산중학교를 정주로 이전해야 발전할 수 있다고 주장하여 왔었다. 그러던 차에 1942 년 평안북도 도평원이었고 사업가로 알려진 이정근 (李貞根)이란 사람이 그 고장의 부호인 박문규(朴文圭)의 협조를 얻어 정주상업전수학관(專修學館)을 세우게 되었다. 해방이 되면서 이

학관을 인문계 중학교로 개편하여 승격시킨 것이 정주중학교라 하겠다.

정주란 곳은 홍경래(洪景來)가 관군과 싸우기 위하여 구축한 북장대(北將臺)가 있고 노일전쟁의 격전지이기도 하였다. 정삭선(定朔線)이 개통하면서 급속히 발전하게 되었고 서해안 간척사업이 발달하여 물산이 풍부하였다. 더욱 신의주와 연결하는 마지막 큰 도시이기에 일제 때는 고등계 경찰들의 눈이 번뜩이는 곳으로도 유명했었다. 따라서 정주중학교는 이 지방에서 문교의 본산을 이루게 되었다고 볼 수 있겠다.

내가 이 학교에 부임하였을 당시 교장은 이석윤(李錫潤)이었는 데, 그는 이 고장 출신으로 입교대학(立敎大學) 영문과를 졸업하였고 쉑스피어 연구에 일가견을 갖고 있었다. 나는 동경 유학시절 그와 같은 하숙집에서 지낸 일이 있어 그와는 각별한 친분을 갖고 있었는 데, 그 당시 그는 급조된 공산주의자인 것이 분명하였으니, 항용 인텔리가 지닌 영웅주의를 만족시키기 위하여 앞 뒤를 가리지 않고 공산주의를 찬양하였던 것이었다.

교무주임은 김용하(金龍河)인 데 그는 나의 외삼춘으로 앞서 말한 바와 같이 일찍이 동경으로 건너가서 미술을 공부하였고, 공산당 정주군 당 창건의 한 사람으로 사회주의 경향은 뚜렷하였지만 근본적으로는 극도의 자유주의자였다. 그가 공산주의의 급진분자로 활약하였던 것은 그 당시 그가 자유를 만끽하기 위해서는 공산주의자가 되는 길이 가장 적절하다고 판단했기 때문이었을 것이라고 나는 생각하여 왔었다. 그는 동경에서 나와 한 방에서 자취한 일이 있었기에 우리는 서로를 너무도 잘 알고 있다고 할 수 있겠다.

당시 정주군 일대의 인텔리들은 거의 다 정주중학교에 모여 있었다고 할 수 있겠는 데 참으로 그 선생진이 찬란하였다. 훈육주임 최성민(崔成珉)은 오산학교 동창으로 와세다대학 출신이었는 데, 수학에는 자타가 공인하는 일류 선생이었고, 오산학교 동기 동창인 최용린(崔龍麟)은 무사시노(武藏野) 음악학교 출신으로 시류를 타고 열정적으로 공산주의를 찬양하였지만, 그가 학생들 중에서 성악에 뛰어난 소질을 가진 안형일(安炯一: 서울음대교수)을 발견하여 무보수로 개인 교습을 시켜 대성시킨 것은 높이 평가 받을 만 하겠다.

그 밖에 오산학교 동기 동창인 김공식(金公植)은 상지대학(上智大學) 철학과 출신이었는 데, 자기 전공과 걸맞지 않게 공산주의 전위분자로써 앞장 서 있었다. 그리고 문필가인 석인해(石仁海)가 있었으며, 나의 오산학교 동기 동창인 탁시연(卓時淵)도 있었다. 탁시연은 5 년 동안 고학으로 일본 문화각원 (文化閣院)을 졸업하였는데, 그는 공산주의자가 될 성분임에도 불구하고 몸가짐을 흐트러뜨리지 않았다. 그를 보아서 공산주의가 된다는 것이 꼭 성분만으로 되는 것이 아님을 알 수 있었다.

사진 94: 안형일 교수.

　반면에 누가 보아도 우익의 길을 밟을 것이라고 믿어졌던 최용린, 김공식 등이 공산주의의 앞잡이가 되어 좌충우돌하는 것을 볼 때, 나는 그들의 소 영웅주의를 개탄하지 않을 수 없었다. 누구보다도 내가 잘 아는 동기 동창 최용린은 당에서 선발되어 소련을 여행하였는 데, 돌아와서는 "모스크바의 공기는 맛이 있더라. 그것은 착취가 없는 순전한 공산주의 국가의 공기이기 때문이었다." 라고 떠들어 대는 것이 아닌가! 나는 공기가 맑으면 맑았지 어떻게 맛이 있겠는가고 생각하니 쓸쓸하기조차 하였었다.

　최용린의 제자인 안형일의 이야기를 하고자 한다. 6.25 전쟁 동안에 최용린이 문화 공작단의 일원으로 서울에 와서 안형일을 수소문하여 만나자는 전갈을 보냈다고 하였다. 그때 안형일은 은사를 만나고 싶은 심정이 끓어 올랐으나, 혹시 최선생이 강제로라도 월북하자고 강요할 것이 두려워 끝내 만나지 않았다는 것이었다. 이렇듯 사상의 벽이 우정의 벽보다 높은 것이며, 사제의 정보다 높고, 현실은 냉엄할 뿐임을 다시 한번 절감하였다. 안형일은 이제 서울대학에서 정년을 맞이하였다.

나의 정주중학교에서의 교편생활 중에는 사제지간의 아름다운 일들이 많았다. 나와 아내는 학교에서 마련해 준 단간방에서 신접살림을 하였는 데, 한 제자가 우리가 사는 집에 와서 땔감이 없는 것을 보고는 자기 집에 가서 통나무를 갖고 와 도끼로 쪼개 주었던 일도 있었다. 수학 선생이었던 전계현은 고향이 함경도였는 데, 그의 본가에서 보내준 명란젓을 안주삼아 선생들이 둘러앉아 소주 마시던 일도 또한 잊을 수가 없겠다.

또한 학생 중에 승계호(承啓浩)가 있었는 데, 이 학생은 두뇌가 매우 명석하여 단연 두각을 나타내었으며, 집은 가난하였으나 언제나 방글방글 웃음 띠우던 용모를 지금도 잊을 수가 없다. 그는 월남하여 서울고교를 졸업하고 장학금으로 미국에 건너가 예일대학에서 그 어려운 철학박사 학위를 받아내었고, 지금은 텍사스 휴스턴 대학에서 철학교수로서의 영광된 길을 걷고 있다. 음악가인 아내와 수재인 자녀들을 키우며 행복하게 살고 있는 것을, 수년 전 미국 텍사스에 갔을 때 반갑게 상봉하여 회포를 풀었었다.

승계호가 도미하던 날은 우리 나라에서는 반공포로를 이승만의 용단으로 석방시킨 날이었기에 지금도 잊을 수가 없다. 그는 떠나기 전날 밤 나의 집을 찾아 왔었는 데, 나는 그가 굶주림과 추위로 떠는 것을 알 수 있었다. 그때 나는 그의 영광된 길을 축복하기 위하여 한 켤레의 양말과 한 끼의 요기나 할 수 있는 점심 값을 주었을 뿐이었다. 그 당시 나는 서울중학교에서 교편을 잡고 있었는 데 그렇게도 베풀 것이 없었으니, 지금 생각하면 아찔할 정도로 가난하였던 것이었다.

사진 95: 승계호 교수.

그때 가르치던 정주중학교 학생들은 지금 모두 회갑을 넘은 연령이 되었다. 그들은 모이기만 하면 나를 보고 그때는 멋쟁이 선생이었다느니, 역사를 꽤 재미있게 가르쳤었다느니, 절대로 좌익선생을 아니었는 데 그렇다고 우익적인 색채를 풍기지도 않았었다느니, 여러 가지 재미있는 웃음의 꽃을 피우곤 한다. 그해 (1946 년) 겨울을 나는 정주 중학교에서 지내었는 데, 스승의 길은 보람 있는 길이었다고 생각한다.

월남 결심

정주 읍은 그래도 적은 도시이기에 주위에서 나를 감시하는 눈초리는 없는 듯 하였다. 나는 마음의 안정을 되찾고 학교에 정성을 쏟았으며, 가정에서는 한 생명의 아버지가 되었다. 이때 얻은 아들이 소위 해방둥이 이니, 벌써 50 이 지났다. 나는 학교에서나 가정에서나 하루라도 빨리 월남해야 한다는 강박감을 떨쳐버릴 수가 없었다. 1946 년 겨울이 지나고 새 봄이 오면 38 선은 더욱 굳어질 터이니, 새 학기가 시작되기 전에 월남을 해야겠다고 결심하였다.

신상초와는 같은 처지이기에 이미 함께 월남 길에 오르기로 뜻을 정하고 있었다. 그런데 동료 교사인 최성민과 현봉찬(玄鳳讚: 영어교사)이 우리들의 뜻을 눈치 채고는 같이 월남하자고 제의해 오는 것이 아닌가! 생각해 보니 한 학교에서 네 교사가 한꺼번에 월남 길에 오른다는 것은 무리인 듯 싶었고, 무엇보다 신상초와 나는 이미 반동분자라는 딱지가 붙어 도보안부에 2 개월 동안 수감되었던 몸인지라, 이제 월남 길에서 붙들리기라도 하면 영영 햇빛을 보지 못할 것이라는 것은 불을 보듯 자명한 일이었다. 그래서 최선생과 현선생에게 같이 행동하는 것은 그들 자신에게 루(累)가 될 것이라고 타이르고, 따로 월남 길을 모색하라고 종용하였다.

1947 년 북조선에서는 이미 지방인민위원회 대의원 선거(시, 도, 군의 대의원 선출)가 실시되었다. 나도 그 유명한 찬반을 묻는 소위 흑백선거(黑白選擧)에 표를 던졌다. 북조선에서는 그들대로

체제를 정비하고자 했던 것이었다. 우리의 마음은 조급해졌다. 하루라도 월남을 늦추면 그만큼 월남 길이 어려워진다는 것이 분명하였으나, 눈동자가 초롱초롱한 학생들을 저버리고 또 아내와 날로 날로 자라는 아들을 두고 떠난다는 것은 참으로 견디기 어려운 고통이었다. 떠난다는 것은 헤어지는 것이었고, 다시 만난다는 확약이 없었다. 더욱이나 기관원에게 붙들리기라도 하면 그후의 나에게 닥칠 운명은 아무도 예측할 수 없는 일이었다.

그러나 한편 그 어떤 힘이 나로 하여금 월남하기를 재촉하고 있는 것도 부인할 수 없었다. 그렇다고 월남에 성공하면 나의 모든 문제는 해결되는가? 실제적으로 나는 서울에 아무런 연고나 터전이 없지 않은가? 서울이라는 곳은 그저 내가 동경 와세다대학 유학시절 몇 번 거쳐 지나다닌 고장에 지나지 않았다. 그러나 내가 이렇듯 위험을 무릅쓰고 월남하고자 하는 것은 그곳 서울에, '내가 바라는 자유가 있을 것'이라는 막연한 믿음에서 비롯된 것일 뿐이었다.

나는 아내에게 양해를 구했다. 우리 세 식구가 보따리를 싸들고 정주 역에서 남행 열차를 탄다는 것은 무리일 것 같으니, 우선 나만 먼저 월남 길에 오르고 아내와 아들은 시일을 늦추어 따로 월남하는 것이 어떻겠는가고 제의하였다. 사려 깊은 아내는 고맙게도 즉시 승락하며 아무 걱정 말고 속히 월남하라고 재촉하여 주는 것이었다.

정주역 구내에는 기관정비소가 있기에 기관차에 물을 넣기 위하여 이곳을 통과하는 모든 기차는 약 30 분 가량 정차하였다. 나는 신상초와 다음날 12 시에 정주역을 통과하는 남행 열차를 타기로 굳게 약속하고 헤어졌다. 나는 내가 월남한다는 사실을 부모를 비롯하여 어느 누구에게도 이야기하지 않았으니, 부모에게 효도는 못할 진 되 근심을 끼쳐드리기가 싫었기 때문이었다.

실제적으로 나의 월남 길은 내 인생에 모험을 거는 큰 거사였고, 또한 성공률도 그리 밝지 않았다. 일본군을 도망칠 때는 나의 행동이 정당하였기에 친지 및 이웃 모두가 지지해 주었지만, 이번의 공산 사회로부터의 또 한번의 탈출은 이미 이룩된 질서에 대한 반동적인 행동이기에 친지들은 몰라도 이웃들의 지지를 받기란 생각조차 할 수 없는 일이었다.

이러했기에 나의 월남은 어디까지나 나 개인의 행동이고, 나만이 책임질 행동이라고 생각하였다. 사실상 이 당시 부친께서는 민주당 갈산면 위원장이었으니, 내가 월남한다는 것을 못마땅하게 여기실 리가 없었다. 또한 나의 형님은 오산학교를 졸업하고 고읍(古邑)에서 장사를 하였는 데, 함석헌(咸錫憲) 선생을 따르면서 성서조선(聖書朝鮮)에 연류되어 반년 이상 옥고를 치룬 일도 있으신 분이었다. 항상 동생인 내가 참된 기독인의 길을 제대로 걷지 못한다고 애석해 왔으나, 이제 내가 공산당 소굴에서 빠져나가는 것을 반대할 이유는 없을 것이었다.

외삼춘 김용하

내일이면 정든 고향을 떠나야 한다고 생각하니 마음이 참참하였다. 누구에게도 비밀로 하고 있었지만 나를 극진히 돌보아 주신 외삼춘 김용하에게 만은 알리고 떠나고 싶었다. 그것은 월남하는 내 행동에 대한 이해를 구하는 것이 아니라, 여지껏 그에게 받은 온정에 대한 답례로 다만 나의 결정을 직접 말씀드리고 싶은 심정에서였다. 다시 말하면 내가 말없이 월남하는 것은 그에게 배신감을 느끼게 할 것 같이 생각되었기 때문이었다. 나는 죽는 일이 있어도 배신하는 것은 싫었다.

저녁이 되어 그를 찾아가서 술이나 한잔 하자고 하면서 중국 집에 마주 앉았다. 나는 그에게 단도직입적으로

"내일 월남 길에 오르기로 했수다. 나도 모르는 사이에 쫓기는 강박감에 시달려 그저 월남하고자 합니다." 라고 말하였다.

그는 한동안 눈을 지긋이 감고 생각하더니 다음과 같이 말하는 것이었다. "나도 실은 남쪽에 매력을 느끼고 있소. 그러나 나는 갈 수 없소. 서울에는 선우기성(鮮宇基成 : 김용하와는 오산학교 동기동창으로 당시 공산당을 때려 잡는 기관인 서북청년회의 회장)이 판을 치고 있으니 말이요." 나는 그의 솔직한 고백을 듣고 가슴이 저려왔다.

그는 공산당 급진분자이었지만 역시 내가 생각했던 대로 자유주의자일 뿐이었다. 자유주의자에게는 감투, 세도욕이란 미끼가 있는 데, 그도 감투 미끼에 물리어 달려있는 것이 분명하였다. 인텔리는 미끼에 물리면 떨어지지 않으려고 발버둥치면서 더욱 열성분자가 될 수 밖에 없다고 생각되었다. 앞에서 말한 바와 같이 그가 정주 공산당 창당 멤버의 한 사람이었으나, 예술분야에 조예가 깊었으니 자유로운 남한 땅에서 마음껏 예술활동을 하고 싶은 마음이 있음을 어찌 부인할 수 있었겠는가? 김용하는 그후 출세 가도를 달려 평안북도 도당위원회 문화부장까지 승진하였다고 하였다.

그와 동경에서 교분이 있었던 사람들은 누구나, 만일 그가 월남하였더라면 그의 재능을 활짝 펴서 대한민국 예술계에 우뚝 선 업적을 남겼을 것이라고 아쉬워하였다. 누구인지는 기억할 수 없지만 월간 신동아(新東亞) 잡지에 "잊을 수 없는 사람들"이라는 시리즈에 김용하를 제 1 호로 소개한 글이 실렸었다고 전해 주는 이야기를 들었다.

월남(越南) 길

나는 신상초와 월남하기로 약속한 날 아침 평상시대로 학교에 출근하였다. 첫 시간의 수업을 마치고 교무실로 돌아오니 약속한 신상초의 얼굴은 보이지 않았다. 그는 전날 저녁에 덕언면(德彦面) 본가 댁에 나갔기 때문이었다.

11시경에 교무실에 들어선 그의 얼굴은 덤덤해 보였다. 그를 보고 나는 일단 안심하고 3교시 수업에 들어갔다. 정오 12시가 되니 남행 열차의 기적 소리가 들려왔다. 교실 창문을 열고 정주역 쪽을 바라보니 열차가 막바로 역구내로 들어오고 있었다. 나는 학생들에게 오늘 수업을 이것으로 마친다고 말하고 분필을 놓고는 황급히 교실을 나와 교문을 지나 역으로 달음질쳤다.

정주역에서는 통과하는 모든 열차들이 기관차에 물을 넣고 석탄을 보충하기 위하여 30분 정도 정차하였고, 학교에서 정주역 까지는 도보로 대략 10분 정도의 거리였기에, 열차를 타기에는 충분한 시간이 있었다. 역 대합실에 이르니 아내가 아들을 등에 업고 내가 탈 평양 행 기차표를 사들고 기다리고 있었다. 나는 그 차표를 받아 가지고 제대로 아내와 이별의 인사도 나누지 못 한 채 서둘러 개찰구를 통과하여 객차 한 구석에 자리를 잡고 앉았다. 안면있는 어느 누구와도 마주치지 않았기에 떨리는 가슴을 진정시키고, 우선은 평양까지만 무사히 갈 수 있기를 기원하였다.

깜쪽같이 나를 월남길에 떠나 보낸 아내의 심정은 어떠했겠을까! 나는 학교를 드나들던 양복차림 그대로였고 손에는 아직도 분필가루가 남아 있으며 아무런 짐 보따리도 들지 않은 차림새였다. 몸에는 그저 몇 장의 붉은 지폐만을 갖고 있을 뿐이었다. 검문이 있으면 그저 급하게 평양에 볼 일이 있어 가는 것처럼 보이고자 하였다. 드디어 기차는 움직이기 시작하였고, 객차 안은 사람들로 붐볐다. 주위를 살펴보니 먼발치에 신상초가 앉아 있었다. 그를 보니 그런대로 마음이 안정되었다.

그런데 신상초는 허름한 통바지에 모자를 쓰고 있는 데 마치 장사꾼처럼 보이는 것이었다. 더욱 쌀을 담은 자루를 옆에 놓고 있었다. 아마도 그는 쌀장수로 위장한 듯 하였다. 나는 내심으로 웃지 않을 수가 없었다. 그의 지성 어린 얼굴과 말씨와 태도를 보고 과연 기관원이 속을 것인가? 우리는 다행히도 열차 안에서 검문을 받지 않고 평양역에 도착하였다. 평양역 개찰구는 몹시도 분비였기에 무사히 통과할 수 있었다. 나는 여기서 사람이 쫓기면서 산다는 것이 얼마나 괴로운 일인가를 또다시 피부로 절감하였다.

평양의 거리는 싸늘함을 느꼈다. 마음이 싸늘하기에 거리의 풍경마저 썰렁하게 느껴졌으리라. 붉은 페인트로 쓰인 많은 현수막들만이 바람에 펄럭이며 눈에 띄었다. 우리는 평양에 가까운 친척들이 있었으나, 후일 일이 잘못되어 붙들리기라도 하면 루(累)가 미칠 것이 염려되어 여관에서 그 밤을 지내기로 하였다. 길가에서 혹시라도 독립독맹에서 면식 있던 사람이라도 만나 우리들의 월남 행이 들통날까 두려워 아예 외출을 단념하였다. 이제 평양까지 왔으나 38 선을 넘으려면 남천(南川)까지 또 열차를 이용하여야만 하였다.

그런데 평양역에서는 승차할 때 검문 당할 위험성이 많을 것 같았다. 개찰구 옆에는 항시 승객들을 감시하는 기관원들의 눈초리가 번뜩이고 있지 않은가! 우리가 자진해서 남천행 차표를 제시하고 감시원 앞으로 지나간다는 것은 아무래도 위험을 자초하는 행동 같았다. 그리하여 우리는 중화(中和)역까지 걸어가서 그곳에서 남천행 기차를 타는 것이 좋을 것이라고 합의를 보았다. 중화 역은 시골 정거장이니 감시가 허술할 것이기 때문이었다. 우리는 길을 물어가며 중화까지 걸었다. 그리고 우리의 예상대로 중화 역에서 무사히 남행 열차를 탈 수 있었다. 밤중인 데도 승객은 몹시 붐볐다. 승객이 많아 혼잡한 것은 우리에게는 좋은 상황이라고 생각되었다. 다행히도 검문 한번 당하지 않고 열차는 남천역에 도착하였다.

그 당시 남천역은 남행 열차의 종착역이었다. 우리가 내린 시각은 자정이 지난 한밤중이었건만 남천역은 마침 공사가 있어서인지 몹시도 혼잡하였다. 우리는 또 한번 무사히 개찰구를 통과하였다. 이제 우리는 역 앞 광장에 나와 섰는 데, 깜깜한 밤중인지라 도무지 방향을 잡을 수 없었다. 어느 곳에서든지 이 밤을 무사히 지내야 하였는 데, 여관은 38 선 접경지대이기에 검문이 심할 것 같아 피해야 할 것 같았다. 어두운 가운데 남쪽 방향에 어스름한 산등성이가 희미하게 보이었다. 그래서 우리는 그 산등성이에 가서 그날 밤을 숨어 지내기로 하고 인기척이 없는 길로 걸어갔다.

죽마고우 신상초(申相楚)

그러자 길 옆 집에서 갑자기 두 청년이 튀어나와 우리를 향하여 누구냐고 수하(誰何)하는 것이 아닌가! 우리는 그 자리에 멈추어 섰다. 두 청년은 우리에게 총구를 맞대고 있고, 집 안에는 여러 명의 보안원들이 서성거리고 있었다. 아차! 이 집이 바로 보안서구나! 방향 지리를 몰라 밤거리를 헤 메이다가 우리는 정통으로 보안서 앞을 지나가게 되었던 것이었다.

보안원은 나를 향하여 "너는 뭐하는 놈이냐?"고 물어왔다. 나는 호랑이 굴에 들어가도 정신만 차리면 살아 남을 수 있다는 말을 생각하며, 마음을 가라 앉히고 "나는 남천군 공산당 책임자로부터 이곳 중학교에 교사로 취직되었다는 전갈을 받고 방금 남천 역에 내렸는데, 지금 그의 집을 찾기 위하여 서성거리고 있는 중입니다." 라고 대답하였다. 그는 나의 대답에는 그러냐고 긍정하더니 다시 신상초를 향하여 뭐하는 자냐고 질문하는 것이었다. 이에 대하여 신상초는 "나는 농민으로 장사하는 사람인 데, 이곳에서 쌀을 사기 위하여 지금 남천역에 내렸수다." 라고 대답하면서 쌀자루를 들어 보였다.

보안원은 우리 두 사람을 번갈아 살피더니, 나를 보고는 "너는 가라. 이 길로 쭉 가면 다리가 있는데 좌로 돌아가면 큰 나무가 있고, 그 나무 다음 집이 군당 책임동무의 집이다." 라고 집까지 가르쳐주고, 신상초를 향하여서는 "너는 좀 조사해 보아야 하겠으니 들어오라." 고 하는 것이었다. 나는 황급히 그 자리를 튀는 듯 물러 나왔다. 그런데 신상초가 걱정이었다. 아무래도 그가 무사히 풀려나지 못 할 것만 같았다. 혼자가 된 나는 갈 곳이 없었다. 아까 어렴풋이 보이던 산을 향하여 걸어갔다. 산 밑에 도달하니 몇 채의 농가가 있었고, 농가와 떨어진 곳에 움막이 보였다.

움막에 가까이 다가가 기웃거려보니 움막에는 사람이 없었다. 움막 싸리문을 헤치고 안으로 들어가니 옹기를 굽는 가마가 있었다. 도지(陶地) 임이 분명하였다. 4월의 밤 공기가 차갑게 느껴졌는데, 이곳에서 밤을 지내게 된 것이 천만다행이라고 생각되었다. 다음날 새벽 동이 트자마자 나는 그곳을 떠나왔다. 혹이라도 부락 사람들과 마주칠 것이 두려웠기 때문이었다. 나는 눈부신 4월의 아침 햇살을 받으며 다시금 신상초의 일로 근심되는 마음으로 논 길을 따라 남천 시내로 들어왔다.

이제 내가 찾아야 할 집은 김용현(金龍鉉)의 집이었다. 김용현은 나의 또 다른 외삼춘으로 정주에서 내가 떠나기 전날 만나 월남을 고백하였던 김용하의 동생이었다. 그는 고향 오산에서 장사를 했었는데 해방이 되면서 남천에 나와 과수원을 경영하면서 월남 길에 오르는 고향 사람들에게 그 고장 길 안내원을 소개해 주기도 하였다. 삼춘은 초췌한 몰골로 들어서는 나를 보고는 깜짝 놀라면서 월남하려고 내려 왔는가고 물었다. 그렇다고 대답하니 그는 우선 남천군 당 위원장인 모모를 찾아가 보자고 하였다. 나도 본시 그를 만나고 싶었으니, 그는 원래 오산에서 살던 분이었는 데 일찍이 공산주의 사상을 받아들여 일제 때에는 고향에서 숨어 살다시피 하셨다. 그와 나의 부친과는 둘도 없는 막연한 친구였기에 항상 우리 집 사랑방에 와서 부친과 세상 돌아가는 이야기를 주고 받으셨던 분이었다.

그는 대학을 졸업한 내가 새 살림도 꾸미지 못하고 학병으로 끌려 나가는 운명에 처해 있음을 보고는 자신의 아픔만큼 한없이 안타까워하시며 동정을 보이셨었다. 그가 해방을 맞아 남천군 군 당위원장이 되었을지라도 지난날의 자식으로 생각하시던 아버지의 마음까지야 변했을 리가 없을 것이라고 생각되었기에 나 또한 그를 만나 뵙고 싶었던 것이었다. 또 그에게 경우에 따라서는 신상초의 일로 도움을 청할 수도 있을 것으로 생각되었다.

나는 외삼촌을 앞세우고 그의 집을 찾아갔다. 마침 아침식사를 들고 있던 참이셨는 데, 나를 보고는 마치도 집을 떠났던 탕자가 돌아온 것 같은 기쁨으로 반갑게 맞아주는 것이었다. 나는 그와 함께 아침식사를 나누며 지나온 나의 이야기를 말씀드렸다. 일본군영을 탈출하였다는 것, 독립독맹에서도 도망칠 수 밖에 없었다는 것, 평안북도 도보안부에 두 달 동안 수감되었던 일과 지금은 월남하기 위하여 남천까지 왔다는 것을 거침없이 말하였다. 그리고는 전날 밤 기차에서 내려 헤메이던 중 같이 동행하던 신상초가 보안부에 붙들렸는데 무슨 수를 써서라도 구해 주셔야 하겠다고 간청을 드렸다.

그는 나의 이야기를 듣자 일이 다급함을 느꼈는지 나보고는 집에 가만히 있으라고 하고는 보안부에 가서 알아 보시겠다며 급히 나가시었다. 그가 기운 없이 돌아와 하시는 말이 신상초는 새벽에 이미 소련군으로 인도되었기에 자기로서는 그곳까지 힘이 미치지 못한다고 하며, 신상초는 재판을 받아야 할 것이라고 하였다. 그리고 그는 나에게 자기가 이곳 공산당 군 당

책임비서이니 내가 원하기 만하면 이곳에서 일 할 수 있게 할 수 있으니 월남하지 말고 함께 일하며 살자고 종용하시는 것이었다. 나는 너무도 고마운 말씀이나 그렇게는 할 수 없다고 짤라 말했다. 나로서는 그가 어떻게 공산당과 줄이 닿아 지금의 직위까지 올랐는지는 모르지만 이 체제가 굳어지면 그는 반드시 좌천을 당할 것이 확실하다고 생각하였다. 그것은 그가 공산주의자이기에 앞서 인간으로서 그의 본성이 누구보다도 따뜻하며 인간미가 넘치는 분이기 때문이었다.

후에 들은 바에 의하면 우리가 떠난 정주중학교에서는 우리가 월남 길에 올랐다는 것이 판명되자 발칵 뒤집어졌다고 하였다. 우익의 선생들은 아무 말이 없었으나 좌익의 선동분자인 나의 동기동창 김공식은 반동분자 네 놈들이 끝내 월남하고 말았다며 아우성을 치더라는 것이었다. 그리고 공산당 정주군 당에서는 열성자 회의를 열고 군 당 책임비서가 "정주중학교에서는 선생들 중 네 놈의 반동분자들이 혁명을 배반하고 월남 길에 올랐는 데, 그들 중 괴수인 신상초는 우리들의 손에 잡혀 들어왔다."고 기염을 토하였다는 것이었다.

그 후 신상초는 월남 죄를 뒤집어쓰고 재판에 회부되어 2 년간의 중노동 처형을 받았고, 안주(安州) 탄광의 광부로 막장에서 채탄하는 형을 받았다고 하였다. 아마도 북한 땅에서 월남 죄로 중형을 선고받기는 신상초가 처음이었을 것이었다. 그는 채탄하는 과정에서 폐가 나빠져 병감으로 이송되어 치료를 받던 중, 용감히 그곳을 탈출하여 그 다음해 1949 년 5 월에야 서울에 그의 모습을 나타내었다.

신상초는 6.25 전쟁을 군산(群山)의 해양대학에서 당하여 부산으로 피난하였고, 그후 언론계와 정계를 무대로 화려한 활동을 거쳐 4 선 국회의원을 지내며, 반공연맹 이사장으로 반공일선에서 눈부신 활약을 하였다. 그는 북한 땅에 본처와 두 아들을 두었는데 자식들은 아버지를 알지 못하니 반공연맹의 이사장인 자기를 몹시 원망할 것이라고 개탄하며 분단의 고뇌를 절감하다가, 이 땅에서 66 세의 나이에 눈을 감은 지도 이제 어언 수년이 지났다.

38 선(三八線)을 넘다

외삼춘 집에 온 나는 몇 날을 그곳에서 지내야만 하였다. 남한으로 인도하는 길 안내원을 수소문해야 하였고, 또 월남하고자 하는 사람들이 모여져야 했으며, 더욱이 밤중에 달이 뜨지 않는 날을 골라야 했기 때문이었다. 드디어 정한 날이 다가왔다. 동행하던 신상초를 남촌 감옥에 남겨 두고 혼자 38 선을 넘어야 한다는 것과 무엇보다 앞으로 그가 겪을 고난을 생각하니 마음이 괴로울 뿐만 아니라 눈앞이 캄캄했다.

해가 지고 땅거미가 덮이자 십 여명이 산마루 외딴 곳의 허름한 집에 모이었다. 이들은 서로 말을 주고 받으며 수군대었다. 흥정하는 것이 분명하였다. 길 안내원에게 수고비를 주어야 할 뿐더러 안내원에게 줄을 대어준 중개인에게도 사례금을 주어야 했기 때문이었다. 안내원은 38 선까지 밤새워 길 없는 산을 타야 하고, 만일 소련군이나 경비병에게 발각되는 경우에는 엄청난 고난을 겪어야 할 뿐더러 운이 나쁘면 목숨까지 잃을 각오를 해야 하니, 많은 돈을 요구하는 것은 당연한 일이었다.

그러하기에 흥정은 그리 쉽게 이루어지는 것 같지 않았다. 지금은 경비가 더욱 심해 위험도가 높으니, 이전보다는 돈을 더 받아야 한다는 것이었다. 비밀리에 안내하는 것이기에 공정가격이 있는 것도 아니지 않겠는가? 나는 내가 지니고 있던 붉은 지폐를 몽땅 다 내놓았다. 남한 땅에 가면 이 붉은 지폐는 쓸 수도 없고, 또 나의 생명과 바꾸는 길이니 돈에 얽매이고 싶지 않았다.

밤이 깊어가자 우리 일행은 그곳을 출발하였다. 산길을 걷기도 하고 산을 타기도 하였다. 바위 밑에 이르러서는 몸을 숨기고 동정을 살피기도 하였다. 담배는 절대로 피워서는 안 된다고 하였다. 만일 어린아이들이 울면 입을 막아 소리 내지 못 하도록 하라고 하였다. 안내원이 뛰면 뒤따라 뛰었고, 천천히 걸으면 속도를 늦추며, 앞 사람을 놓치지 않도록 신경을 곤두세우고 따라갔다. 자정이 넘어 주위는 고요하고 흐르는 물소리만 가늘게 들리는 데, 갑자기 안내원이 빨리 뛰라고 하면서 개천을 건너고 산길로 접어들면서 달려가는 것이었다. 그리고는 이제 38 선을 넘었다고 하였다. 새벽 1 시 경이었다.

안내원의 지시로 월남자들은 모두 큰 나무 밑에 모였는 데 이제는 담배를 피워도 자유라고 말하는 것이었다. 나는 담배 한

개피를 피워 물며 이 자유가 얼마나 소중한가! 하고 새삼스레
감격하였다.   앞으로 트인 길로 가면 아침에는 개성(開城)에
도착할 것이라고 하였다.   드디어 자유 천지에 왔다는 실감이
들었다.   이제 지난 일들은 모두 잊어버리자고 스스로에게
타이르면서 개성으로 발 걸음을 옮겼다.

제 15 장
자유(自由)는 찾았는가?

남오 여관

　1947년 4월 개성에서 기차를 타고 서울에 도착하니 저녁
노을이 뉘엿 뉘엿 지는 황혼이었다. 서울역 광장에는 많은 사람이
붐비고 있었다.　구멍가게에서 그때 한창 쏟아져 나온 럭키
스트라이크 담배 한 곽을 사고 나니, 주머니에 남은 돈이라고는
한푼도 없는 빈털털이가 되었다.　담배곽에는 흰 바탕에 붉은
색갈로 동그라미가 그려져 있어 일장기 같은 인상이 들어 기분이
언짢았다. 그러나 우선 담배 한 대를 피우면서 남대문을 바라보니
그런대로 마음이 트임을 느낄 수 있었다.　사실 나는 서울에 아무
연고가 없었다.　동경 유학 시절 부산행 열차를 갈아타기 위하여
그때마다 경성에 잠시 하차하였을 뿐이었다.

서울에는 고향 사람이 경영하는 두 군데의 여관이 있었다. 하나는 다동(茶洞) 10 번지에 오산학교 대 선배가 경영하는 아세아여관이 있었고, 다른 하나는 남대문 5 가의 남오여관(南五旅館)이었다. 이들 여관 주인들은 모두 나의 부친과는 두터운 친교를 갖고 있었기에, 내가 돈이 없어도 후불을 약속하면 며칠간은 잠 재워줄 것이라고 생각되었다.

사진 96: 럭키 스트라이크 담배,

한편 남오여관에는 오산학교 재단 이사장이시던 김기홍(金基鴻)이사께서 월남하여 자리잡고 머물고 있었고, 또한 오산학교 교장이셨던 주기용 선생께서도 월남하여 유숙하였기에 오산학교와 관련이 있는 분들에게는 이곳이 하나의 아지트가 되어 몹시 붐비었다. 그러했기에 이곳에만 가면 면식있는 고향 분들을 수시로 만날 수 있었으며, 또 고향 소식도 들을 수 있었다. 비단 오산학교와 관련을 맺은 사람뿐만이 아니었다. 오산학교는 평안북도에서 오랜 전통을 갖은 학교였기에 이곳에만 가서 연줄에 연줄을 대면 북한 사정을 환히 알 수 있었던 것이었다.

그러하기에 남오여관 앞 길목은 월남한 사람들로 항상 장사진을 이루고 있었다.

내가 안국주(安國柱)의 거처를 알게 된 것도 이곳에서였다. 앞에서도 말하였지만 그의 고향은 신의주이었고, 나와는 같은 학도병 출신으로 조선 의용군 제 5 지대인 간도 조양천에서 함께 도망친 동지였다. 그가 고향에 도착하니 그때 이미 신의주는 완전히 조선의용군들이 행정기관을 장악하고 공산당이 판을 치고 있었기에, 다음날 곧바로 월남하였다고 하였다.

그의 집은 신의주의 명문대가로 안국상회(安國商會)라는 기업체를 갖고 있었다. 그의 부친께서는 신의주 제 1 교회의 장로이셨으며 지금의 영락교회의 원로 목사이신 한경직 목사님이 그 당시 제 2 교회에서 시무 하실 때, 한목사님의 뒤를 잘 보살펴 드리시던 분이었다. 그는 한강로(漢江路) 2 가에 쓰러져가는 일본집 방 한 칸을 얻어 매우 간소한 자취 생활을 하면서 조용히 부모님의 소원대로 학자가 되기를 원한다며 학병 강제 징집으로 중단 된 학업을 계속하고 있었다. 나는 그의 신세를 지기로 하고 그와 동거하기 시작하였다.

그 당시 나의 일과라는 것은 아침밥을 해먹고 난 후 남오여관까지 걸어 나와서는 모여든 지인들로부터 고향소식을 듣는 것이 고작이었다. 이때 오산학교와 정주중학교에서는 많은 선생들과 학생들이 월남하여 왔었는 데, 이들 중 대부분의 젊은이들은 서북청년회에 가입하여 공산당을 때려 잡는 데

선봉이 되어 활동하였고, 간혹 더러는 취직이 되어 지방으로 내려가는 사람들도 있었다.

두 친구

나는 서울에서 만나고 싶은 친구가 두 사람 있었다. 하나는 나의 오산중학교 동기동창인 김덕유(金德裕)이었고, 또 다른 하나는 나의 와세다대학 동창으로 영문과를 졸업한 친구였다. 김덕유는 졸업 후 서울에서 살았으며, 나와 같은 학병출신이었다. 나는 고생 고생하며 그의 거처를 수소문하여 동대문 창신동 골목에 살고 있는 김덕유를 찾아 방문하였다. 그런데 놀랍게도 그는 나를 별로 반가워하지 않는 것이었다. 그가 대뜸 나를 보고 하는 말이 "해방이 되었지만 남한은 미국의 식민지가 되었고, 좌익은 모진 박해만을 받고 있는 실정인 데 뭐 하러 서울에는 왔는가? 듣건 데 자네는 북에서 중학교 선생 노릇을 한다고 하던데, 그것이면 됐지 이 개판에 뭐 할 것이 있다고 월남하였단 말인가?"고 분개하며 따지는 것이 아닌가! 그리고는 자기는 "지금 세상 돌아가는 꼴이 되먹지 않아서 월북하려 한다."고 말하는 것이었다.

그가 그렇게 말할 수 있었던 것은 학병으로 나간 이후의 나의 걸어온 발자취를 모르기 때문이었다. 그러나 나는 자유를 찾아 목숨을 걸고 고생 고생하면서 월남하였는데, 옛 친구에게서 그러한 말을 들어야 했을 때 나의 심정은 매우 곤혹할 뿐이었다.

공산당이 어떤지 제대로 알지도 못하면서 공산당을 극구 찬양하는 그를 더 이상 동창이라고 생각하고 싶지도 않았다.

그의 집을 나와 종로 거리를 걸으면서 나는 쓸쓸한 마음을 가눌 수가 없었다. 그는 학창 때에는 단거리 육상 선수였고 민첩하였기에, 정세를 판단하는 데도 재빠르고 명석한 두뇌를 가졌으리라 생각하였는데, 변해도 너무 많이 변했다고 생각되니 그저 마음이 찹찹하며 입맛이 쓸 뿐이었다. 그 이후로는 다시 그를 만나지 못하였는 데, 들리는 말에 의하면 곧 월북했다고 하였다.

나는 어느날 서울에 오면 꼭 만나고 싶었던 와세다대학 동기동창으로 영문과를 졸업한 또 다른 친구를 찾아 나섰다. 그도 역시 학병 출신으로서 그 당시 용산 고등학교에 영어교사로 재직하고 있었다. 내가 그를 찾은 것은 그를 만나고 싶었기도 하였지만, 혹시 그 학교에 취직할 수 있는가 고 기미를 살피는 데도 있었다. 그런데 그 역시 의외로 방문한 나를 보고 반기기는 커녕, 다짜고짜 옆에 놓인 신문을 가리키면서 미군이 한국 여성에게 폭행한 기사를 보라고 하면서 화를 내는 것이었다. 나는 그가 영문학을 전공하였기에 틀림없이 우익적인 색채를 가졌을 것으로 짐작하였었는데 그것이 아닌 것 같았다. 아니나 다를까 그도 나를 보고 "무엇하러 월남을 하였는가?" 고 힐난하면서, 자신은 진정한 민주주의를 표방하는 북한으로 월북하겠다고 말하는 것이었다. 나는 속으로 그가 몰라도 너무 모른다고 생각하였을 뿐이었다.

독립된 조국이 누구나 자유를 누릴 수 있고, 그 어느 누구도 착취하거나 착취 당하지 않는 평등한 사회를 이룩한다면 그 누구가 마다 하겠는가? 북한의 공산당이 내세우는 평등과 자유는 공산당만의 자유일 뿐이지 국민 전체의 자유는 아니었다. 또한 그들이 말하는 각 당 각 파의 연합은 공산당의 지도 밑의 자기들의 주장에 찬동하는 사람에게만 해당되는 것이라는 것을 직접 보고 당해 보지 않은 사람은 절대로 알 수도 없을 뿐더러 상상조차 하지 못 할 것이었다. 나는 북한 땅에서 흑백선거에 참여한 바가 있었다. 공산당에서 지정한 사람의 가부(可否)를 묻는 선거이지, 진정한 자유선거가 아니었다.

인텔리 들은 대체로 자유를 갈망하면서 시국에 불만을 품는 습성이 있다고 하더라도, 남한 땅에서 북한을 바라보는 눈들은 너무도 엄청난 환상에 들 씌워져 있다고 생각하였다. 과연 그가 월북하면 북한 땅에서 그가 바라던 진정한 자유를 누릴 수 있겠는가? 그 이후 나는 그와 다시 만나지 못했다.

억울한 폭행

1947 년 4 월이 어느덧 지나고 5 월이 되었다. 어느 화창한 날 아침 나는 한강로의 집을 나와 남오여관 앞까지 걸어왔다. 고향에서는 아무런 소식이 없었다. 그러나 조만간 나의 처와 아들이 미구에 월남해 올 것이라는 것에는 추호의 의심이 없이 기다리고 있었다. 그런데 5 월 1 일은 메이데이 이었다. 남대문 거리는 머리에 붉은 색 리본을 동여 맨 공산당 전위분자들의

왕래로 붐비고 있었다. 그날 남산에서는 공산당이 주최하는 메이데이 행사가 있었고, 동대문 운동장에서는 우익이 개최하는 기념식이 있었다.

나는 무심코 남한에서도 좌익의 세력이 강하다고 하는데, 그들이 개최하는 메이데이 행사는 어떤지 구경하고 싶은 생각이 들었다. 나는 이러한 군중대회는 중국 땅에서나 북한 땅에서 하도 많이 보아왔던 차이었기에, 먼 발치에서 잠시 구경하고 싶었던 것이었다. 군중은 그리 많지는 않았는 데, 경찰과 대치하는 좌익분자들의 격렬한 구호소리가 요란하였다. 이리 밀치고 저리 받치는 군중의 아수라장 속에서 구경하겠다고 그곳에 끼어 서있는 내 자신이 우스꽝스럽고 쑥스러운 생각이 들어, 나는 곧 마음을 바꾸어 피해 나오고 말았다. 동기는 남한에서는 소위 군중대회를 어떻게 하는가 고 구경하고 사학도 (史學徒)로서의 단순한 호기심이었을 뿐이었다. 물론 아는 얼굴은 만나지도 않았었다.

그런데 다음날 이것으로 인하여 나는 면식 있는 고향 청년들로부터 폭행을 당하였다. 청년들은 내가 북한에서도 소위 회색분자로 행세하였는데, 남한 땅에 와서도 반성은 하지 않고 좌익을 동정하여 좌익 군중대회에 얼굴을 내밀었다고 폭행을 가하였던 것이었다. 그들 반공청년들은 나에게 좌익일 것 같으면 북한 땅에 있을 노릇이지, 도대체 남한 땅에 내려온 이유가 무엇이냐고 힐난하면서 무조건 구타하는 것이었다. 나는 단지 호기심에서 남한에서의 공산당들의 노는 꼴을 보고자 했을 뿐이지, 그 밖의 아무 이유가 없었다고 강변하여 겨우 그곳에서 빠져 나올 수 있었다.

이렇게 뜻밖의 폭행을 당하고 집에 돌아와 천정을 바라보며 누워 생각하니 참으로 내 신세가 처량하기 짝이 없었다. 내가 좌익이 아니라는 것은 조만간 판명되겠지만, 지금 내가 설 땅은 어느 곳에도 없다고 생각되니 헤어날 길 없는 서글픔이 몰려오는 것이었다. 물론 서울에서 나를 환영해 줄 것이라고 기대하지는 않았지만, 이렇게 배척을 당하고 나니 한편 나는 당황하지 않을 수 없었다. 이제 나는 더 이상 도망칠 곳도 없잖은가? 나의 호주머니에는 끼니를 이을 돈도 남아있지 않고 친구의 셋방에서 신세를 지고 있는 이 마당에, 좌 우의 투쟁 속에서 사상적으로 미움까지 받게 되었으니 앞 날이 캄캄하게 느껴져 왔다.

착하기 이를 데 없는 안국주는 옆에서 동정하며, 지금까지 우리가 지나온 과거를 회고해 볼 때 벽에 부딪치지 않았을 때가 어디 있었는가? 그래도 지금은 우리가 마음먹고 뚫고 나갈 수 있는 자유가 있지 않은가? 자기가 알기로는 폭행을 당한 것은 반공 청년들의 순전한 오해에서 기인된 것이니 걱정할 것 없다며 위로하는 것이었다. 나 역시 진심으로 우리들의 과거를 이해하고자 한다면 어느 누구도 우리들을 공산당이라고 매도하지는 못할 것이라고 생각하였다.

1947 년의 우리 나라 정세는 이렇듯 혼돈하였다. 그때 이미 북한에서는 김일성을 위원장으로 하는 북조선 인민위원회가 설립되어 사회주의 경제실책을 착수하고 있었다. 그 실체는

1946 년 3 월에 토지개혁을 실시하여 농민들을 그들의 지지세력으로 만듦으로 시작되었으니, 8 월에는 북조선 노동당을 결성하여 인텔리 계층을 소위 그들이 말하는 혁명과업에 참여시켰고, 다음해 1947 년 2 월에 북조선 인민위원회를 설립하였던 것이었다. 그리고는 인민군을 창설하여 모든 국력을 남한 침공이라는 목표에 집중시키고 있었다.

이것은 내가 평안북도 도보안부에서 석방되던 날, 보안부장인 장지민이 내게 언급한 말을 미루어 생각해 보아도 의심할 여지가 없겠다. "동무는 남한으로 도망가지 마시오. 우리는 반드시 남한을 점령할 터인 데, 그때 동무는 어디로 가겠오?" 라고 그는 힘주어 말하였었는데, 나는 그의 말이 결코 거짓말이거나 단순한 위협의 말이 아니라는 것을 알 수 있었다.

취직(就職)

이렇게 북한 땅에서는 공산당들이 차곡차곡 체계를 갖추고 설정한 목표를 향하여 빈틈없이 준비를 쌓아가고 있는 데 반하여, 내가 자유를 찾아 월남한 남한 땅의 정치는 갈피를 잡지 못하고 우왕좌왕하고 있었다. 남한 땅에서의 좌와 우의 갈등은 첨예하였으니, 좌의 세력이 우익을 능가하는 것 같았다. 각지에서 공산당의 대규모 폭동이 일어나고 있었으며, 국민들도 사회주의라는 새로운 질서를 바라는 것같이 느껴졌다. 내가 남한에서 만났던 인사들 중에서 월남해 내려온 이북사람들을 제외하고는 모두가 미군정(美軍政)을 극렬히 비판하면서 사회주의에 동조하는 것이었다. 그 당시 나는 참으로 암담한 심경을 감출 수 없었으며, 나의 행동 반경 또한 매우 좁아짐을 느꼈다.

그러나 나는 이 땅에서 나의 생을 마쳐야 했기에 우선 직업을 구해야 했었다. 직업을 얻고자 노심초사하고 있던 중 한 고향친구가 찾아와 자기는 대한민국 국군에 입대하기로 결심하였다고 하였다. 군에서 장교 특채가 있으니 같이 지원하자고 종용하는 것이었다. 나는 원래 직업 군인이 된다는 것은 꿈에도 생각해 본 적이 없었고, 성격상으로도 군은 내게 맞지 않음을 잘 알고 있기에 그의 제의를 조심스럽게 거절하였다. 이때의 나의 심정은 어느 시골에 내려가서 교사나 되어 조용히 살고 싶을 뿐이었다.

나는 한 장의 이력서를 들고 문교부 기획과장이었던 은사이신 홍정식(洪貞植) 선생을 찾아갔다. 인품이 온화하고 남의 일을 보살펴 주는 데 주저하지 않으시는 선생님은 나의 이력서를 보시고 와세다대학 문학부 사학과 졸업이란 곳에 줄을 그으시면서 곧 주선해 주겠다고 자신있게 승락하시는 것이었다. 선생은 소개장을 써 주시면서 경성사범학교 교장인 이덕봉(李德鳳) 선생을 만나보라고 하셨다. 경성사범학교는 지금의 서울사범대학의 전신으로 국민학교 교사를 길러내는 학교였는 데, 찾아가니 교장은 즉시 나를 채용한다는 것이 아니겠는가! 학교 부설 창고에 방을 하나 꾸려 사택이라고 마련해 주기에 월남한 아내와 같이 서울에서의 첫 살림을 시작하였다.

그 때 경성사범학교는 교사(校舍) 건물이 없어서 후암동에 있는 용산중고등학교와 같은 교사를 사용하고 있었다. 교사는 없었지만 그 당시 사범학교의 교수진은 훌륭하였으니, 유경채(柳景採) 미술선생을 비롯하여 홍웅선(洪雄善) 교무주임, 정해진 ... 등 후일 우리나라 교육계에서 쟁쟁한 업적을 남긴 분들이 많았다.

부임한 지 삼 일째 되는 날이었다. 나는 무심코 교실 복도를 지나고 있었는 데 교실에서 학생들이 적기가(赤旗歌)를 부르고 있는 것이 아니겠는가! 도대체 이것이 어떻게 된 영문이란 말인가! 원래 사범학교는 그곳을 졸업하면 국민학교 교사로 임명되기에 주로 경제적으로 가난한 학생이 많았다. 그러기에 가장 좌익 세력이 드센 곳이 또한 사범학교라고 할 수 있었다. 그러나 나는 학생들이 소리 높여 적기가를 부르는 것을 듣고는 섬찟 놀라지 않을 수 없었다.

음악선생 정종길(鄭鐘吉)은 후일 자의로 월북한 것을 미루어 보아서 그가 학생들을 부추겨 적기가를 부르게 하였을 것이었다. 그런데 더욱 놀란 것은 선생들이 교정을 뒤덮는 적기가의 소리를 듣고서도 어느 누구 하나 정지시키는 사람이 없었고, 그것도 노래이니 그저 잠자코 듣고 있다는 상황이었다. 이것이 바로 해방을 맞은 초창기의 학교의 분위기이었다.

사범학교는 직업이 한정되어 있었기에 학문의 기초를 닦는 분위기가 없었다. 그래도 나는 정성을 다하여 학생들을 상대하였다. 여름방학이 다가와 서울시가 주최한 전국 국민학교 교사수련회가 배재 고등학교 강당에서 열렸다. 나는 역사 부분에서의 강의를 맡았다. 강당을 메운 선생들을 상대로 나는 나름대로 신나게 강의를 하였다. 그런데 청중들은 누구나 할 것 없이 웃고만 있는 것이었다. 나는 나대로 청중들이 나의 강의가 재미있어 즐거워하는 줄로 알고 더욱 열심히 강의하였다.

그 후에 교사들이 하는 말이, 나의 말에 평안도 사투리가 너무 심하여 무슨 말을 하는지 잘 알아 들을 수가 없었기에 그저 웃기만 하였다는 것이었다. 이때 나는 앞으로 교사 노릇을 하려면 무엇보다도 빨리 표준말을 익혀야 한다는 것을 절실히 깨달았다. 이렇게 학교에서 강의도 하고 집에서는 밥술도 끓여 먹으면서 가정을 이뤄가게 되니, 그런대로 차츰 서울의 공기가 자유스러운 것을 느낄 수 있었다.

나는 사범학교에서 3 개월 동안만 가르치고 서울고등학교로 옮기게 되었다. 그때 이덕봉 교장은 한사코 함께 사범학교에서 일하자고 권하였기에 그 분께 대해 미안한 마음을 금할 수 없었으나, 용단을 내려 학교를 옮겼다. 그 이유는 그 당시 서울고등학교는 김원규(金元圭) 교장 아래 이북 출신 교사들이 많았기 때문이었다. 또한 김교장은 심혈을 기우려 고등교육에 이바지하였고, 나의 오산학교 스승이신 김기석(金基錫)께서 적극적으로 나를 추천해 주셨기 때문이기도 하였다. 내가 경희대학교를 창건한 조영식 총장과 인연을 맺은 것도 이 서울 고등학교에서 비롯되었다. 나는 원래 교사를 나의 천직으로 삼고 있었기에 정성을 다하여 봉직하였다.

이러던 중 제헌국회 선거에도 참가하여 귀중한 한 표를 던지게 되었다. 지난날 북한 땅에서 단일후보에 대한 흑백선거를 하였던 것을 생각할 때, 많은 후보자들 중에서 한 사람을 나의 판단으로 선택하니 참으로 감개가 무량하였다. 이것으로 더욱 남한은 북한과 다름을 실감하게 되니, 고향 산천과 부모 친지를 떠나 객지에서 살고 있으나, 이 땅에 발을 부치고 살게 됨이 새삼 감사히 생각되었다. 이때 종로 갑구에서 당선된 제헌 국회의원은 북한 출신인 이윤영(李允榮)이었다.

이렇게 국회가 구성되고 대통령도 선출되어 대한민국이 정식으로 발족되었다. 그리고 미군은 자기들의 할 일을 다 했기에 군정을 끝내고 철수해 나갔다. 그러나 나는 미군이 철수하는 데 대하여 마음 한구석에 불안감을 떨쳐 버릴 수 없었으니, 미군의 철수는 곧 북한군의 남침을 야기시키는 기회를 주는 것이라고 확신하였기 때문이었다.

사진 97: 엄영식 교수

사진 98: 엄영식 교수 (경희대학교 교수 시절)

끝 (엄영식 교수께서 여기까지 쓰셨음)

부록

사진과 지도 출처

사진 1: 1931 년 9 월 18 일 일본 관동군의 봉천 진입 (선양시에 입성하는 일본군), http://www.atlasnews.co.kr

지도 2: 1940 년의 일본제국의 확장, https://ko.wikipedia.org/wiki/중일_전쟁

사진 3: 나가노 오사미 해군 군령부장, 일본제국 해군으로 최종 계급은 대장. https://ko.wikipedia.org/wiki/나가노 오사미

사진 4: 스기야마 하지메 육군 총 참모장 (2 차 세계대전 당시 일본제국 육군 원수), https://namu.wiki/w/스기야마 하지메

사진 5: 쇼와 천황 (1935 년), 제 124 대 천황 (재위: 1926 - 1989 년)

사진 6: 일본 연합함대의 진주만 기습 공격, 1941 년.

사진 7: 고노에 후미마로 수상, 일본 제국 제 34·38·39 대 내각총리대신, https://namu.wiki/w/ 고노에 후미마로

사진 8: 도조 히데키, 1941 년 10 월 군인의 신분으로 행정수반인 총리대신을 되었으며 통수권 독립의 관례를 깨고 육군대신, 내무대신, 참모총장을 겸임하면서 대장으로 승진함, https://ko.wikipedia.org/wiki/도조 히데키

사진 9: 영화 '미드웨이'의 한 장면

사진 10 사진: 솔로몬 해전 당시, 상륙정에서 과달카날 섬에 상륙하는 미해병대, 1942 년 8 월, 출처: https://ko.wikipedia.org/wiki/과달카날_전역

사진 11: 야마모토 이소로쿠, 일본제국 해군 연합함대 사령장관, https://ko.wikipedia.org/wiki/ 야마모토_이소로쿠

사진 12: 경복궁 조선총독부 청사, 출처: ko.wikipedia.org/wiki/ 조선총독부_청사와_관사

사진 13: 미나미 지로, 제 7 대 조선총독. 만주사변의 책임자로 지목된 A 급 전범, https://namu.wiki/w/ 미나미 지로

사진 14: 저자의 부친 엄진승 (오른쪽)과 친구분. (해방 후
　　　덕수궁 석조전(石造殿) 앞에서)
사진 15: 엄영식과 마찬가지로 1944 년 일본군에 강제 입대한
　　　어느 조선 청년의 모습. 한국사회문화연구원 [출처]
　　　파란만장 심영순씨의 인생
사진 16: 정주 오산학교 1936 학년도 1 학년 갑조 학생들과
　　　함석헌 선생,
　　　https://www.ingn.net/news/articleView.html?idxno=2386
　　　1
사진 17: 조만식, 출처: 오산학교 그리고 평북 정주 작성자
　　　SonKJ, https://blog.naver.com/sonwj823/221257813471
사진 18: 신채호, 출처: 오산학교 그리고 평북 정주 작성자
　　　SonKJ, https://blog.naver.com/sonwj823/221257813471
사진 19: 이광수, 출처: 오산학교 그리고 평북 정주 작성자
　　　SonKJ, https://blog.naver.com/sonwj823/221257813471
사진 20: 아마테라스 오호미까미(天照大神) 신을 모신 신사,
　　　ko.wikipedia.org/wiki/ 아마테라스_오호미까미
사진 21: 조선 총독 고이소 구니아키, 출처:
　　　namu.wiki/w/고이소 구니아키
사진 22: 한운사 (2009 년), 1948 년 방송작가로 활동을
　　　시작했으며 1961 년 '현해탄은 알고 있다' 등 소설과 1965 년
　　　영화 '빨간마후라' 등 20 여편의 영화시나리오, '남과 북' 등
　　　라디오 및 드라마 방송대본을 집필,
　　　https://ko.wikipedia.org/wiki/한운사
사진 23: 세닌바리(천인침),
　　　https://blog.naver.com/korngold/50135577693
사진 24: 일본군 점령지구에 기차 철로 길 (봉천 → 천진 →
　　　서주)
지도 25: 경한선 타동작전, 1944 년 중·일전쟁 막바지 일본군이
　　　최후의 공세를 가한 작전으로 중국 대륙을 '때려 뚫는'
　　　작전. 일본은 50 만 병력에 15,000 대의 차량, 6,000 대의
　　　야포, 800 대의 전차를 앞세우고 공격했으며, 말이나
　　　비행기도 다수 동원됨. 1944 년 4 월 19 일 ~ 12 월
　　　31 일, https://namu.wiki/w/ 대륙타통작전
지도 26: 광서성 계림

지도 27: 안휘성

사진 28: 정양관(正陽關), 1780년 역사를 지닌 안후이(安徽, 안휘)성 서우(壽)현에 위치한 정양관(正陽關)진은 역사가 오래된 마을이다. 화이허(淮河)강, 잉허(潁河)강, 피허(淠河)강 3개 물줄기가 교차하는 지점에 위치한 마을은 수상 운송이 편리한 지리적 이점, 넘치는 인파, 번화한 시장으로 오래 전부터 화이허강 중류의 중요한 화물 집산지 역할을 함.
https://kr.people.com.cn/n3/2017/0816/c207555-9255905.html

사진 29: 장도영, 장면 내각의 두 번째 육군 참모총장이었고, 5·16 군사 정변 직후 초대 국가재건최고회의 의장을 지냈다. https://ko.wikipedia.org/wiki/장도영

지도 30: 서주를 중심으로 뻗은 용해선(龍海線), 진포선(津浦線)등의 철도

지도 31: 서주와 중경(重慶)의 위치

사진 32: 가미다나, 출처: ko.wikipedia.org/wiki/가미다나

사진 33: 선천 보성 여학교, 3·1 운동의 민족대표 33인 중에 하나이신 양전백선생이 평북 선천에 1907년 보성여학교를 설립함. https://namu.wiki/w/선천보성여자고등학교

사진 34: 승영호, 평안북도 정주군 출신, 충칭에 있는 한국광복군 총사령부 군법무실에 배속되어 항일 활동을 전개, 대한민국의 독립유공자. 1990년 건국훈장 애국장을 추서받음. https://namu.wiki/w/ 승영호

지도 35: 서주를 중심으로 남·북으로는 진포선이 달리고 동·서로는 용해선이 달림.

사진 36: 팔로군 항전 행보, 팔로군(八路軍)은 1937년 7월 중·일전쟁이 발발하자 중국 공산당 휘하 독립적 성향을 가진 부대로 중국 국민혁명군 예하, 제8로군(1937.8)으로 편성됐고, 얼마 뒤 제18집단군(1937.9)으로 개편됐지만 팔로군이라고 계속 불리었다. 이로써 1937년 9월 제2차 국·공합작이 형성됐고, 팔로군은 신사군(1937.10)과 함께 화베이

지방에서 항일전의 유격전을 담당했다.
https://ko.wikipedia.org/wiki/ 팔로군

사진 37: 황주, 중국을 대표하는 술은 황주와 백주라고 할 수
있는 데, 색갈이 붉은 황주의 산지는 주로 장강 이남 일대
(소주, 항주)며 술의 도수는 15 도 내외로 낮은 편이다.
https://ybea12.tistory.com/2908

사진 38: 전족, Google

사진 39: 돼지 귀 튀김 요리

지도 40: 강소성(江蘇省)의 위치

사진 41: 신사군 지휘 간부, 국민혁명군 육군 신편제 4 군
(國民革命軍 新編第四軍), 이하 신사군(新四軍)은
1937 년부터 1947 년까지 있었던 중화민국 국민혁명군의
야전군이다. 다른 국민혁명군 부대와는 달리 신사군은
국민당의 지휘를 받는 것이 아니라 공산당의 지시를 받는
부대로 팔로군과 함께 공산당의 주력 부대이며 직할
군대였다. https://ko.wikipedia.org/wiki/ 신사군

사진 42: 신상초 교수, 평안북도 정주군 출신으로 엄영식과 동향
출신, 신의주고등보통학교, 도쿄제국대학 법학부,
https://namu.wiki/w/ 신상초사진

사진 43: 심영순, 탑골공원 독립선언서 비문 앞에 선 심영순.
출처: photo 유창우 조선영상미디어 기자, 파란만장
심영순씨의 인생,
https://blog.naver.com/cfa20/150026134186

사진 44: 비운의 조선인 혁명가 무정장군,
http://korean.people.com.cn/73554/309003/1532176
4.html

사진 45: 조선의용군의 주요 지도자들. 왼쪽부터, 무정 장군 (말
탄 사람), 지대장 박효삼, 정치지도원 김학무, 이철중,
이익성, 이춘암 (사진=길림신문), : 통일뉴스
(http://www.tongilnews.com)

사진 46: 팔로군 주요 지휘관들. 왼쪽 첫번째가 팔로군 총참모장
팽덕회, 두번째가 팔로군 총사령관 주덕, 오른쪽 맨
끝사람이 등소평,
http://kr.chinajilin.com.cn/qihua/content/2012-
12/03/content_99367.htm

사진 47: 팽덕회(彭德懷) 펑더화이, 1940 년 화북지역에서
100 여개의 연대를 동원한 "백단대전"을 지휘함. 출처:
https://ko.wikipedia.org/wiki/

사진 48: 중공군 총사령관인 주덕(朱德) 주더, 그는
'개국원수'라고 불릴만큼이나 중화인민공화국 정부
수립에 공을 세움. 1940 년 100 여개의 연대를 동원한
"백단대전"을 입안하여, 일본군에게 큰 피해를 입혔으나,
일본군이 이에 대해 "삼광작전"(三光作戰:게릴라 배후가
될 수 있는 민간인 마을에 대해 모두 죽이고,모두
불태우고, 모두 약탈하는 정책)으로 응수하는 계기를
만들기도 하였음. https://ko.wikipedia.org/wiki/주더

사진 49: 최창익(崔昌益)은 일제강점기의 독립 운동가였으며
공산주의자였다. 조선민주주의인민공화국의 제 3 대
부수상, 출처: https://ko.wikipedia.org/wiki/ 최창익

사진 50: 김두봉(金枓奉), 일제강점기와 대한민국의
독립운동가이자 언론인, 한글학자(일제시대 독립운동가,
교육자, 작가, 언론인, 정치인)이며,
조선민주주의인민공화국의 정치인이다. 출처:
https://ko.wikipedia.org/wiki/ 김두봉

사진 51: 한빈(韓斌), 일제 주요감시대상 인물카드 전후면,
일제강점기 고려공산청년동맹 간도총국 조직부 책임자,
화북조선독립동맹 중앙집행위원 등을 역임한
사회주의운동가. 출처:
https://encykorea.aks.ac.kr/Article/E0061658

사진 52: 중화인민 항일 군사정치대학교
(中華人民抗日軍事政治大學校)는 국민정부 시대 중화민국
산시성 옌안 및 시안 지방과 장시 성 루이진 지역의 연합
성향 공립 대학교이었음. https://ko.wikipedia.org/wiki/
중화인민항일군사정치대학교

사진 53: 신사군 장교들과 군인 증명표와 표시판,
https://blog.naver.com/pkschina505/220672171798

사진 54: 중국 5·4 운동(五四運動)은 1919 년 중화민국 베이징
대학의 대학 교수, 강사, 학생들을 중심으로 확산한
반제국주의·반봉건주의 혁명운동으로서, 중국에 변화가

발생되는 사건이 되었음.
https://ko.wikipedia.org/wiki/5·4_운동

사진 55: 태행산 뤄자펑 마을 입구. 조선 의용군 계열
조선혁명군정 학교가 있었던 자리임을 알리는 표지가
멀리 보이는 철교 아래 세워져 있다. 조선혁명군정학교는
1942년 11월 화베이(华北)의 타이항산(太行山)에서
세워졌다.

지도 56: 태행산맥, 중국 하북성 평원 북부에서 시작해 산서성
고원을 거쳐 하남성까지 네 개의 성을 걸치며 남북으로 약
600km, 동서로 약 250km에 이름.
http://www.startour.pe.kr/local/china/china_infom_Ta
isingshan.htm

지도 57: 대장정 경로,
newsteacher.chosun.com/site/data/html_dir/2016/11/
09/2016110900174.html

사진 58: 엽정葉挺 (예팅)사령관, 1939년.
https://namu.wiki/w/예팅

사진 59: (왼쪽부터) 샹잉, 저우언라이, 엽정(葉挺)예팅. 1939년
https://namu.wiki/w/예팅

지도 60: 일본이 1915년에 만든 양자강(장강) 지도,
https://blog.naver.com/jati99/60170703367

사진 61: 만주 항일 투사들이 생명처럼 다루었던 무기들,
일본군이 사용하였던 38식 소총.
https://blog.naver.com/wodyd0205/221839952902

사진 62: 1938년 봄 태아장(台兒莊) 전투, 왼쪽 (전투에 투입된
국민혁명군 병사들) https://namu.wiki/w/타이얼쫭 전투

사진 63: 신사군 표시

지도 64: 혁명의 성지 연안(옌안)으로 가는 중국 공산군.
https://brunch.co.kr/@nayeonabum/56

사진 65: 일본 천황 히로히토 항복선언 육성 연설 :
https://m.blog.naver.com/philo515/221616663066

사진 66: 홍수전(1814-1864년) 초상화와 태평천국 천왕 옥새.
출처: https://ko.wikipedia.org/wiki/ 홍수전

사진 67: 무정장군, 비운의 조선인 혁명가,

http://korean.people.com.cn/73554/309003/1532176
4.html

지도 68: 태행산맥, 중국 하북성 평원 북부에서 시작해 산서성
고원을 거쳐 하남성까지 네 개의 성을 걸쳐있음.
http://www.startour.pe.kr/local/china/china_infom_Ta
isingshan.htm

사진 69: 이익성,
https://news.qq.com/rain/a/20240730A00O1C00

사진 70: 박일우, https://namu.wiki/w/박일우

지도 71: 조선 의용대 결성, 이동, 항일전 활동 상황, 광복 이후
만주와 한국으로 이동 경로.
통일뉴스(http://www.tongilnews.com)

사진 72: 일본 군국주의 육군대신 아난(阿南) (아나미 고레치카)
대장 (1887 - 1945 년), https://namu.wiki/w/ 아나미
고레치카

지도 73: 산해관, 출처:
https://www.fmkorea.com/best/2782573786

사진 74: 만리장성(萬里長城),
https://7jkj9.tistory.com/entry/중국-
만리장성세계문화유산-만리장성萬里長城-The-Great-
Wall

지도 75: 1945 년 8 월 만주지역 철도노선들,
https://www.joongang.co.kr/article/18504695

사진 76: 심양의 유명한 서탑(西塔)과 서탑 코리아타운.
이국적인 탑과 경사가 심한 서탑의 기와지붕,
https://www.ohmynews.com/NWS_Web/View/img_pg.
aspx?CNTN_CD=IE001273511,
https://www.worldkorean.net/news/articleView.html?
idxno=45239

사진 77: 스티코프장군. 출처: https://namu.wiki/w/테렌티
시티코프

사진 78: 선양역 광장에 서있는 전승기념탑과 탱크, 출처:
https://m.ohmynews.com/, 국경-이념-세대를 초월한
만남, 항일유적답사기 (50) - 선양(Ⅰ), 박도

사진 79: 일본 요요기 연병장에서 거행되고 있는 천장절(천황 탄신일) 열병분렬식 (1932 년), 출처: 매헌윤봉길의사 기념관, http://yunbonggildata.or.kr/bbs/

지도 80: 연변 조선족 자치구 지도 (2024 년), https://news.nate.com/view/20250108n02326

지도 81: 연변조선족자치구 지도. (2024 년), https://news.cpbc.co.kr/article/259381

사진 82: 회령시와 청진시, https://www.ibuk5do.go.kr/cont/205050.do 사진 83: 청진항 (2024 년), https://namu.wiki/w/청진항

사진 84: 함경북도 경성군 온보리에 위치하고 있는 주을온천 (1945 년 모습), 오래 전부터 한국 제일의 온천으로 알려져서, 일제 시기에 활동한 문인들(이광수, 김동인, 박영희, 김기진, 임화)의 글 속에 자주 등장하는 곳. https://m.blog.naver.com/bookhunt/110149459549

사진 85: 엄영식교수의 아내 김덕연 (1954 년 경)

사진 86: 남강 이승훈(南岡 李昇薰) (1864 – 1930 년), https://fairmedia.tistory.com/m/entry/인물-남강南岡-이승훈李昇薰

사진 87: 도산 안창호(島山 安昌浩), https://www.donga.com/news/People/article/all/2017 0811/85778554/1

사진 88: 평북 정주에 1907 년 설립된 오산학교. https://www.koreatimes.net/ArticleViewer/Article/14 6437

사진 89: 1946 년 3 월에는 서울에서 열린 미소공동위원회, 소련측 대표 스티코프 중장이 연설하고 있고, 남한측 대표 미군정사령관 하지 중장이 옆에서 듣고 있다. 통일뉴스 https://www.tongilnews.com/news/articleVie w.html?idxno=201769

사진 90: 주기용, 국민훈장 무궁화장 수훈자, 대한민국의 교육자, 독립운동가 출신 정치인. 제헌 국회의원, 독립유공자 주기철 목사가 그의 사촌 동생이며, 독립유공자 이승훈 목사는 그의 장인임. https://namu.wiki/w/ 주기용

사진 91: 해방직후 신촌캠퍼스 본관 앞 이화의 학생들
https://blog.naver.com/khi5040/223128020192
사진 92: 김기석, 한국교육학회 초대회장 등을 역임하였으며,
철학개론, 현대정신사, 윤리전서 등을 저술한 철학자 ·
교육학자,
https://encykorea.aks.ac.kr/Article/E0008825
사진 93: 1945 년 10 월 14 일 평양 모란봉공설운동장에서 열린
평양시 군중대회에서 연설하는 김일성,
통일뉴스(http://www.tongilnews.com)
사진 94: 안형일 교수, 1926 년 평안도 정주 출생. 1951 년
해군정훈음악대에서 음악활동을 시작했다.
https://ko.wikipedia.org/wiki/안형일
사진 95: 승계호 교수, 철학자이자 문학 평론가, 미국 텍사스대
인문학 석좌교수,
https://www.joongang.co.kr/article/25049709
사진 96: 럭키 스트라이크 담배,
https://blog.naver.com/qsnpkxm/162765008
사진 97: 엄영식 (경희대학교 교수 시절)
사진 98: 엄영식 (경희대학교 교수 시절)

www.ingramcontent.com/pod-product-compliance
Lightning Source LLC
Chambersburg PA
CBHW021607120626
46545CB00001B/112

* 9 7 9 8 9 9 1 9 0 8 2 2 1 *